PARIS VIVANT

L'ENFANT
à Paris

Par A. COFFIGNON

**LA MATERNITÉ — LES ENFANTS-ASSISTÉS
LES ENFANTS-MALADES — LES INFIRMES — LES SOURDS-MUETS
LES AVEUGLES — LES MORALEMENT ABANDONNÉS
ETC., ETC.**

Conserver la couverture

PARIS

ERNEST KOLB, ÉDITEUR

8, RUE SAINT-JOSEPH, 8

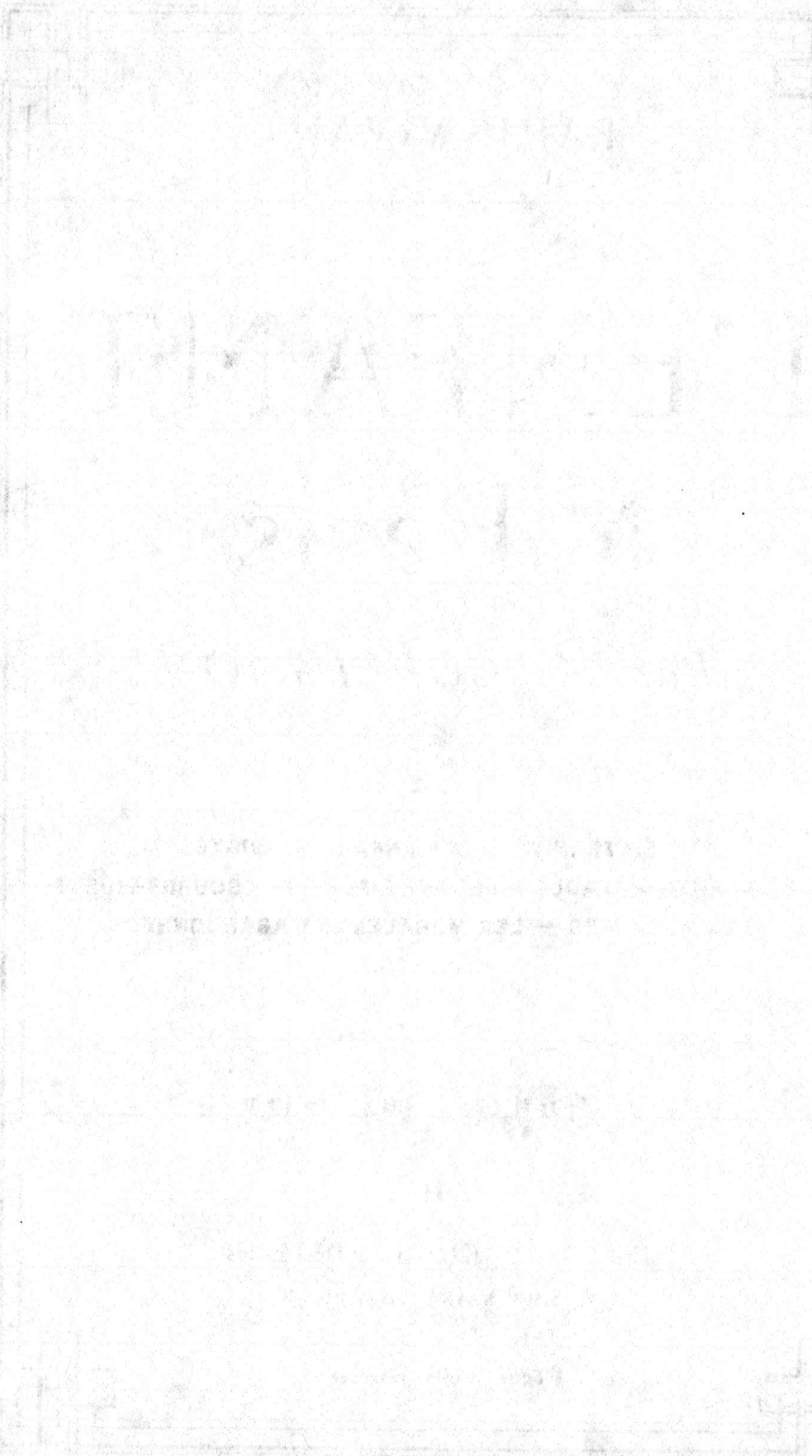

L'ENFANT A PARIS

DU MÊME AUTEUR

PARIS VIVANT

L'Estomac de Paris, 1 vol. in-18.
Le Pavé Parisien, 1 vol. in-18.
Les Coulisses de la Mode, 1 vol. in-18.
La Corruption a Paris, 1 vol. in-18.

EN PRÉPARATION

LES FÊTES PARISIENNES

Un volume in-18 jésus.

ÉMILE COLIN. — IMPRIMERIE DE LAGNY

PARIS VIVANT

L'ENFANT
A Paris

PAR

A. COFFIGNON

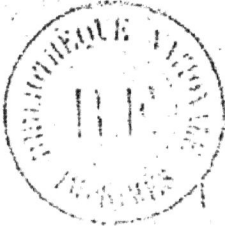

LA MATERNITÉ — LES ENFANTS ASSISTÉS
LES ENFANTS MALADES — LES INFIRMES — LES SOURDS-MUETS
LES AVEUGLES — LES MORALEMENT ABANDONNÉS
ETC., ETC.

PARIS
ERNEST KOLB, ÉDITEUR
8, RUE SAINT-JOSEPH, 8

L'ENFANT A PARIS

I

LA NATALITÉ

Le martyrologe de l'enfance. — La natalité en France. — La moyenne des pays étrangers. — Tableau statistique. — Les effets de l'industrialisme. — La restriction de la paternité. — L'esprit patrimonial et l'égoïsme individuel. — La question des loyers.

La première République (1789) a proclamé les droits de l'homme ; la seconde (1848) a consacré les droits du citoyen ; l'honneur de la troisième est d'avoir reconnu et sanctionné les droits de l'enfant.

Quel martyrologe que l'histoire de l'enfance à travers les âges ! Les siècles se succèdent, et l'homme, qui fait les lois, ne songe nulle part aux êtres qui ont le plus besoin de protection : la femme et l'enfant. L'enfant surtout, qui, dès que l'aile maternelle cesse de l'abriter, devient l'être le plus frêle de la création.

La vieille devise du monde antique s'est perpétuée jusqu'à nos jours : Malheur aux vaincus, aux faibles, aux déshérités! Sparte était cruelle, mais elle était logique en mettant à mort les nouveau-nés malvenus, sans attendre que la Nature fasse son œuvre sélective. Quand le christianisme a lui sur le monde, il y a dix-neuf siècles, sa grande force a été tout d'abord de faire appel à ces vaincus, à ces déshérités, à ces faibles; il a déifié la maternité, et ses légendes mystiques, sans doute empruntées aux Mages de l'Orient, ont mis une auréole lumineuse autour du berceau du petit enfant.

La femme et l'enfant : c'est sur ces bases fragiles que le catholicisme a édifié un orgueilleux édifice. L'œuvre accomplie, l'égoïsme de l'homme a de nouveau triomphé; ses lois divines ont été faites comme ses lois humaines, et le moyen âge a passé sans amener la justice et l'équité pour la femme, la protection pour l'enfant.

On se plaît à représenter notre siècle comme une époque de décadence, à rechercher surtout chez les peuples de race latine les prodromes de leur dégénérescence. Je crois, pour ma part, que nous valons mieux que notre réputation, et je parle surtout de nous, Parisiens.

On peut dire sans doute, avec Shakespeare : « *Something is rotten in the state of Denmark.* » J'ai consacré un volume à cette corruption de la vie parisienne, et de ce voyage dans les bas-fonds de l'auberge du monde, je suis revenu écœuré, certes, mais non désespéré. La masse de la population parisienne est, au point de vue moral, supérieure à la masse correspondante des grandes agglomérations étrangères. Pour qu'elle progresse encore, il faut travailler à la fortifier moralement et physiquement.

Ce n'est ni vers le passé, ni vers le présent qu'il faut se tourner, mais vers l'avenir. Le passé valait-il mieux que le présent? A quoi bon le discuter? Si la race s'est amoindrie physiquement, ne s'est-elle pas élevée intellectuellement? L'avenir ici, c'est l'enfant; et c'est à nous de nous demander au sujet du peuple de demain :

Sera-t-il Dieu, table ou cuvette?

« Le présent est gros de l'avenir ». C'est le mot énergique de Leibnitz, ainsi commenté par lui-même : « Rien ne se fait par saut dans la nature, tout y est lié, tout y est effet et cause. Le présent a la raison suffisante de son existence dans le passé; et le présent renferme aussi la cause de l'avenir. »

Pour ma part, j'ai confiance dans la vitalité de notre race, que les épouvantables saignées de guerres multiples depuis un siècle n'ont pu parvenir à complètement anémier. Ce n'est pas que nous soyons prolifiques, loin de là; la moyenne des naissances est très faible en France : on y compte, sur cent individus, un nombre minime d'enfants, alors qu'en Allemagne on observe une progression inverse, sur cent individus beaucoup d'enfants, moins d'adultes et peu de vieillards.

Broca avait cru pouvoir tirer de ce fait la conclusion qu'un plus grand nombre d'enfants parvenaient en France à l'âge adulte. Le grand savant avait été victime d'un mirage de la statistique, cette arme à deux tranchants qu'il ne faut manier qu'avec une grande sûreté et une extrême prudence. Il n'avait pas réfléchi qu'en calculant pour cent individus la moyenne des adultes et des vieillards, on n'obtenait un chiffre supérieur pour la France, qu'en raison de son petit nombre d'enfants par rapport à l'Allemagne.

La moyenne de la natalité en France est très faible, puisqu'elle atteint 2,43 par cent habitants dans les bonnes années, tandis que cette même moyenne s'établit de la façon suivante pour les autres pays d'Europe :

Russie...................................	5,07
Hongrie................................	4,15
Wurtemberg...........................	4,08
Saxe....................................	4,01
Espagne...............................	3,85
Prusse..................................	3,82
Autriche................................	3,82
Italie...................................	3,76
Bavière................................	3,76
Angleterre.............................	3,56
Pays-Bas..............................	3,55
Ecosse.................................	3,53
Suède..................................	3,27
Belgique...............................	3,23
Norwège...............................	3,13
Danemark..............................	3,11
Grèce..................................	2,89
Irlande.................................	2,62

A Paris, en calculant sur l'année 1887, qui est une année normale, on trouve que la moyenne des naissances se chiffre par cent habitants à 2,89, en ne tenant compte ni des mort-nés, ni des nouveau-nés domiciliés hors Paris, et à 2,97 en englobant les dix-sept cents enfants environ rentrant dans cette dernière catégorie.

Si maintenant nous faisons abstraction des nationalités et que nous placions Paris en parallèle avec les autres villes de France ou de l'étranger, nous obtenons le tableau suivant :

TABLEAU DES NAISSANCES
DANS LES PRINCIPALES VILLES DE FRANCE ET DE L'ÉTRANGER
PENDANT L'ANNÉE 1887

PAYS	VILLES	POPULATION RECENSÉE OU CALCULÉE.	NOMBRE DE NAISSANCES Mort-nés exclus.	PAR 100 HABITANTS COMBIEN DE NAISSANC.
France.....	Paris...........	2.260 945	67 231	2.97
	Bordeaux.....	238.899	5 354	2 24
	Le Havre.....	112 074	3.621	3.23
	Lille	188 272	5 938	3.15
	Lyon.........	401.930	8.422	2 09
	Marseille....	376.143	11.074	2.94
	Nantes	127.482	2.652	2 08
	Roubaix.....	100.456	3 746	3.73
	Rouen........	107.463	2.997	2.79
	Saint-Etienne.	117.875	2.870	2.43
	Toulouse......	147.599	2 846	1.92
Angleterre..	Aberdeen	117.257	3 816	3 26
	Belfast.......	221.422	7.735	3.44
	Birmingham..	441.095	13 968	3.16
	Bradford.....	224.597	6.203	2.76
	Brigthon	118.186	3.035	2 56
	Bristol.......	223 695	6.628	2.96
	Cardiff.......	104.580	4 288	4 10
	Dublin	353 082	9.810	2.78
	Edimbourg...	258.629	7.562	2.92
	Glasgow	524.039	19.328	3 68
	Liverpool....	592 991	18 414	3.10
	Londres......	4.216.192	133.075	3.15
	Manchester...	377.529	13 501	3.46
	Nottingham ..	224 230	7.438	3.31
	Portsmouth..	137 917	5.059	3 66
	Sheffield......	316 288	10.386	3.28
Allemagne..	Berlin........	1.376 389	46 958	3.41
	Brême	120.276	3 442	2 86
	Breslau	308.105	10.680	3.46
	Dantzig	116.786	4 080	3 49
	Dresde.......	254.088	8.150	3.20
	Francfort-sur-le-Mein......	160.116	4.252	2.65
	Hambourg....	486 462	18.433	3.78
	Hanôvre......	145 080	4.643	3 20
	Kœnisberg...	154.393	5.154	3 34
	Leipzig.......	177.072	4.945	2.79

PAYS	VILLES	POPULATION RECENSÉE OU CALCULÉE.	NOMBRE DE NAISSANCES Mort-nés exclus.	PAR 100 HABITANTS COMBIEN DE NAISSANC.
Allemagne..	Magdebourg..	166.609	6 506	3.90
	Munich........	272.102	9 519	3 49
	Nuremberg...	119.758	4.262	3.72
	Stuttgart.....	116.355	3 267	2 80
Alsace-Lorraine......	Mulhouse.....	71.700	2 563	3.57
	Strasbourg....	114.367	3.669	3 20
Hongrie.....	Budapest.....	431.896	16 149	3 73
Autriche. ..	Trieste.......	154 055	5 192	3 37
	Vienne.......	790.381	27 134	3 43
Roumanie ..	Bucharest....	207.907	6.429	3.09
Belgique....	Anvers.......	200.000	7.765	3 88
	Bruxelles.....	439.977	13.280	3 01
	Gand........	143.242	4.667	3.25
	Liège........	135 378	3.740	2 76
Hollande ...	Amsterdam...	372.771	13.823	3 70
	La Haye......	138 697	5 432	3 99
	Rotterdam ...	190.521	6 976	3 66
Espagne....	Barcelonne...	260.000	7.106	2 73
	Grenade.	76.215	2.447	3 21
	Saragosse....	87 922	3.056	3 47
Portugal ...	Lisbonne.....	242.287	7.382	3.04
Italie.......	Bologne et faubourgs......	131.928	3.590	2 75
	Gênes........	181.950	5 341	2.93
	Milan	361.212	12.559	3.47
	Rome.	364.511	11 918	3.26
	Turin	286.956	8.440	2 94
	Venise.......	145.364	3.963	2.72
Russie......	Saint-Pétersbourg.......	988.016	22.765	2.30
	Varsovie	431.572	14.662	3 39
Norvège	Christiania...	131.000	3.902	2 97
Suède.......	Stockolm.....	210 717	7.382	3 50
Egypte.....	Alexandrie ...	231 396	10 528	4 55
	Le Caire.....	374.838	19.570	5.22
Etats-Unis..	Baltimore	477 220	8.890	2.13
	New-York....	1.206.299	34.023	2.82
Amérique du Sud.......	Buenos-Ayres.	400.951	15.939	3.97
Australie...	Melbourne et faubourgs...	391 546	14.583	3 72
	Sydney.......	132.846	3.525	2 65

Le tableau qu'on vient de voir me dispense de
bien des commentaires, mais en même temps il en
appelle beaucoup d'autres. On remarque tout d'a-
bord que Paris a une natalité supérieure à celle
d'une bonne partie de la France, mais que, par
contre, cette natalité reste inférieure à celle de
beaucoup de grandes villes étrangères. L'écart est
cependant moins considérable que celui qui existe
entre la moyenne de la France entière et celle des
pays d'Europe.

Trois causes influent d'une façon générale sur
la natalité parisienne; la première est universelle,
étant commune à toutes les grandes agglomérations d'hommes : c'est l'industrialisme qui arrache
les femmes au foyer pour les livrer à la fabrique,
à la manufacture, à la machine.

Il faut pourtant nous entendre. Je ne suis pas
un adversaire du travail féminin; je ne crois pas
qu'en notre siècle de production à outrance la
femme puisse borner son action aux uniques soins
domestiques. Les nécessités de l'existence moderne
font de la femme du peuple une ouvrière, le gain
de l'homme étant la plupart du temps insuffisant
pour la vie de toute une maisonnée.

Mais si elle doit travailler, que ce soit au moins
dans des conditions à ne pas rendre impossible

toute famille. Il est clair que celle-ci cesse d'exister dès que la mère est contrainte d'abandonner tout le jour son foyer.

L'ouvrière qui travaille à domicile ne fait nul tort à son ouvrage en se livrant aux occupations du ménage. C'est un temps de repos pour elle; elle a toute facilité pour veiller sur l'enfant, et quand l'homme rentre, il trouve chez lui la ménagère à l'aguet de son arrivée.

En va-t-il ainsi pour l'ouvrière travaillant au dehors, en atelier, dans une fabrique ou une manufacture? Cette dernière est la plupart du temps située à une assez grande distance du domicile familial; d'où, impossibilité de prendre en commun le repas de midi. L'homme et la femme ne se retrouvent que le soir; ils quittent le travail à peu près aux mêmes heures; l'homme laisse la femme prendre les devants, aller aux provisions, préparer le repas; pour lui, il s'arrête au cabaret; insensiblement, il glisse sur la pente de l'alcoolisme; alors, ce sont les rentrées tardives, les absences injustifiables; c'est aussi la misère et la maladie qui marqueront impitoyablement leur sceau sur sa misérable progéniture.

Et, en admettant que les enfants issus de cette union échappent aux tristes influences de nature à agir sur leur vitalité, que deviendront-ils avec un foyer ainsi constitué? Je l'ai dit ailleurs et ne puis le répéter ici; mais ce que je veux encore une fois demander, avec instance, c'est l'organisation voulue, rationnelle, du travail à domicile, d'abord pour les femmes, puis pour tous les membres de la famille, dans toutes les industries où cela sera praticable.

Voyons un peu ce qu'est la maternité pour l'ouvrière obligée de déserter ainsi son foyer. Dans les premiers temps de la grossesse, ce n'est qu'une gêne; plus tard, cela finit souvent par se traduire en incapacité de travail. Si la délivrance de la femme a lieu dans un hôpital, l'homme est livré à lui-même, ou plutôt il est livré aux camarades d'atelier, à l'oisiveté, à la flânerie nocturne, dangereuse à tous points de vue.

Si la femme persiste dans son travail, il lui arrive de compromettre la vie du petit être qu'elle porte dans son sein. Si elle s'effraie de l'hôpital et reste au foyer, la naissance de l'enfant, accueillie sans doute avec bonheur, n'en est pas moins un rude coup porté à l'équilibre d'un budget modeste que le mari est seul à entretenir. Adieu les économies.

Mais qu'est-ce que les économies envolées, les

jours pénibles traversés et la souffrance endu-
rée, quand l'enfant vit, quand il grandit, quand il
prospère ? C'est beaucoup, au contraire, dès qu'il
vient à mourir,—et nous verrons ce qu'est la mortalité des enfants. A la douleur vient s'ajouter le
souvenir des sacrifices inutiles. L'homme et la
femme ne renoncent pas dès lors à la paternité,
mais ils l'ajournent.

La seconde cause de stérilisation relative des
familles parisiennes dérive de l'esprit patrimonial.
La prudence bourgeoise exige la restriction volon-
taire de la paternité; il faut un ou deux enfants,
juste assez pour porter le nom et empêcher la fortune de s'égarer sur des collatéraux. Le principe
de la division des successions d'une façon égale
entre tous les enfants est certainement très équi-
table; pourquoi faut-il qu'il aboutisse à cette conclusion déplorable, fausse, antisociale, en concordance avec la doctrine de Malthus subordonnant
la procréation aux ressources des individus ou des
collectivités.

Il faut reconnaître qu'à Paris cette sorte de prudence se manifeste à un degré bien moindre qu'en
province. En revanche, il y a une autre cause qui
en tient lieu : l'égoïsme individuel qui aboutit à
l'unicité des enfants. Le plaisir est pour certaines

femmes de la haute société ce que le travail obligatoire hors du foyer est pour l'ouvrière. Il ne leur laisse pas le temps d'être mères. La maternité est pour elles, dès le principe, une obligation et un jeu; elle ne tarde pas à devenir un accident redouté, un obstacle à la vie mondaine qu'elles ont coutume de mener.

La femme n'est pas toujours la seule responsable de cet état de choses. Il y a aussi le fait du mari qui l'a épousée, sur le tard, pour faire une fin, ne lui apportant en échange de sa jeunesse et de ses écus sonnants que les épaves d'une existence plus ou moins accidentée. Qu'attendre d'un tel hymen? Des fruits inféconds; ce n'est pas seulement des entrailles des pauvres femmes minées par les privations, les conditions d'existence insalubres, la phtisie, que sortent les 5,211 mort-nés que nous avons à relever pour l'année 1887.

La cherté des loyers est une cause adjacente. Leur progression s'établit non seulement d'après les quartiers, le nombre des étages, mais aussi d'après la surface occupée, c'est-à-dire le nombre des pièces d'un appartement. C'est presque même le facteur le plus important dans le calcul d'un loyer. Il est évident que la multiplicité des enfants

entraîne les loyers onéreux, à moins d'aboutir à
la promiscuité.

A côté de la question du loyer, il y a celle du
propriétaire et de son digne représentant, le
concierge. Vous allez pour louer un appartement
dans une maison, ce dernier prend aussitôt un air
entendu pour déclarer que le propriétaire ne veut
pas d'animaux dans la maison.

— Pas de chats, pas de chiens, pas d'enfants !

Telle est la formule.

C'est aux propriétaires parisiens qu'il faudrait
apprendre ces beaux vers du poète, qui nous a
enseigné l'art d'être grand-père :

> Seigneur ! préservez-moi, préservez ceux que j'aime,
> Frères, parents, amis, et mes ennemis même
>   Dans le mal triomphants,
> De jamais voir, Seigneur ! l'été sans fleurs vermeilles,
> La cage sans oiseaux, la ruche sans abeilles,
>   La maison sans enfants !

II

MATERNITÉ

Une gloire parisienne. — L'office des accouchées. — Le recensement des sages-femmes. — La Clinique d'accouchement. — L'école de la Maternité. — Les hôpitaux généraux. — Les sages-femmes agréées. — Les sages-femmes des bureaux de bienfaisance. — Les devoirs professionnels. — Une solution pratique.

C'est une des gloires de Paris que son antique renommée dans l'art des accouchements. Dès le xvi° siècle, cette renommée était si bien établie par toute l'Europe que les médecins royaux des pays étrangers briguaient l'honneur de faire un stage à l'Hôtel-Dieu pour recevoir les habiles conseils de la maîtresse sage-femme, qui dirigeait ce service. Celle-ci y formait quelques *apprentisses* fort recherchées ensuite par la clientèle. Le service de l'Hôtel-Dieu portait le nom d'Office des accouchées. Il avait acquis une telle importance à la fin du siècle dernier, que la Convention résolut de le détacher de l'Hôtel-Dieu pour l'ériger en service national, ayant une existence propre.

Ce fut Chaptal, ministre de l'intérieur, en 1802, qui réalisa la création de la *Maternité*. La sage-femme en chef était alors l'illustre Mme Lachapelle, qui reçut la mission d'installer les nouveaux services dans les anciens bâtiments de l'abbaye de Port-Royal.

Avant de parler de la Maternité et des divers services d'accouchement de la ville de Paris, il nous faut jeter un coup d'œil sur l'ensemble de la corporation des sages-femmes. Elles sont nombreuses dans tous les quartiers; les tableaux indicateurs représentant une dame vêtue de noir portant un petit enfant, ou encore un nouveau-né émergeant d'un chou ou d'un bouquet de fleurs, crevant un tambour ou une coquille d'œuf pour faire son apparition dans le monde, abondent de tous côtés. On compte, en effet, 1,221 sages-femmes, réparties d'une façon inégale sur les deux rives de la Seine. Alors que sur la rive gauche, on trouve une sage-femme établie par 627 habitantes, sur la rive droite la moyenne donne une sage-femme par 1.162 habitantes. Par arrondissements, la statistique indique les chiffres suivants:

ARRONDISSEMENTS	POPULATION FÉMININE DE L'ARRONDISS. EN 1886	NOMBRE DE SAGES-FEMMES ÉTABLIES.	POUR UNE SAGE-FEMME COMBIEN D'habitantes.
Ier. Louvre	35.141	36	976
IIe Bourse.............	34.239	30	1.141
IIIe. Temple..............	43.760	47	931
IVe. Hôtel-de-ville.....	47.604	46	1.034
Ve. Panthéon	53.771	84	640
VIe. Luxembourg......	50.328	89	565
VIIe. Palais-Bourbon....	44.374	121	366
VIIIe. Elysée	53.287	37	1.440
IXe. Opéra	62.064	67	935
Xe. Saint-Laurent.....	76.622	33	2.321
XIe. Popincourt	101.781	94	1.082
XIIe. Reuilly..........	52.273	45	1.161
XIIIe. Gobelins...........	52.987	34	1.558
XIVe. Observatoire......	50.644	122	415
XVe. Vaugirard..........	53.730	38	1.413
XVIe. Passy...........	40.166	23	1.746
XVIIe. Batignolles - Monceau.	82.364	99	831
XVIIIe. Montmartre.	96.950	75	1.292
XIXe. Buttes-Chaumont.	58.474	39	1.499
XXe. Ménilmontant.....	67.372	62	1.086
Total.........	1.157.931	1.221	1.275

Les sages-femmes en France sont divisées en deux classes comme les herboristes et les pharmaciens; au point de vue de l'obtention, la différence entre les diplômes s'explique par le degré d'instruction des postulantes. Au point de vue pratique, le diplôme de première classe donne le droit d'exercer dans toute la France; le diplôme de 2e classe ne confère le droit d'exercice que dans le département où la sage-femme réside, sauf à Paris.

A Paris, il y a deux voies entre lesquelles les élèves sages-femmes ont à choisir : passer par l'École de la Maternité ou suivre les cours de la Faculté de médecine. Ces derniers, par lesquels nous commencerons, sont professés à la *Clinique d'accouchement*, 89, rue d'Assas.

Cette clinique est en réalité une annexe de l'École pratique de médecine. Elle est fréquentée tout à la fois par les étudiants et les élèves sages-femmes, inscrites à la Faculté. Il s'y produit, en moyenne, 900 accouchements par an. Autrefois, les accouchements étaient faits durant le jour par les étudiants, et pendant la nuit par les élèves-femmes. Depuis peu, ce service a été modifié; les accouchements sont faits les lundi, mardi, mercredi et jeudi par les hommes, et les vendredi, samedi et dimanche par les femmes. Étudiants et élèves-femmes sont répartis en petits groupes, qui ne restent de garde que pendant la durée d'un accouchement.

La clinique d'accouchement devrait servir à former des accoucheurs; mais, en réalité, elle ne fait qu'initier plus ou moins sommairement les étudiants à cet art. D'ailleurs, à Paris, où l'on compte

environ soixante mille accouchements par an, en
dehors des hôpitaux, il n'y en a pas plus de 1,800
à 2,000 qui soient faits par des accoucheurs-opéra-
teurs. Les malades ont généralement recours aux
sages-femmes, quelquefois encore aux médecins
ordinaires.

En définitive, la Faculté de médecine qui décerne
chaque année 450 diplômes de docteur, crée d'autre
part une centaine de sages-femmes, dont un quart
arrivent des maternités de province pour subir
leurs examens à Paris. A ce nombre, il faut joindre
les élèves qui sortent de la Maternité, après concours et examens.

La *Maternité* tire sa supériorité sur la Clinique
du plus grand nombre de ses accouchements qui dé-
passent annuellement le chiffre de deux mille; en
outre, la claustration de ses élèves rend l'assiduité
beaucoup plus grande et l'enseignement par suite
plus profitable. Il y a dans cet établissement deux
parties, bien distinctes administrativement : l'hospice et l'école; mais, en fait, la vie de l'un et de
l'autre est tellement mêlée qu'hospice et école en
arrivent à ne faire qu'un; au point de vue de l'installation dans les bâtiments, il est de même impossible d'établir des démarcations bien nettes.

L'École n'a pas de places gratuites : elle n'admet

que des élèves payantes (1,000 francs par an) ou
des boursières dont la pension est acquittée par
leur département, leur commune ou une administration hospitalière. Ces élèves sont reçues depuis
l'âge de dix-huit ans révolus jusqu'à trente-cinq
ans; le médecin de la maison constate que leur
constitution leur permet de suivre les cours et de
pratiquer les exercices auxquels elles sont astreintes.

Pour leur admission, on ne leur demande que
de justifier qu'elles savent lire, écrire et ortogra-
phier correctement. Il leur faut produire un certain nombre de pièces concernant leur identité ou
leur moralité. Les femmes mariées doivent, en
outre, prouver par une pièce dûment légalisée
qu'elles sont autorisées par leur mari à embrasser la profession de sage-femme.

Les cours commencent le 1er juillet de chaque
année. Les élèves ne peuvent suivre les cours
de l'École moins d'un an, ni plus de deux ans.
Durant chaque année de séjour, les élèves ne
peuvent sortir que six fois avec leurs père et mère
ou maris, ou sous la surveillance de personnes
désignées par l'administration de l'Assistance publique.

La règle de l'École de la Maternité paraît un

peu sévère au premier abord ; en réalité, son
application est très paternelle. Le nombre des
élèves monte chaque année à quatre-vingt-dix en
moyenne, sur lesquelles on compte de trente à
quarante boursières et environ quinze femmes mariées. Le tiers des élèves présentes accomplit toujours le stage facultatif de deux années ; c'est-à-
dire qu'à la fin de chaque exercice scolaire, la
moitié des élèves de la première année quitte
l'école, et l'autre moitié redouble pour acquérir
une plus grande habileté et une somme de connaissances pratiques plus considérable.

Les élèves sont divisées en dix groupes, dont
chacun comprend plusieurs élèves de deuxième
année faisant fonctions de monitrices. Rien ne
distingue les jeunes femmes les unes des autres ;
l'uniforme se compose d'une robe en étoffe noire
appropriée à la saison, avec un nœud de corsage,
bleu pour la première année, rouge pour la seconde.

Chaque division est de service à tour de rôle
pour les accouchements ; la garde se prend, matin
et soir, à neuf heures et quart, en même temps
qu'une des quatre sous-sages-femmes, aides de la
maîtresse en chef, vient diriger le service dans la
salle de misère. Les autres divisions consacrent

leur temps à l'étude et aux exercices scolaires.
Chaque jour, la même leçon est répétée trois fois
devant les élèves. D'abord c'est le professeur qui
fait son cours, puis son aide en donne une répéti-
tion, enfin une monitrice est chargée de la redire
une dernière fois.

Mais, fréquemment, que l'on soit à l'amphi-
théâtre, à la salle d'études, au réfectoire, au
jardin affecté aux promenades et aux récréations,
on voit une des jeunes femmes s'absenter tout à
coup et gagner une salle de l'hospice. Elle va donner
ses soins à une femme accouchée et à un petit enfant, puis elle retourne au travail ou au plaisir.
Cette femme est celle qu'elle a accouchée en étant
de service à la salle de misère ; elle lui doit ses
soins particuliers jusqu'à son départ de la Maternité.

On admet, à titre de malades, à la Maternité,
les femmes qui sont dans le huitième mois de leur
grossesse. Toutes les après-midi, il y a consultation et réception, mais les admissions ont lieu à
toute heure du jour et de la nuit, beaucoup de
femmes ne se présentant qu'au moment où elles
sont prises des douleurs, ou bien, étant apportées
d'urgence sur les conseils d'un médecin ou d'une
sage-femme prévoyant un accouchement laborieux.

Le personnel médical se compose d'une sage-femme en chef, dirigeant les accouchements simples, opérant elle-même si le cas est difficile, mais n'ayant jamais recours à l'instrument tranchant ; d'un chirurgien en chef pratiquant les opérations obstétricales, et enfin d'un médecin en chef soignant les malades atteintes de fièvres ou d'indispositions n'ayant pas un caractère spécial.

L'hospice de la Maternité est le plus important service d'accouchement, mais il n'est pas le seul dépendant de l'Assistance publique. L'hôpital Cochin a, en annexe, une maternité fort bien installée et très importante. En outre huit hôpitaux généraux ouvrent leurs portes aux femmes enceintes : La Charité, Lariboisière, Tenon et Saint-Louis, où le service des accouchées est dirigé par des accoucheurs spéciaux ; La Pitié, Saint-Antoine, Beaujon et Lourcine, où les salles d'accouchement sont annexées aux services ordinaires de médecine et de chirurgie.

Les maternités des quatre premiers hôpitaux comptent chacune deux sages-femmes, alors que celles des quatre derniers n'en ont qu'une seule. L'administration les choisit parmi les anciennes élèves de l'école de la Maternité, et en particulier parmi celles qui ont suivi les cours durant deux années. Mais, outre ses sages-femmes *titulaires*, chaque hôpital compte un certain nombre de sages-femmes *agréées*, tenant en ville des maisons d'accouchement et recevant des pensionnaires, qui leur sont envoyées par l'Assistance publique pour désencombrer les hôpitaux.

Cette mesure remonte à une vingtaine d'années. En 1867, on ne savait comment combattre les épidémies de fièvre puerpérale qui décimaient les femmes en couches. La méthode antiseptique, en usage aujourd'hui, qui fait répandre au moyen d'un petit réchaud les vapeurs sublimées et phéniquées dans les salles d'accouchement, n'était pas encore connue ; on préconisait l'isolement des malades et autant que possible on cherchait à éviter le groupement des accouchées.

L'Assistance publique envoya tout d'abord quelques malades faire leurs couches chez des sages-femmes exerçant à proximité des hôpitaux ; elle donnait à ces dernières un prix de 40 fr. pour une période de neuf jours, mais n'agissait ainsi que dans les cas exceptionnels. En 1869, en présence des grands avantages retirés par ce mode de placement, elle décida que l'admission des femmes enceintes dans les hôpitaux serait limitée aux deux tiers ou aux trois quarts du nombre des lits qui leur

étaient réservés et que le surplus serait envoyé
chez les sages-femmes de la ville, agréées par elle.

Depuis cette époque, cet usage s'est perpétué.
Il a reçu sa consécration définitive en 1883. Autour
de chaque hôpital ayant un service d'accouchement, il a été créé une zone qui ressortit au directeur de l'hôpital pour la question administrative et
au chef du service pour la partie médicale. Les
sages-femmes agréées ne peuvent recevoir de l'hôpital plus de trois pensionnaires à la fois ; on estime
qu'annuellement chacun des trois lits sert à faire
24 accouchements.

Les sages-femmes agréées reçoivent pour chaque
accouchement une indemnité de 10 francs ; de
plus, il leur est alloué comme frais de séjour
6 francs par journée de présence de l'accouchée,
la durée du traitement étant fixée à dix jours,
mais pouvant se prolonger en cas de nécessité. Le
fractionnement de la rétribution donnée aux sages-
femmes a été établi parce que certaines de celles-
ci, dans le but de diminuer leurs dépenses, n'hé-
sitaient pas à renvoyer les accouchées avant
l'expiration du délai voulu, au grand préjudice
de la santé des pensionnaires. Aujourd'hui au contraire, elles ont tout intérêt à prolonger leurs soins
aux accouchées.

L'Assistance publique coopère annuellement à 6,500 accouchements dans les hôpitaux, à 4,000 autres chez les sages-femmes agréées ; et cependant il en reste encore 10,500 à sa charge. Ces derniers sont l'œuvre des sages-femmes des bureaux de bienfaisance. Jusqu'en 1880, elles ne recevaient que 8 francs par accouchement ; en 1881, on a porté ce taux à 15 francs ; chacune d'elles fait en moyenne une centaine d'accouchements.

On voit que l'Assistance publique tient sous son contrôle bon nombre de sages-femmes à Paris. De son côté, la Préfecture de police a la main, si ce n'est l'œil, sur toutes celles qui désirent ouvrir une maison d'accouchement ou recevoir des pensionnaires. Cette double action est fort utile, car s'il est une corporation qu'il soit bon de mettre en tutelle, c'est à coup sûr celle des sages-femmes.

Je n'ai point seulement en vue les pratiques néfastes auxquelles peuvent se livrer quelques mégères, mais j'ai le souvenir de belles et bonnes paroles que prononçait un fonctionnaire de l'Assistance publique, à une distribution de prix de fin d'année, en s'adressant aux élèves qui allaient quitter la Maternité.

C'est la gloire d'un petit nombre de professions, leur disait M. Imard, d'avoir reçu de la loi elle-même un cachet d'utilité sociale. Un citoyen est appelé devant la justice; il n'est pas de lien d'amitié, il n'est pas d'engagement d'honneur qui puisse le dispenser de parler. La société exige de lui, sous la foi du serment, la vérité, toute la vérité. S'il se tait, il est puni de son silence, et, s'il ment, il s'expose aux peines de parjure. Mais si ce témoin, que les fonctions les plus hautes, les promesses les plus sacrées n'auraient pas affranchi du devoir de révéler la vérité, peut répondre : « Je suis couvert par le secret professionnel, » la justice ne va pas plus loin; elle s'arrête au seuil d'un sanctuaire qu'aucune puissance humaine n'a le droit de violer.

Certes, il importe que les crimes soient punis; c'est la condition première de toute société, de toute civilisation. Mais si la justice a son domaine, l'humanité a aussi le sien. S'il est utile au bien de l'État que les coupables n'échappent pas au châtiment, il n'est pas moins nécessaire que ceux qui, par leur profession même, sont les dépositaires des secrets d'autrui, puissent inspirer une confiance illimitée. La réprobation que mérite celui qui fait appel à notre discrétion ne nous autorise pas à le trahir. Si les souffrances humaines sont parfois indignes d'estime, elles ne sont jamais indignes de pitié.

Toutefois, ces devoirs de discrétion auxquels vous êtes tenues, comme les autres membres de la famille médicale, ne sauraient aller jusqu'à vous rendre les complaisantes et les complices du crime. Une femme vient accoucher chez vous et vous confie son nom, sous le sceau du secret. Ce nom, vous avez le droit de ne pas le déclarer dans l'acte de naissance. Mais si vous allez plus loin, si vous faites inscrire l'enfant sous un nom supposé que la mère a jugé à propos de prendre pour dérouter les investigations de la justice, vous n'êtes plus couvertes par vos immunités professionnelles; c'est un faux dont vous avez à répondre devant votre conscience et devant le Code pénal.

Il est souvent délicat de tracer une exacte limite, quand il s'agit de savoir où s'arrête le secret professionnel et où commencent les révélations que la loi peut exiger de vous pour assurer la répression d'un crime, et peut-être même pour empêcher des innocents d'être victimes d'une de ces fatales erreurs qui ne se réparent pas. Il n'est pas de plus cruelles tortures, pour des âmes honnêtes, que ces batailles intérieures où se heurtent deux devoirs contraires. En pareil cas, recueillez-vous et obéissez à la voix de votre conscience. C'est un guide qui ne nous trompe presque jamais, lorsque, nous repliant en nous-mêmes, nous cherchons, avec une bonne foi sincère et désintéressée, à découvrir le droit chemin.

D'ailleurs, il dépend de vous de ne pas vous exposer trop fréquemment à de semblables angoisses. Si vous savez observer, dans l'exercice de votre profession, cette dignité, cette réserve qui écartent les compromissions imprudentes, il ne vous arrivera peut-être jamais d'être appelées comme témoins devant la justice. Entourez-vous d'une atmosphère de bonne renommée, et, d'instinct, la clientèle suspecte s'éloignera de vous.

Dégagée des complications judiciaires qui ont donné lieu à tant de controverses, la question du secret professionnel sera, dans la pratique quotidienne de votre état, d'une remarquable simplicité. Sachez-le bien, mesdames, le devoir de garder le secret est absolu.

N'essayez pas de vous tromper vous-mêmes par des distinctions subtiles. Prétendre qu'il faut distinguer entre les

confidences reçues sous le sceau du secret et les constatations faites directement par vous, sans avoir pris aucun
engagement formel envers vos clientes, c'est invoquer des
expédients misérables pour se soustraire à une obligation
d'honneur et de conscience. Il ne serait ni plus honnête, ni
plus raisonnable de soutenir que, du moment où l'intention de nuire fait défaut, le délit n'existe plus. Avec beaucoup de sagesse, à mon avis, la jurisprudence n'a pas
voulu adopter cette interprétation par trop indulgente de
l'article 378, qui eût tôt ou tard abouti à la consécration
du droit de commérage. Qu'importe que vous obéissiez à
un sentiment de malveillance ou à ce besoin d'alimenter
la curiosité publique, auquel certains tempéraments fémi-
nins ont parfois de la peine à résister; je ne saurais trop
vous le répéter, il n'existe pas d'indiscrétions permises.
Quand il s'agit de l'honneur des familles, la légèreté et
l'étourderie peuvent faire autant de mal que l'envie ou la
haine. Tuer la réputation des gens pour paraître bien in-
formé, c'est le plus grand crime que puissent commettre
les dépositaires des secrets d'autrui.

Tout ce que vous avez vu, entendu, appris ou deviné
dans l'exercice de votre état, doit être pour vous un invio-
lable dépôt. J'ajoute bien vite que les secrets confiés à votre
probité professionnelle n'ont pas tous un caractère essentiellement médical. Raconter à tout venant que la mère
porte la trace de pratiques abortives, que l'enfant est venu
au monde avec un vice de conformation ou une maladie
héréditaire, c'est un de ces délits, heureusement assez
rares, parce qu'ils sont une violation audacieuse du premier des devoirs des sages-femmes, et qu'ils sont punis
par le Code pénal. Mais, en dehors de ces secrets dont il

est question dans l'article 378, il en est d'autres qui ne sont
pas moins sacrés. Vous êtes appelées dans l'intimité du
foyer domestique, au milieu de l'épreuve en général la
plus difficile que puisse traverser une famille. Les indices
de la sourde mésintelligence qui existe entre deux époux
mécontents, l'un et l'autre, du surcroît de charges apporté
par le nouveau venu, les représentations plus ou moins
discrètes des grands-parents, l'égoïste hypocrisie des aînés
qui dissimulent de leur mieux la mauvaise humeur que
cause l'amoindrissement éventuel de leur patrimoine; bref,
vous êtes à une place privilégiée pour assister à ces petites
vilenies dont se délecte la malignité publique. Parfois
même, la comédie tourne au drame. Un mot, une allusion,
un geste, un regard surpris à la dérobée, vous initient à un
de ces mystères intimes à peine soupçonnés au dehors, et
dont vous avez la preuve vivante sous vos yeux. Eh bien !
mesdames, votre devoir est de vous taire. Soit qu'il s'agisse
de ces menus calculs d'intérêts déçus, qui ne sont punis
que du ridicule, ou d'un de ces secrets dont la révélation
est mortelle pour l'honneur d'une femme, n'oubliez jamais
qu'une indiscrétion de votre part serait un inexcusable abus
de confiance. Introduites dans le sanctuaire domestique
pour y apporter le dévouement de votre cœur et les secours
de votre art, vous vous perdriez à jamais dans l'estime de
vos concitoyens, si vous traîniez derrière vous les commé-
rages et la trahison.

De telles paroles constituent un bel enseignement ; c'est une ligne de conduite bien nette grâce
à laquelle les sages-femmes parisiennes sont assurées de conserver la faveur de leur clientèle fé-

minine et de braver les efforts de la Faculté de
médecine. Croirait-on que cette dernière jalouse
l'Assistance publique ? L'école de la Maternité
porte ombrage à la Clinique d'accouchement. La
Faculté rêve de s'installer boulevard de Port-
Royal. Elle n'entend point enlever la Maternité aux
élèves sages-femmes, mais elle leur demande de
partager bâtiments et malades avec ses étudiants.

Le Conseil municipal a très nettement déclaré
qu'il ne laisserait pas la Faculté mettre la main
sur la Maternité, mais la Faculté est tenace. La
véritable solution a été trouvée par le docteur
Horteloup, rapporteur de la commission du Conseil
de surveillance de l'Assistance publique.

Elle consiste à donner satisfaction à la Faculté de
médecine en lui abandonnant la Maternité de l'hôpital Cochin. L'école du boulevard de Port-Royal
sera préservée ainsi de toute promiscuité fâcheuse
pour sa bonne renommée ; les malades sauront
qu'il y a toujours à Paris un hôpital où elles seront
assurées de n'avoir affaire qu'à des femmes, et enfin
la Faculté sera mise à même, comme elle le demande, de distribuer plus largement l'enseignement
pratique à son nombreux personnel. Cette solution
est la plus sage; il est vrai que c'est peut-être une
raison pour qu'elle ne soit pas adoptée.

III

L'ÉTAT-CIVIL

L'état civil et l'état religieux. — La loi de 1792 et ses conséquences municipales. — Le Code civil. — Une réforme longtemps attendue. — Les médecins de l'état civil. — La couveuse du docteur Tarnier, sa description. — Les naissances
illégitimes. — Répartition des enfants dans les familles. —
Curieuse hypothèse du docteur Bertillon.

L'enfant est né ; le premier devoir de la société
à son égard est de lui constituer un état civil ;
c'est une sauvegarde pour lui comme pour elle.
La recherche de la paternité n'est pas admise par
la loi, soit ; mais cependant l'enfant, qui n'a point
demandé à venir au monde, n'en a pas moins
droit à la filiation.

Avant la Révolution française, l'acte de baptême
enregistré par une des paroisses de Paris tenait tout
lieu d'acte de naissance. Baptême, mariage, décès
étaient la plupart du temps confondus sur le même

registro, de sorte qu'il en résultait une confusion
extrême que les ordonnances royales s'efforcèrent
vainement de réglementer durant plusieurs siècles.

Il fallut la scission opérée en 1792 par la Révolution française entre l'état civil et l'état religieux
pour que les trois actes importants de l'existence,
naissances, mariages et décès fussent enregistrés
d'une façon normale. Cette loi du 20 septembre
1792, déterminant le mode de constater l'état
civil des citoyens, fut très importante pour toute
la France, mais elle eut en particulier pour Paris
des conséquences fort inattendues au point de vue
de l'administration municipale.

La loi de 1792 ordonnait de faire dresser les
actes de naissance dans les vingt-quatre heures
de la déclaration préalable. Son article 6 était ainsi
conçu :

ART. 6. — L'enfant sera porté à la maison commune ou
autre lieu public servant aux séances de la commune; il
sera présenté à l'officier public. En cas de péril imminent,
l'officier public sera tenu, sur la réquisition qui lui en sera
faite, de se transporter dans la maison où sera le nouveau-né.

Les dispositions de cette loi furent appliquées
à dater du 1er janvier 1793, an II de la République.
Il n'existait à ce moment qu'une seule municipalité

à Paris ; elle avait son siège à l'Hôtel de Ville.
Mais Paris était divisé en 48 sections, comptant
chacune un commissaire de police. C'est à ce magistrat que l'enfant était présenté après sa naissance pour la vérification de son sexe. Le commissaire dressait acte de la présentation et délivrait
un extrait avec lequel on allait ensuite, dans le
plus bref délai, à l'Hôtel de Ville, faire la déclaration, qui était portée sur le registre de la municipalité. La rédaction de cet acte avait lieu sans
présentation, et il n'était pas obligatoire que les
témoins de l'acte municipal fussent les mêmes que
ceux de la présentation.

Ce mode de procéder n'allait pas sans inconvénients ; la Convention nationale ne manqua point
de s'en apercevoir et elle décréta que pour assurer
aux habitants de Paris les moyens de constater
leur état civil d'une manière plus facile et plus
sûre, *la commune de Paris serait divisée en
douze arrondissements.* C'est de cette époque
que date le système d'administration municipale
en vigueur à Paris.

Le code civil, promulgué en 1803, renferme ces
trois articles relativement aux naissances :

Art. 55. — Les déclarations de naissance seront faites,

dans les trois jours de l'accouchement, à l'officier de l'état civil du lieu ; l'enfant lui sera présenté.

ART. 56. — La naissance de l'enfant sera déclarée par le père, ou, à défaut du père, par les docteurs en médecine ou en chirurgie, sages-femmes, officiers de santé, ou autres personnes qui auront assisté à l'accouchement ; et, lorsque la mère sera accouchée hors de son domicile, par la personne chez qui elle sera accouchée.

L'acte de naissance sera rédigé de suite, en présence des deux témoins.

ART. 57. — L'acte de naissance énonce le jour, l'heure et le lieu de naissance, le sexe de l'enfant, et les prénoms. noms, profession et domicile des père et mère et ceux des témoins.

L'article 55 précité, dit que l'enfant sera présenté à l'officier de l'état civil. Mais où doit-il lui être présenté ? Pendant 66 ans, on n'a pas cru pouvoir admettre à Paris que l'enfant pût lui être présenté autre part qu'à la mairie ; et cela, dans les trois jours de la naissance du pauvre petit être, quel qu'ait été la durée de sa vie intra-utérine, au risque de le vouer irrémédiablement à la mort.

En 1829, l'Académie des sciences jeta, la première, un cri d'alarme. Elle démontra que le froid est le plus redoutable ennemi du nouveau-né dans les premiers jours qui suivent sa naissance et demanda au gouvernement de rechercher un moyen de constater les naissances à domicile.

Sa voix ne fut pas entendue, et, pendant plus de vingt ans, cette question capitale ne fut pas agitée. Elle reparut en 1845 à l'Académie des sciences morales et politiques, et en 1850 à l'Académie de médecine ; elle passionna un philanthrope, le docteur Loir, qui se fit l'apôtre de cette réforme et parvint à la faire adopter dans quelques villes de province, notamment à Versailles. C'est seulement en 1869 qu'on se décida à suivre cet exemple à Paris. La routine et la bureaucratie sont deux belles choses ; pourquoi faut-il qu'elles coûtent parfois si cher, en argent quand ce n'est pas en vies humaines !

Dès lors, les médecins vérificateurs des décès, institués en 1800 par le comte Frochot pour suppléer les maires dans la contatation à domicile, ordonnée par la loi de 1792, furent également chargés de la vérification des naissances. Leur dernière organisation remonte à 1880. Les vingt arrondissements ont été divisés en 86 circonscriptions, ayant chacune son médecin titulaire.

Une autre réforme a été demandée depuis : c'est le dédoublement du service de l'état-civil de façon à avoir des médecins chargés uniquement de constater les décès, et d'autres médecins exclusivement occupés à la vérification des naissances. Les raisons qui militent en faveur de ce nouvel ordre de choses sont faciles à comprendre; elles sont tirées de l'hygiène et basées sur les principes de la science moderne, qui dénonce la contagion microbienne comme cause d'un grand nombre de maladies.

Or, le médecin qui s'en va constater le décès d'un varioleux, ne risque-t-il pas d'apporter un germe mortel au nouveau-né qu'il visitera ensuite? Je sais bien que, dans la pratique, toutes précautions sont prises par le médecin, dans son propre intérêt même, pour ne pas aller par mégarde semer la contagion dans sa clientèle.

Quand j'ai demandé quelle était administrativement la raison alléguée pour ne pas donner satisfaction à l'opinion publique, on m'a répondu :

— Le public a une prévention contre le médecin des morts, qui lui produit l'effet d'un personnage de mélodrame; si nous lui enlevons la constatation des naissances, du coup la clientèle s'éloignera de lui et nous ne trouverons personne pour exercer ces fonctions.

Cette réponse en appelle une autre. Elucidons la question par ses petits côtés, car j'estime qu'il y a là un progrès sérieux à réaliser. Les médecins de l'état civil ne jouissent pas d'un traitement fixe; il leur est alloué une somme de trois francs par naissance ou par décès constatés. C'est un revenu de 3.500 francs par an qui leur est ainsi assuré.

Ce revenu, il est facile de le leur conserver en doublant la zone des circonscriptions actuelles. Chaque zone nouvelle comprendra un médecin des décès et un médecin des naissances. Le nombre des naissances étant toujours un peu plus élevé que celui des décès, un médecin pourrait avoir une situation plus avantageuse que l'autre. C'est ce qu'il est facile d'éviter, en établissant entre eux une alternance mensuelle. Du même coup se trouvera résolue cette question de la clientèle, qui existait pourtant avant 1869, ce qui n'empêchait pas l'administration de trouver des médecins ne faisant autre chose que de constater les décès.

Une circulaire de 1877, adressée aux maires, enjoint aux médecins de l'état civil de ne se livrer à aucune critique, vis-à-vis des familles, des soins donnés aux personnes défuntes. C'est sagement pensé, mais je voudrais qu'il n'en fût pas ainsi en ce qui concerne les naissances. Certes, le médecin ne doit pas s'immiscer dans les affaires privées des familles auprès desquelles il est appelé par la loi, mais il serait désirable qu'en certains cas, le médecin fût non seulement autorisé, mais encore obligé de donner quelques *conseils* aux parents :

par exemple lorsque l'enfant est né avant terme, qu'il est atteint de faiblesse congénitale, que sa vie ne dépend point d'un traitement médical, mais seulement de soins éclairés et attentifs.

Combien de mères ignorent l'existence de la couveuse humaine, cette merveilleuse application de l'incubation artificielle aux petits enfants. Que n'ont-elles l'instinct qui porte naturellement les animaux à procurer à leurs petits une chaleur factice proportionnée aux besoins de leur organisation !

Or, cette chaleur artificielle, la science s'est toujours occupée de la procurer aux nouveau-nés venus avant terme, trop faibles pour vivre par eux-mêmes, ayant en quelque sorte besoin de continuer la vie intra-utérine qui leur a fait trop brusquement défaut. Quel lit de ouate vaut le sein maternel ?

Jusqu'en ces dernières années, les Russes ont été les plus ingénieux. Le docteur Budin, visitant en 1878 l'hospice des enfants assistés de Moscou, y a vu de petites baignoires à doubles parois, dans lesquelles l'enfant est placé ; il baigne dans une température assez élevée entretenue grâce à de l'eau chaude introduite dans la cavité des parois.

En 1880, le docteur Tarnier, préoccupé depuis longtemps par le désir de trouver un moyen pratique et uniforme de sauver les nouveau-nés atteints de faiblesse congénitale, demanda à un constructeur de couveuses artificielles pour l'éclosion des petits poulets, de lui fabriquer un appareil applicable à l'incubation d'un enfant.

Du premier coup, le savant professeur de la Maternité arriva à la perfection. La couveuse des enfants non seulement fonctionne d'une façon courante dans les services d'accouchement des hôpitaux, mais de plus se trouve aujourd'hui dans le commerce. La disposition est si simple que toute personne peut la faire fabriquer par le moindre menuisier. Aussi croyons-nous qu'il y a un intérêt général à faire connaître, dans ses détails de construction, cet appareil dont le docteur Auvard donne la description, dans une note adressée aux *Archives de Tocologie*.

La couveuse se compose d'une caisse en bois longue de 65 centimètres, large de 36 centimètres, haute de 50 centimètres (dimensions extérieures), l'épaisseur des parois étant d'environ 25 millimètres. L'intérieur de la caisse est divisé en deux parties par une cloison horizontale incomplète (fig. 2, P.) située à environ 15 centimètres de la paroi inférieure.

Dans l'étage inférieur, destiné à recevoir des

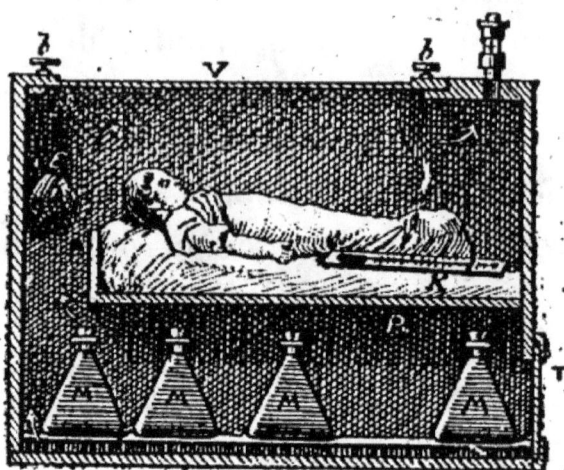

Fig. 2.

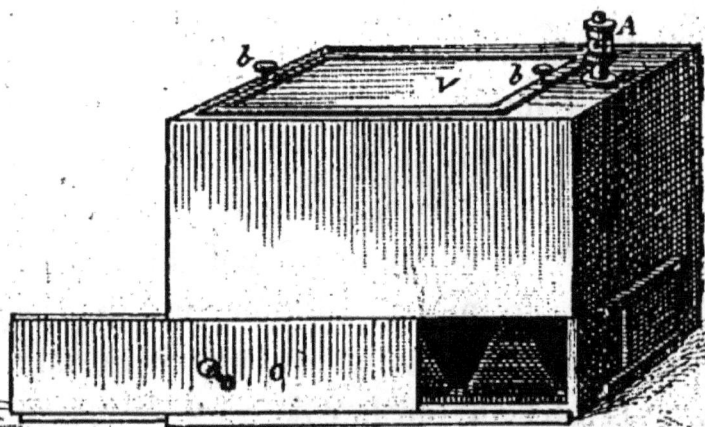

Fig. 1.

La couveuse d'enfants.

boules d'eau chaude en grès, connues à Paris sous le nom de moines, sont pratiquées deux ouvertures, l'une latérale (fig. 1, O.), occupant toute la longueur de la paroi, fermée par une porte à coulisse et pouvant à volonté se tirer dans les deux sens : c'est la voie d'introduction des boules ; l'autre percée à une des extrémités de la boîte (fig. 1 et 2, T.) obturée par une porte incomplète, c'est-à-dire moins grande que l'orifice qu'elle recouvre, de manière à permettre toujours le passage d'une certaine quantité d'air.

L'étage supérieur, disposé pour recevoir l'enfant, est garni de coussins à cet effet ; il s'ouvre en haut par un couvercle vitré (fig. 1 et 2, V.), dont la fermeture est aussi complète que possible ; deux boutons (fig. 1 et 2 *bb*) permettent de l'enlever facilement. Sur la paroi supérieure se trouve un orifice de sortie auquel est fixé, si on veut, un tube muni à son intérieur d'une petite hélice très mobile et pouvant tourner sous l'influence d'un faible courant d'air (fig. 1, A).

Dans l'ouverture qui fait communiquer les deux compartiments, on place une éponge imbibée d'eau simple pour humidifier l'air, et, près de l'enfant, un thermomètre (fig. 2, K), destiné à enregistrer la température intérieure. Pour chauffer la couveuse, on commence par mettre trois boules remplies d'eau bouillante dans l'appareil ; au bout d'une demi-heure, elle a atteint le degré voulu et on peut y placer l'enfant.

Si, à ce moment, la température tend à s'élever au-dessus de 32°, on ouvre légèrement le couvercle en verre pendant quelques instants. Au bout de deux heures, on met une quatrième boule, et, à partir de ce moment, toutes les heures et demie ou deux heures, on change le contenu d'une des boules, la moins chaude, et l'on y verse de l'eau bien bouillante.

La température se maintient ainsi dans la couveuse entre 31° et 33°. L'air pénétrant par la petite trappe (T) s'échauffe rapidement au contact des boules et, devenant plus léger, monte dans l'étage supérieur, s'imprégnant de vapeur d'eau au contact de l'éponge (fig. 2. E) qu'il faut avoir soin de conserver humide. Cet air vient ensuite entourer l'enfant dont il balaye pour ainsi dire toute la surface et s'échappe par l'orifice de sortie, placé à l'extrémité opposée.

Le changement des boules doit, autant que possible, coïncider avec la sortie de l'enfant hors de la couveuse, sortie qui a pour effet de refroidir l'appareil, si l'on ne prend soin de refermer le couvercle aussitôt après avoir enlevé le nourrisson. C'est pour ses repas qui ont lieu toutes les deux ou trois heures, ou pour sa toilette, que l'enfant est retiré de la couveuse et reste exposé à l'air libre. Au premier abord, il semblerait que ces sorties soient de nature à l'impressionner défavorablement. L'expérience a heureusement prouvé qu'il n'en est rien, à la condition bien entendu de procéder avec habileté à ces changements de milieux.

Quels sont les résultats fournis par la couveuse? Voici les statistiques de la Maternité, qui ont été données par le docteur Tarnier dans son cours du semestre d'été à la Faculté de médecine, en 1886.

POIDS DES ENFANTS	NOMBRE DES ENFANTS MIS DANS LA COUVEUSE.	NOMBRE DES ENFANTS QUI ONT VÉCU	NOMBRE DES ENFANTS QUI ONT SUCCOMBÉ	MORTALITÉ POUR 100.
De 1000 à 1500 gr.	40	12	28	70
De 1501 à 2000 gr.	131	96	35	26.7
De 2001 à 2500 gr.	112	101	11	9.8

A la Maternité, avant l'introduction de la couveuse, les enfants d'un poids inférieur à 2,000

grammes mouraient dans une proportion de 66
pour 100; depuis son emploi, cette proportion est
de 36,8 pour 100. En ne considérant que la période
de la grossesse pendant laquelle l'enfant est né,
les résultats sont aussi probants : avant la couveuse, tous les enfants âgés de six mois succom-
baient, tandis qu'il en survit aujourd'hui 30 pour
100; avant la couveuse, on n'élevait que 39 pour
100 des enfants nés à sept mois, on en conserve
aujourd'hui 78 pour 100; ce nombre s'élève à
88 pour 100 pour les enfants nés à huit mois.

La couveuse, en réalité, n'est encore en usage
que dans les hôpitaux et quelque peu dans les
classes riches. N'y a-t-il pas réellement lieu d'espérer que si les pauvres gens pouvaient, sans passer par l'hôpital, bénéficier de cette invention merveilleuse, on verrait peut-être moins de petites
comètes s'en aller par les rues, avec leurs couronnes blanches et leur queue de parents en larmes.

Si je me suis arrêté particulièrement à la couveuse artificielle des nouveau-nés, ce n'est pas
sans raison, car j'aurai à faire plus loin cette triste
constatation qu'il n'y a point d'hôpitaux à Paris
pour les tout jeunes enfants qui ne sont pas atteints
d'une maladie déterminée, comme la rougeole, la
coqueluche, mais qui n'en sont pas moins en dan-

ger de mort par suite de leur faiblesse de constitution ou de leur mauvaise alimentation..

Je termine avec l'état civil. Sur les 60,000 enfants qui naissent annuellement à Paris, on compte 43,000 enfants légitimes et 17,000 illégitimes en moyenne. On peut dire qu'il naît à Paris 28 enfants illégitimes par 100 naissances. Il est intéressant, à ce sujet, de comparer les naissances d'enfants illégitimes de Paris et celles de quelques grandes villes de l'Europe. Cette comparaison donne les résultats suivants dans le *Moralstatistik*, ouvrage du statisticien allemand Von OEttingen :

Sur 100 naissances, combien d'illégitimes :

Gratz	62,5	Lisbonne	21,0
Munich	50,9	Saint-Pétersbourg	20,2
Vienne	49,9	Dresde	18,0
Prague	49,6	Madrid	17,2
Rome	44,5	Berlin	14,9
Stockholm	40,0	Hambourg	12,1
Moscou	38,1	Riga	10,0
Budapest	30,5	Edimbourg	9,5
Paris	28,5	Milan	9,0
Copenhague	25,0	Revel	8,1
Bruxelles	22,5	Londres	3,9

Il n'y a qu'une réserve à faire à propos de ce petit tableau, c'est au sujet du rang assigné à Londres. Comme le signalait M. Levasseur à l'une

3.

des séances de l'Académie des sciences morales
et politiques, ce rang ne s'explique que par une
de ces inadvertances de la statistique, dont les
savants allemands eux-mêmes ne sauraient être
indemnes.

En ce qui concerne Paris, il faut faire remarquer que le nombre de ses naissances illégitimes
serait moins élevé, si, en raison de sa situation
spéciale et attractive, cette capitale n'était pas le
lieu d'asile d'un grand nombre de filles-mères
venues des autres parties de la France. Constatation très remarquable, le nombre des enfants naturels tend de plus en plus à s'abaisser à Paris; la
proportion des naissances illégitimes était de 33
pour 100 pendant la première moitié du siècle;
elle n'est plus que de 28 pour 100. En dépit des
pessimistes, notre moralité n'est donc pas aussi
inférieure à celle de nos aînés qu'on veut bien dire.

Sur 20,000 mariages qui se célèbrent annuellement à Paris, un dixième a lieu avec légitima-
tion d'enfants. Plus de 3,000 enfants sont ainsi
légitimés; 8,000 autres sont reconnus par leurs
parents. En tenant compte de l'énorme mortalité
des nouveau-nés, on voit qu'il n'en reste pas
beaucoup dont l'état civil porte : *Père et mère
inconnus.*

Le recensement de 1886, dans le but de rechercher les causes de la faible natalité en France, a
demandé à chaque recensé « combien il avait
d'enfants légitimes actuellement vivants ». Les
réponses faites à Paris ont permis au service de
la statistique municipale de dresser le curieux
tableau qu'on trouvera reproduit ci-contre.

Après avoir parcouru ce tableau, qu'on veuille
bien remarquer qu'à partir des familles composées
de deux enfants, un chiffre est presque toujours
égal à la moitié de celui qui le précède. Prenons
pour exemple la moyenne établie pour l'ensemble
de Paris, et le tableau démonstratif suivant dressé
par le docteur Bertillon. :

SUR 1000 FAMILLES DE PARIS COMBIEN AVAIENT EN 1886.	CHIFFRES RÉELS.	CHIFFRES ARRONDIS.
2 enfants	200	200 dont la
3 —	105	moitié est 100 dont la
4 —	53	— 50 —
5 —	25	25 —
6 —	11	— 13 —
7 — et plus.....	7	7 —

M. Bertillon, pour expliquer cette concordance,
a proposé cette explication (1) : *C'est que les*

_____

(1) *Résultats statistiques du dénombrement de 1886.*

ARRONDISSEMENTS	SUR 1000 FAMILLES COMBIEN ONT :							
	0 enfant vivant.	1 enfant vivant.	2 enfants vivants.	3 enfants vivants.	4 enfants vivants.	5 enfants vivants.	6 enfants vivants.	7 enf. viv. et au-dessus.
Ier. Louvre	370	294	189	88	36	15	7	4
IIe. Bourse	368	298	195	84	33	13	5	4
IIIe. Temple	348	302	192	93	38	16	7	4
IVe. Hôtel-de-Ville	358	294	184	92	42	17	7	6
Ve. Panthéon	304	268	221	107	48	27	14	11
VIe. Luxembourg	342	299	195	91	42	17	9	5
VIIe. Palais Bourbon	348	280	188	97	55	20	7	5
VIIIe. Elysée	333	290	216	91	42	18	6	4
IXe. Opéra	369	293	173	106	36	14	6	4
Xe. Saint-Laurent	244	360	232	101	45	11	4	3
XIe. Popincourt	332	283	196	101	50	22	9	7
XIIe. Reuilly	333	267	209	102	52	24	8	5
XIIIe. Gobelins	300	243	180	103	60	30	14	10
XIVe. Observatoire	357	227	193	103	44	25	13	8
XVe. Vaugirard	323	262	199	108	57	29	12	10
XVIe. Passy	335	275	200	100	51	25	8	6
XVIIe. Batignolles-Monceau	108	224	259	180	116	68	38	10
XVIIIe. Montmartre	355	289	186	95	44	19	7	5
XIXe. Buttes-Chaumont	358	216	191	113	64	31	16	11
XXe. Ménilmontant	338	273	185	104	56	26	11	7
Moyenne pour *Paris*	323	276	200	105	53	25	11	7

familles ne sont satisfaites que lorsqu'elles ont un garçon. Il suppose 1,000 familles, dont 200 resteront définitivement stériles et dont 800 ont un premier enfant. Il y a à peu près autant de chances pour que cet enfant soit masculin que pour qu'il soit féminin. Dans les 400 cas où il est masculin, la famille est satisfaite et n'a pas d'autre enfant; dans les 400 autres familles on fait survenir un second enfant.

Ce second enfant sera dans 200 familles un garçon, et, dans ce cas, les parents satisfaits n'ont plus d'autre enfant. De là vient que sur 1,000 familles, continue M. Bertillon, on en trouve 200 avec 2 enfants. Mais dans les 200 autres familles, où le second enfant est une fille, on fait survenir un troisième enfant. Ce troisième enfant sera dans 100 familles un garçon, et alors les parents, satisfaits, n'ont plus d'autre enfant. De là vient encore que, sur 1,000 familles, on en trouve 100 avec 3 enfants, tandis que dans les 100 autres familles on engendrera des enfants jusqu'à ce que survienne un garçon.

Ce raisonnement peut se poursuivre de même jusqu'au septième enfant; mais il faudrait, pour que l'explication proposée par le Dr Bertillon fût admise sans réserve, que les derniers nés fussent tous masculins, ce qui n'est pas conforme à ce que semble indiquer l'observation vulgaire. M. Bertillon fait lui-même observer que le raisonnement appliqué par lui à la volonté fermement arrêtée d'avoir un garçon, serait parfaitement applicable à la volonté également entêtée d'avoir une fille.

D'où impossibilité de rien conclure. L'hypothèse du Dr Bertillon n'en reste pas moins très curieuse. Il paraît, d'ailleurs, certain que la volonté d'avoir un garçon doit être plus fréquente que le désir obstiné d'avoir une fille, mais il est possible que chacune de ces déterminations existe pour un certain nombre de familles.

IV

LES NOURRICES

La proportion des mises en nourrice. — Les nourrices au point
de vue de l'élevage et de l'état civil. — Formalités exigées. —
Le contrôle de la Préfecture de police. — Meneurs et meneuses. — Provenances des nourrices. — Départements
nourriciers. — Les opérations des bureaux de nourrices. —
Un pourboire honteux.

Des enfants qui naissent à Paris, un peu moins
du tiers, un peu plus du quart, c'est-à-dire 29 pour
100, en moyenne, sont placés en nourrice. Mais
la proportion que nous venons d'indiquer est très
variable, suivant les arrondissements. Cela tient à
différentes causes, deux surtout : il convient, en
effet, de noter la présence, dans certains arrondissements, d'hôpitaux où les femmes vont faire leurs
couches et de signaler les conditions spéciales
d'existence dans lesquelles se trouvent les petits
commerçants, les employés et les ouvriers du
centre de Paris, où les logements sont plus chers

et plus exigus que dans les arrondissements de la
périphérie, ce qui leur rend plus difficile la possi-
bilité de conserver auprès d'eux leurs enfants.

De même, dans les communes suburbaines, on
constate des proportions très variables, suivant la
nature des occupations des habitants. Ici, on s'a-
donne aux travaux des champs, femmes et hommes
sont voués à la terre, la culture maraîchère exige
tant de soins qu'il n'en reste plus pour les enfants ;
on en expédie les trois quarts en nourrice.

Ailleurs, ce sont les usines qui dressent leurs
hautes cheminées ; si l'usine a besoin de bras fémi-
nins, tant pis encore pour l'enfant ; si elle ne prend
que des hommes, la femme a le loisir d'être réellement mère. En nous en tenant aux vingt arrondissements de Paris, voici le tableau que nous
pouvons dresser :

Pour 100 déclarations de naissances, combien
compte-t-on de mises en nourrices ?

Ier. arrondissement.	40,8		XIe.	—	26,0
IIe.	—	40,1	XIIe.	—	19,0
IIIe.	—	35,9	XIIIe.	—	11,1
IVe.	—	41,3	XIVe.	—	28,8
Ve.	—	41,7	XVe.	—	20,0
VIe.	—	62,7	XVIe.	—	23,8
VIIe.	—	29,3	XVIIe.	—	31,2
VIIIe.	—	41,7	XVIIIe.	—	20,0
IXe.	—	39,5	XIXe.	—	13,4
Xe.	—	52,3	XXe.	—	13,1

La moyenne des nourrices qui se présentent annuellement à la Préfecture de police pour être admises à élever des enfants monte à 14.588. Sur ce nombre, on compte 4.033 nourrices sèches, demandant des enfants à élever au biberon et 10.455 nourrices au sein. Ce dernier chiffre se décompose également en deux fractions comprenant 4.760 nourrices sur lieu, c'est-à-dire vivant dans les familles parisiennes et 5.695 nourrices emportant leurs nourrissons en province.

Au point de vue de l'état civil, on trouve qu'en moyenne sur le total des nourrices, il y a 3.405 célibataires, 10.735 femmes mariées et 448 veuves. La proportion moyenne des nourrices célibataires, filles-mères très recherchées comme nourrices sur lieu, est donc par rapport aux autres nourrices de 23 pour cent.

Les nourrices sont aujourd'hui soumises à un ensemble de mesures, édictées par la loi de 1874, à laquelle nous allons revenir tout particulièrement dans le chapitre suivant.

Avant de quitter leur pays pour se rendre à Paris, elles sont tout d'abord tenues de se munir d'un certificat du maire de leur commune, constatant leur identité, témoignant du consentement de leur mari, le cas échéant, mentionnant l'âge de leur enfant et son placement, s'il s'agit d'une nourrice sur lieu. Outre le certificat du maire, chaque nourrice doit présenter un certificat médical, émanant de l'inspecteur de la circonscription qu'elle habite, attestant qu'elle est vaccinée et ne présente nul symptôme d'infirmités ou de maladies contagieuses.

L'obligation pour les nourrices de se présenter à la Préfecture de police a un double but; elle sert tout d'abord à voir si elles sont munies des pièces réglementaires et en second lieu à contrôler l'exactitude du certificat médical délivré dans leur pays.

Six à huit cents nourrices sont ajournées tous les ans, la plupart du temps par suite du défaut de certificat favorable émanant des parents d'un précédent nourrisson. Une centaine de femmes sont mêmes repoussées d'une façon absolue, quelques-unes pour des motifs médicaux, mais beaucoup aussi par nécessité administrative ; on refuse par exemple l'inscription à une nourrice dont un triple décès de nourrissons semble révéler la négligence ou l'incapacité.

Une dernière formalité est exigée de la nourrice avant son départ de Paris. Elle ne peut, depuis l'année dernière, emporter un nourrisson, qui n'ait lui aussi son certificat médical, déclarant que l'enfant est en état de supporter le voyage et ne présente également aucun indice de maladie contagieuse.

Sur la moyenne de 14.588 nourrices relevée annuellement, 13.585 proviennent des bureaux de placement au nombre de quinze actuellement dans Paris; sur les quinze, quatre s'occupent exclusivement des nourrices sur lieu.

Les bureaux sont approvisionnés par des agents spéciaux, les meneurs et les meneuses, répartis dans toutes les parties de la province en communication facile avec Paris. Chaque meneur ou meneuse rayonne dans deux ou trois départements; l'autorisation du préfet de chacun d'eux lui est nécessaire pour exercer son industrie et il doit y joindre une autorisation spéciale du préfet de police.

Le meneur est habituellement doublé d'un placier en vins, en spiritueux, en n'importe quoi. Au cours de ses tournées, il fait ainsi d'une pierre deux coups. La meneuse est une ancienne nourrice, qui exerce l'industrie nourricière sous une autre forme. Le meneur, ou la meneuse, ne vient qu'une fois par mois à Paris avec son convoi de nourrices. Pour être toujours également approvisionné, un bureau doit posséder un certain nombre de ces agents dont les voyages alternent sans discontinuité.

A chaque voyage, meneur et meneuse passent de six à huit jours à Paris. Ils vont rendre visite aux parents, qui n'ont pas manifesté le désir de ne plus entendre parler du bureau de placement ; ils apportent de menus cadeaux faits par la nourrice, des fruits, des fromages, du beurre, des œufs, ils donnent des nouvelles de l'enfant ; ils récoltent à droite et à gauche quelques pourboires ou quelques invitations à déjeuner et à dîner ; ils se chargent de la layette à rapporter à la nourrice et aussi du paiement à faire à cette femme, moyennant un franc de commission.

Parmi les meneurs et meneuses, certains ne s'occupent également que des nourrices sur lieu ; ils n'ont point de jours fixes pour le voyage à Paris ; ils viennent chaque fois qu'ils ont trouvé une nourrice à embaucher.

En faisant abstraction du département de la Seine fournissant 2.800 nourrices environ à la moyenne annuelle, le département qui envoie le plus de nourrices à Paris est la Nièvre (plus d'un millier). Cela tient à ce que l'on y recrute, en nombre à peu près égal, et les femmes qui élèvent les nourrissons chez elles et celles qui vont se placer nourrices sur lieu.

Les départements qui viennent ensuite, sont : le Pas de Calais (900) fournissant un bon nombre de nourrices sur lieu ; le Loiret (900), l'Eure-et-Loir (760) et la Sarthe (690), où se recrutent plus spécialement les nourrices à emporter ; le Cher (640) qui envoie surtout des nourrices sur lieu ; l'Orne (640), Seine-et-Marne et Seine-et-Oise (570), Loir-et-Cher (520), l'Aisne (515), l'Yonne (500), le Nord (470), Saône-et-Loire (440), la Mayenne (350), la Somme (330), l'Oise (320), l'Indre (150), tous départements qui, bien que fournissant des nourrices sur lieu, sont aussi des centres d'élevage importants. Les autres départements, notamment l'Allier et la Côte-d'Or, n'envoient guère à Paris que des nourrices sur lieu.

Le complément de l'indication de la provenance des nourrices me semble être la répartition des enfants nés à Paris ou dans la banlieue, qui, au nombre de 18,000, sont placés chaque année en nourrice *hors* du département de la Seine. Les départements dans lesquels s'exerce plus particulièrement l'élevage des *petits Paris* sont les suivants :

Seine-et-Oise	1.850	Cher	590
Eure-et-Loir	1.700	Mayenne	560
Orne	1.620	Somme	550
Sarthe	1.590	Nord	300
Loiret	1.520	Eure	260
Seine-et-Marne	1.460	Marne	200
Loir-et-Cher	980	Manche	130
Yonne	960	Aube	125
Aisne	910	Seine-inférieure	120
Pas-de-Calais	690	Côte-d'Or	80
Oise	660	Indre-et-Loire	70
Nièvre	600	Indre	60

Une vingtaine de départements ne reçoivent pas de nourrissons parisiens; ce sont: les Basses-Alpes, les Hautes-Alpes, les Alpes-Maritimes, l'Aude, les Bouches-du-Rhône, la Corse, le Gard, la Haute-Garonne, le Gers, la Gironde, l'Hérault, les Landes, le Lot-et-Garonne, la Lozère, les Basses-Pyrénées, les Hautes-Pyrénées, les Pyrénées-Orientales, le Tarn, le Tarn-et-Garonne et le Var. Il est à remarquer que tous ces départements sont situés dans le midi de la France; leur distance considérable de Paris est l'unique motif de cette abstention.

Dans les départements autres que ceux dont nous venons de donner une double nomenclature, on relève chaque année un nombre variable, mais toujours peu élevé, d'enfants envoyés en nourrice par des familles parisiennes. Certains de ces départements sont encore assez éloignés, mais le déplacement s'explique en ce que c'est au pays d'origine des parents que le nourrisson est emmené. Il convient aussi d'ajouter que, pour des raisons purement locales et spécialement pour favoriser leur propre recrutement de nourrices, certains préfets interdisent dans leurs départements l'exercice de l'industrie nourricière pour le compte des bureaux parisiens.

En somme, c'est beaucoup le hasard provenant de la périodicité des convois de nourrices qui détermine le département dans lequel la plupart des enfants sont placés. En raison d'une pareille situation, on ne peut envisager sans appréhension ce que serait une grève des meneurs approvisionnant les bureaux de nourrices.

Les directeurs de ces bureaux divisent les nourrices en trois catégories, correspondant à des tarifs différents : nourrices de la province, dites à emporter ; nourrices de la banlieue et nourrices sur lieu.

Pour une nourrice à la campagne, les parents doivent donner un salaire moyen de 25 francs par mois. Le premier mois se paie d'avance, mais le second n'est dû qu'à échéance. Les parents sont tenus en outre de verser 15 francs pour le voyage de la nourrice et trois francs pour droit d'enregistrement. Au total : 43 francs.

Voyons ce qu'il advient de cette somme. Le bureau retient 20 francs à la nourrice, sur lesquels il prélève 3 francs pour le meneur, et 10 francs pour la sage-femme ou l'accoucheur, à titre de prime, honteux pourboire au sujet duquel j'ai fort à cœur de m'étendre ultérieurement. Deux fois sur trois cette prime est payée, et il ne reste que 6 à 7 francs, pour le bénéfice du placeur.

Le tarif des nourrices de la banlieue est en moyenne de 35 francs par mois, payables comme pour la catégorie précédente. Les parents n'ont pas de frais de voyage à débourser, mais le droit d'enregistrement monte à 5 francs ; au total : 40 francs.

Là-dessus, le bureau prélève une somme fixe de 25 francs, sur lesquels il attribue 5 francs au meneur et 10 francs à la sage-femme ou au médecin. Sont réputées nourrices de la banlieue, toutes celles qui habitent dans un rayon de 24 kilomètres.

Les versements à effectuer par les parents pour une nourrice sur lieu, montent à 75 francs ; 40 francs de droit de placement retenus par le bureau et qu'il faut avancer à la nourrice, car elle n'a jamais d'argent ; 35 francs remis au meneur, dont 30 francs pour frais de retour dans son pays de l'enfant amené par la nourrice à Paris. Sur les 40 francs encaissés par lui, le bureau en remet 15, 20, ou même 25, à la sage-femme ou au médecin.

En somme que reste-t-il à la nourrice ? Si elle est nourrice sur lieu, il ne lui reste rien ; elle doit au contraire payer très souvent afin de trouver une nourrice de la campagne pour son propre enfant. S'il s'agit d'une autre nourrice, il lui reste une somme de 15 à 20 francs, ce qui ne représente pas ses frais de voyage et ses frais de nourriture pendant les quatre à cinq jours qu'elle a passés à Paris.

Le meneur, pour sa part, ne reçoit pas un droit exorbitant ; au bout de l'année, son salaire se chiffre à 1,800 ou 2,000 francs tout au plus. Le placeur de son côté a des charges très lourdes qu'il est obligé de supporter pour l'exercice de sa profession ; il est tenu d'avoir de vastes locaux bien aménagés, bien aérés, pour coucher les nourrices ; chaque lit placé dans ses dortoirs doit être accompagné d'un berceau ; le matériel et l'entretien d'un bureau représentent donc des frais considérables par rapport à son chiffre d'affaires.

Ainsi, la nourrice ne percevant le second mois

4

de paiement qu'à l'échéance, élève pendant deux
mois son nourrisson pour ainsi dire gratuitement.
Le meneur est peu rétribué tout en se donnant
beaucoup de mal, et le placeur est obligé de savoir
strictement compter pour arriver à tirer un maigre
bénéfice à la fin de l'année. A qui donc va le plus
clair profit de l'industrie nourricière? A l'accoucheur et surtout à la sage-femme. Voilà qui est
immoral, et voilà ce que nous allons combattre,
après avoir examiné le système de la protection
des enfants du premier âge tel qu'il fonctionne
aujourd'hui dans le département de la Seine.

V

LA PROTECTION

Le Code des nourrices. — Les recommandaresses. — La loi
Roussel. — Organisation de l'inspection. — Les commissions
locales. — Les treize circonscriptions du département de la
Seine. — Répartition des nourrissons par mode d'élevage et
par état civil.

La loi du 23 décembre 1874, relative à la protection des enfants du premier âge, et, en particulier, des nourrissons, débute ainsi :

ARTICLE PREMIER. — *Tout enfant âgé de moins de deux ans,*
qui est placé, moyennant salaire, en nourrice, en sevrage ou
en garde, hors du domicile de ses parents, devient, par ce fait,
l'objet d'une surveillance de l'autorité publique, ayant pour but
de protéger sa vie et sa santé.

Si nous avions à rechercher les origines de cette
loi, à laquelle l'honorable M. Théophile Roussel a
si justement attaché son nom, nous aurions loin à
remonter. Il faut rendre à l'ancien régime cette

justice, qu'il avait été frappé des inconvénients, des dangers plutôt, auxquels peut donner lieu l'industrie nourricière. Depuis le quatorzième siècle, jusqu'au règne de Louis XV, les ordonnances royales n'ont cessé de se succéder, finissant par former un *Code des nourrices*, dont les prescriptions n'ont malheureusement reçu de sanction sur aucun point de la France et sous aucun règne. A vrai dire même, ce code était spécial à Paris ; il semblait n'exister que sur parchemin.

Ce recueil des ordonnances royales nous montre tout au moins que le système actuel de mise en nourrice des enfants remonte à une haute origine. Le premier acte de réglementation de cette industrie est une ordonnance en date du 30 janvier 1350, par laquelle le roi Jean prononce la peine du pilori contre toute *recommandaresse* louant une nourrice plus d'une fois l'an. Dans un titre de l'an 1284, on trouve mentionnée une *rue des Recommandaresses ;* c'est le nom que portaient alors les femmes faisant métier de loger les nourrices venues à Paris et de placer les chambrières. Plus tard, on relève l'existence des meneurs et meneuses, dont l'origine doit être également fort ancienne. C'est donc une tradition qui se perpétue de nos jours.

Pendant la première moitié du dix-neuvième siècle, la passion politique empêcha de rien faire de sérieux pour l'enfance. L'opinion publique avait d'autres préoccupations ; ce n'est que vers 1860 qu'elle commença à s'émouvoir des cris d'alarme poussés par quelques rares voyants, le docteur Brochard entre autres, s'indignant de ce que, sans compter les enfants assistés, cent mille nourrissons mouraient annuellement de faim, de misère, faute de soins, faute de surveillance.

L'Académie des sciences couronna le mémoire qui lui fut envoyé par ce médecin et du même coup elle provoqua une enquête, qui eut lieu en 1867 et démontra la nécessité d'agir pour enrayer l'effroyable mortalité, qui semblait nous mener à une dépopulation de la France. Des commissions furent nommées, on allait aboutir, mais la guerre survint, interrompant l'œuvre commencée. Elle n'eut peut-être pas été reprise de sitôt, si le recensement de 1872, tout en tenant compte du récent arrachement de l'Alsace et de la Lorraine, n'avait relevé une diminution de 350,000 habitants sur les chiffres fournis par le recensement de 1866. L'Assemblée nationale jugea sagement que le temps des enquêtes et des tergiversations était passé; elle vota la loi Roussel sans coup férir.

4.

Mais cette loi bienfaisante ne fut appliquée qu'à dater de 1878; voilà 10 ans qu'elle est en vigueur, elle porte déjà des fruits d'un prix inestimable.

Notre cadre ne nous permet point de suivre les nourrissons parisiens dans tous les départements où ils sont placés. Nous nous en tiendrons au département de la Seine, où près de cinq mille enfants restent en nourrice et sont l'objet de la surveillance ordonnée par la loi de 1874. Voici les trois articles fondamentaux de cette loi :

ART. 7. — Toute personne qui place un enfant en nourrice, en sevrage ou en garde, moyennant salaire, est tenue, sous les peines portées par l'article 346 du Code pénal, d'en faire la déclaration à la mairie de la commune où a été faite la déclaration de naissance de l'enfant, ou à la mairie de la résidence actuelle du déclarant, en indiquant, dans ce cas, le lieu de la naissance de l'enfant, et de remettre à la nourrice ou à la gardeuse un bulletin contenant un extrait de naissance de l'enfant qui lui a été confié.

ART. 8. — Toute personne qui veut se procurer un nourrisson ou un ou plusieurs enfants en sevrage ou en garde, est tenue de se munir préalablement des certificats exigés par les règlements, pour indiquer son état civil et justifier de son aptitude à nourrir ou à recevoir des enfants en sevrage ou en garde.

Toute personne qui veut se placer comme nourrice sur lieu est tenue de se munir d'un certificat du maire de sa résidence, indiquant si son dernier enfant est vivant, et constatant qu'il est âgé de sept mois révolus, ou, s'il n'a pas atteint cet âge, qu'il est allaité par une autre femme remplissant les conditions qui seront déterminées par le règlement d'administration publique prescrit par l'article 12 de la présente loi.

Toute déclaration ou énonciation reconnue fausse dans lesdits certificats, entraîne l'application au certificateur des peines portées au § Ier de l'article 155 du Code pénal.

Art. 9. — Toute personne qui a reçu chez elle, moyennant salaire, un nourrisson ou un enfant en sevrage ou en garde, est tenue, sous les peines portées à l'article 346 du Code pénal :

1° D'en faire la déclaration à la mairie de la commune de son domicile, dans les trois jours de l'arrivée de l'enfant, et de remettre le bulletin mentionné à l'article 7 ;

2° De faire, en cas de changement de résidence, la même déclaration à la mairie de sa nouvelle résidence ;

3° De déclarer, dans le même délai, le retrait de l'enfant par ses parents ou la remise de cet enfant à une autre personne, pour quelque cause que cette remise ait lieu ;

4° En cas de décès de l'enfant, de déclarer ce décès dans les vingt-quatre heures.

Après avoir inscrit ces déclarations au registre mentionné dans l'article suivant, le maire en donne avis, dans le délai de trois jours, au maire de la commune où a été faite la déclaration prescrite par l'article 7.

Le maire de cette dernière commune donne avis, dans le même délai, des déclarations prescrites par les numéros 2, 3 et 5 ci-dessus aux auteurs de la déclaration de mise en nourrice, en sevrage ou en garde.

Les trois articles, dont nous venons de citer le
texte, sont remarquablement clairs; ils expliquent
nettement le contrôle présidant au placement et
au retrait de l'enfant, mais entre ces deux opérations le nourrisson est l'objet d'une surveillance
presque continuelle, qui n'est nulle part mieux
organisée que dans le département de la Seine.

Paris et sa banlieue sont divisés en treize circonscriptions, dont quelques-unes comportent deux
sections. Tous les nourrissons placés dans une
circonscription, ou bien une section de circonscription, sont visités au moins une fois par mois
par un médecin inspecteur et par une dame visiteuse, commissionnée à cet effet par la Préfecture
de police.

Après chaque visite, le médecin inspecteur, ou
la visiteuse, vise le carnet délivré à la nourrice et
inscrit ses observations; tous deux transmettent
au maire de l'arrondissement ou de la commune,
où est domicilié l'enfant, un bulletin indiquant la
date et les résultats de leurs visites.

Ces bulletins sont communiqués à une commission locale, instituée dans chaque arrondissement
ou chaque commune, dont les membres, chargés
plus spécialement de tels ou tels nourrissons,
exercent une action de contrôle. Voici en quels

termes l'instruction ministérielle jointe au règlement d'administration publique de 1877, prévu
par la loi de 1874, définit le rôle des membres de
la commission locale, où il est toujours fait place
à quelques mères de famille :

Les membres de la commission devront s'enquérir, par
tous les moyens en leur pouvoir, du genre de vie habituel
de la nourrice et de sa famille, tant au point de vue moral
qu'au point de vue matériel, de manière à pouvoir éclairer
sur ce point le médecin et leurs collègues. Lors des visites,
ils constateront l'état de propreté de l'enfant; ils examine-
ront avec soin, sous le rapport de la salubrité et de l'aération, la pièce où il couche, l'état des vêtements qui composent la layette et les objets servant à son usage; ils veil-
leront à ce que le berceau soit tenu proprement et pourvu
de tous les objets nécessaires, à ce que les cheminées ou
les poêles soient munis d'un garde-feu; il s'occuperont, en
un mot, de tous ces détails qu'il serait impossible d'énumérer limitativement, mais qui, familiers à tous ceux qui
ont vu de près l'enfance, ont une si grande importance dans
les premières années de la vie. Lorsque l'enfant sera malade, le membre visiteur s'assurera que le médecin a été
appelé, veillera à ce que ses prescriptions soient suivies et
les remèdes intelligemment administrés; enfin, il se rap-
pellera que, si la nourrice s'est engagée, par contrat, vis-
à-vis des parents, à nourrir et à élever leur enfant, il est
tenu, par devoir, de suppléer au défaut de présence du
père et de la mère; qu'il est investi par la loi des pouvoirs
de surveillance qui découlent de l'autorité paternelle.

Ainsi chaque nourrisson se trouve visité presque toutes les semaines soit par le médecin-inspecteur soit par la visiteuse, soit par le membre de la Commission locale chargé spécialement de sa surveillance. Il serait trop long de nous attacher aux travaux des Commissions locales, nous nous en tiendrons aux circonscriptions au sujet desquelles les rapports annuels des médecins et des visiteuses nous fournissent des indications très précieuses et très précises.

PREMIÈRE CIRCONSCRIPTION. — Elle comprend les Ier, IIe, VIIe, VIIIe, XVIe et XVIIe arrondissements. De ces six arrondissements, il n'y en a que deux qui aient quelque importance au point de vue de l'industrie nourricière : le XVIe et surtout le XVIIe. Dans les quatre autres, et notamment dans les Ier, IIe et VIIIe arrondissements, cette industrie est nulle. Il en serait de même pour le VIIe arrondissement si le quartier du Gros-Caillou ne possédait toujours un nombre de nourrices, qui s'élève ou s'abaisse suivant qu'une crise sévit ou non sur la classe ouvrière.

DEUXIÈME CIRCONSCRIPTION. — Elle est formée des IIIe, IXe, X^e, XVIIIe et XIXe arrondissements. Les

deux derniers seuls comptent un nombre assez
élevé de nourrissons, mais dans le X⁰ arrondissement par contre, c'est à peine si on trouve quelques
nourrices.

Troisième circonscription. — Son rayonnement
s'étend sur les XI⁰ et XX⁰ arrondissements. Tous
deux ont une réelle importance. Cette importance
néanmoins est beaucoup plus considérable pour le
XX⁰ arrondissement qui, après le XV⁰, est de tous
les arrondissements de Paris celui où les nourrissons se trouvent en plus grand nombre.
Pourquoi faut-il avoir à constater que les maisons
habitées par les nourrices sont généralement fort
insalubres.

Quatrième circonscription. — Elle se compose des
IV⁰, V⁰, VI⁰, XII⁰ et XIII⁰ arrondissements. Ce
sont ces deux derniers qui reçoivent presque tous
les nourrissons. On sait que le XIII⁰ arrondissement est le plus pauvre de Paris ; cela rend la
surveillance encore plus difficile. Peu ou point de
nourrissons dans les trois autres arrondissements ;
il faut pourtant noter que dans le V⁰ arrondissement, la population ne se trouve pas non plus
dans des conditions matérielles favorables.

CINQUIÈME CIRCONSCRIPTION. — Elle comporte deux arrondissements très peuplés en nourrissons, le XIVe et le XVe. Tous deux se trouvent placés dans des conditions hygiéniques très favorables, ne renfermant pas de ces agglomérations trop compactes, qui rendent inefficaces les meilleures mesures de salubrité.

SIXIÈME CIRCONSCRIPTION. — Elle rayonnait primitivement sur tout le canton de Saint-Denis, mais le grand nombre d'enfants à surveiller dans dix communes différentes et la difficulté des communications, ont fait scinder la circonscription en deux sections.

La première comprend les agglomérations considérables de Saint-Denis et d'Aubervilliers, qu'habite une population ouvrière peu aisée et mal logée, plus deux petites communes rurales, La Courneuve et Dugny. Les appréciations du médecin-inspecteur de cette section sont sévères. Il y trouve les nourrices généralement médiocres.

« Les nourrissons appartiennent à des parents
« pauvres et sont placés chez des nourrices plus
« pauvres encore. Les habitations, d'un loyer
« toujours faible, sont acceptables, à la rigueur,
« comme dimension, air et lumière, mais impar-

« faites sous le rapport de la propreté et de la sa-
« lubrité. Les nourrices sont malpropres et pares-
« seuses ; les parents enfin, aussi négligents, ne
« fournissent qu'une layette maigre et sordide. »

Voilà un tableau bien noir ; celui du médecin-
inspecteur de la deuxième section comprenant
Épinay-sur-Seine, l'Ile Saint-Denis, Pierrefitte,
Saint-Ouen et Villetaneuse, n'est pas moins
sombre.

C'est surtout à Saint-Ouen que se trouvent les
nourrissons, et non dans les autres communes essentiellement agricoles. Encore de malheureux enfants de familles pauvres placés chez des éleveuses
plus misérables elles-mêmes. Ces femmes, ordinairement chargées d'enfants, ne prennent un nourrisson que parce que la présence de ces derniers
les empêche de travailler. Quand elles n'habitent
pas dans une cité de chiffonniers, elles occupent
des rez-de-chaussée carrelés, humides, surchauf-
fés en hiver à l'aide de poêles qui donnent une
chaleur exagérée et exposent le nourrisson à contracter une affection des voies respiratoires. C'est
à Saint-Ouen que l'élevage au biberon est le plus
répandu ; c'est là que la misère est plus grande,
les nourrissons en plus mauvais état, les maladies
plus fréquentes et la mortalité plus considérable.

5

SEPTIÈME CIRCONSCRIPTION. —Elle est divisée comme la précédente en deux sections, mais ne nous fournit point l'occasion de relever des constatations aussi attristantes.

La première section est formée des agglomérations d'Asnières, de Colombes et de Courbevoie, ainsi que de la commune de Gennevilliers. La grande majorité des nourrices se compose de femmes d'ouvriers aisés ou de petits employés, propres, bien soigneuses, bien tenues, bien portantes. Les habitations, disséminées dans une vaste plaine, sont salubres ; l'enfant, enfin, trouve des soins aussi empressés que peuvent l'exiger les parents les plus difficiles.

La deuxième section comprend les trois communes du canton de Courbevoie ne faisant pas partie de la première section, c'est-à-dire Nanterre, Puteaux et Suresnes. Sa situation est moins brillante, surtout en ce qui concerne Puteaux, où l'élément ouvrier usinier domine et ne permet pas autant de confort et de salubrité dans les habitations.

HUITIÈME CIRCONSCRIPTION. — Elle englobait à l'origine tout le canton de Neuilly, mais se trouve aujourd'hui divisée en deux sections.

Dans la première section rentrent trois communes : Clichy, Levallois-Perret et Neuilly. Grande est la différence de condition du nourrisson suivant que les nourrices habitent une de ces trois agglomérations.

A Clichy, les maisons sont mal construites et les rues peu larges ; les passages et impasses, en grand nombre, renferment une population de chiffonniers, de brocanteurs, de terrassiers et de journaliers, trop enclins à faire bon marché des préceptes les plus élémentaires de l'hygiène.

A Levallois-Perret, la situation est à peu près identique. Dans la partie qui touche à Neuilly, les habitations ouvrières sont mêlées aux maisons bourgeoises ; les installations se trouvent par suite plus confortables.

C'est à Neuilly que la situation est la plus favorable, et cette commune est assurément, sous ce rapport, une des privilégiées du département de la Seine. Là, ni cités, ni ruelles, mais des rues larges, des avenues et des boulevards plantés d'arbres, des jardins et des parcs, sans compter le bois de Boulogne. Les maisons où logent les nourrices alternent avec de riches habitations bourgeoises. Les éleveuses et leurs nourrissons se ressentent forcément des conditions dans lesquelles ils sont appelés à vivre.

La deuxième section correspond à Boulogne-sur-Seine, où l'on trouve deux catégories de nourrices très distinctes : celle qui se recrute dans l'élément ouvrier, notamment parmi les blanchisseuses et celle qui se compose des femmes des cantonniers, jardiniers et gardes, logés dans les chalets du bois de Boulogne. Ces dernières éleveuses sont très recherchées par les familles parisiennes, non seulement à cause des avantages matériels, mais aussi en raison des garanties morales qu'elles offrent.

NEUVIÈME CIRCONSCRIPTION. — Elle englobe tout le canton de Pantin. Sur les dix communes qu'il renferme, six sont agricoles et n'ont que peu de nourrissons : Bobigny, Bondy, le Bourget, Drancy, Noisy-le-Sec et Romainville.

Les enfants en nourrice sont généralement placés à Bagnolet, aux Lilas, à Pantin et au Pré-Saint-Gervais. Ces communes sont trop parsemées d'usines, de fabriques et d'ateliers, pour que l'élevage puisse s'y faire dans de bonnes conditions.

DIXIÈME CIRCONSCRIPTION. — Elle correspond au canton de Sceaux. Sur les treizes communes dont elle se compose, neuf sont agricoles : Antony, Bagneux, Bourg-la-Reine, Chatenay, Châtillon, Clamart, Fontenay-aux-Roses, Plessis-Piquet et Sceaux. Même dans les quatre autres communes, Issy, Malakoff, Montrouge et Vanves, qui renferment un élément ouvrier, on constate que les habitations des nourrices sont salubres, aérées, spacieuses, souvent entourées de jardins et généralement bien tenues. La contrée, d'ailleurs, à l'exception de la partie qui avoisine immédiatement Paris, est favorablement située.

ONZIÈME CIRCONSCRIPTION. — Scindée en deux sections, représentant l'ensemble du canton de Charenton.

Alfortville, Charenton, Créteil, Joinville, Maisons-Alfort, Nogent-sur-Marne et Saint-Maurice, voilà le lot de la première section, qui peut se diviser en trois parties : la région avoisinant la Seine est défectueuse ; celle qui se trouve sur les bords de la Marne est sensiblement meilleure, enfin la région intermédiaire formée par le bois de Vincennes est placée dans des conditions supérieures, par suite de la présence de femmes de gardes offrant les mêmes garanties que celles du bois de Boulogne,

La deuxième section s'étend sur les communes de Bonneuil, Bry-sur-Marne, Champigny et Saint-Maur-les-Fossés, placées également dans les conditions les plus avantageuses pour l'élevage des nourrissons.

DOUZIÈME CIRCONSCRIPTION. — Deux sections la composent, partageant également le canton de Villejuif.

La première section renferme deux communes agricoles, Orly et Thiais, où les enfants rencontrent un meilleur élevage qu'à Ivry, Choisy-le-Roi et Vitry, complétant la section. Même remarque à faire au sujet de la deuxième section comprenant quatre communes agricoles : Chevilly, Fresnes, l'Hay et Rungis, préférables aux agglomérations d'Arcueil-Cachan, de Villejuif et surtout de Gentilly.

TREIZIÈME CIRCONSCRIPTION. — Le canton de Vincennes la compose en entier. On y trouve deux communes agricoles, Rosny-sous-Bois et Villemomble ; deux autres localités dont le voisinage immédiat du bois de Vincennes augmente encore les conditions favorables, sont des lieux de plai-

sance très recherchés par les Parisiens : Fontenay-
sous-Bois et Saint-Mandé.

A Vincennes et à Montreuil, au contraire, l'élément ouvrier domine, mélangé toutefois à l'élément bourgeois dans la première de ces localités,
et à l'élément agricole dans la seconde. Il n'y a
qu'une partie de la circonscription qui rappelle
les placements défectueux de Saint-Denis et de
Pantin, c'est celle qui, à Montreuil, confine aux
fortifications.

Pour clore ce chapitre, il me paraît intéressant
de donner quelques indications sommaires sur les
5.000 enfants surveillés dans le département de
la Seine.

Au point de vue de l'état civil, on trouve que
les trois quarts sont des enfants légitimes, un
quart seulement des enfants naturels. Par mode
d'élevage, on constate que la moitié exacte des
nourrissons sont élevés au sein ; trois huitièmes
sont élevés au biberon, et le reste, soit un huitième,
est placé en sevrage ou en garde.

En ce qui concerne les salaires, la plupart des
nourrices au sein touchent moins de quarante
francs. Or il faut bien se persuader qu'il n'est pas
possible d'avoir une bonne nourrice à moins de

cinquante francs par mois. Ce prix de quarante
francs est celui que peut réclamer une nourrice au
biberon offrant quelques garanties le paiement;
des nourrices sèches dépasse rarement cependant
le taux de trente-cinq francs par mois.

VI

L'ALLAITEMENT MATERNEL

La mortalité du premier âge. — La démoralisation des nourrices. — La prime des sages-femmes. — L'ancien bureau municipal. — La Société de charité maternelle. — L'Association des mères de famille. — La Société protectrice de l'enfance. — La Société pour la propagation de l'allaitement maternel.

Quand on se rend compte des différences incroyables qui existent dans la mortalité des enfants suivant leur mode d'élevage, il est impossible de rester spectateur indifférent en face des abus qui se commettent aux dépens de ces petits êtres.

Ainsi à Paris, la mortalité des enfants élevés par leurs familles est de 6 pour 100 en moyenne, celle des enfants élevés au sein par des nourrices s'accentue déjà, elle est de 7 pour 100; avec le biberon, elle monte à plus de 11 pour 100; enfin, si nous prenons les relevés de l'Assistance publique, nous voyons que les petits Parisiens aban-

donnés meurent dans leurs placements de province dans une proportion qui varie entre 27 et
53 pour 100 et se chiffre finalement à 32 pour 100.

Quelle est la conclusion de ceci? C'est qu'il faut
par tous les moyens possibles prévenir l'abandon
définitif ou temporaire des enfants; c'est qu'il faut,
autant qu'il se pourra, combattre l'allaitement mercenaire, dont les conséquences sont fâcheuses,
de quelque façon qu'on envisage la question.

S'agit-il des nourrices sur lieu, le résultat de
l'allaitement mercenaire est la démoralisation et la
perte des sentiments de famille. La jeune paysanne
s'occupe peu d'être engrossée avant son mariage;
elle sait qu'à Paris les filles-mères sont très recherchées par les riches familles. Certaines campa-
gnardes rêvent de Paris; elles ont entendu les
récits merveilleux d'anciennes *nounous* placées à
Paris; elles ont admiré les amples pelisses et les
jolis bonnets à longs rubans de soie que ces femmes
ont rapportés au pays. La coquetterie s'en mêle.
Que faut-il pour jouir de tant de belles choses?
Presque rien; *faire un enfant pour être en lait.*

Quant aux mères légitimes, qui viennent se
placer à Paris, la situation est pire, s'il se peut.
Le docteur Monot, de Montsauche, en plein Mor-
van, pays nourricier par excellence, a constaté

qu'il n'y a rien de plus démoralisant que cette émigration des mères, rien de plus triste que ces intérieurs où le principal ressort de la famille est brisé.

Une fois mis au monde, l'enfant que la mère délaisse pour se placer à Paris, n'est plus qu'un objet secondaire, lorsqu'il n'est pas un objet onéreux, dont la disparition est un avantage, en attendant que la fin de la période nourricière permette de recommencer. Les maris séparés de leurs femmes vont au cabaret, se livrent à la débauche, s'abrutissent promptement.

Le docteur Monot avance que la plupart des nourrices qui partent à Paris avec un reste d'honnêteté, le perdent. « Les trois quarts, dit-il, reviennent enceintes dans leur maison, mais pourvu qu'elles apportent en même temps ce qu'elles appellent *le sac,* c'est-à-dire une provision d'écus, leur situation est généralement acceptée par leurs maris sans mauvaise humeur, ni tapage. On en considère les avantages; la femme est-elle déjà grosse de quelques mois, c'est autant de gagné sur l'intervalle qui sépare deux nourritures; on recommence plus tôt à gagner de l'argent. »

Voit-on maintenant combien est immorale la prime donnée par les bureaux de nourrices aux

sages-femmes et aux accoucheurs, pourboire honteux, je le répète, perçu en secret et au mépris de
toute dignité professionnelle, le plus dangereux et
le plus coupable encouragement à l'allaitement
mercenaire.

La raison d'être de la prime pour les bureaux,
c'est la concurrence qu'ils se livrent entre eux ; et
cependant c'est la prime qui rend leur situation
précaire, parce qu'elle absorbe le plus clair du
revenu de leur industrie. Cette prime doit être
d'un usage fort ancien, car, dans une déclaration
du roi Louis XV, du 27 mars 1727, on trouve un
article 1er ainsi conçu :

..... Ordonnons que, pour maintenir l'ordre et l'union
entre les quatre Recommandaresses, elles fassent bourse
commune entre elles des droits qui leur seront payés, à
raison de 30 sols pour chaque nourrisson, par les pères et
mères ou autres personnes qui chargeront les nourrices
d'enfants par le ministère des Recommandaresses.

Cette déclaration royale avait pour but d'éteindre la concurrence acharnée que les Recommandaresses se faisaient entre elles ; tout porte à
croire que la prime en était le principal abus. Ce
qui avait été tenté sous Louis XV, la Préfecture
de police a pris à cœur de le renouveler de nos
jours.

En 1862, elle encouragea les directeurs des douze bureaux de nourrices alors existants, à se syndiquer pour briser avec cette détestable coutume. Les placeurs cependant n'osèrent pas supprimer la prime d'une façon absolue, ils s'engagèrent seulement à la réduire de moitié, par une convention ainsi conçue :

ART. 1er. — A partir du 1er mai 1862, tous les directeurs consentent et s'obligent à ne donner à MM. les médecins et sages-femmes qu'une prime ou remise de six francs pour chaque nourrice qu'ils prendront dans lesdits bureaux pour le compte de leurs clients.

ART. 2. — Il ne sera payé à tous médecins et sages-femmes qui prendront une nourrice sur lieu qu'une prime de dix francs.

Par les articles suivants, tout contrevenant devait être passible d'une amende de 100 fr. pour la première fois, de 200 fr. pour la récidive. Il devait être formé un conseil disciplinaire et tous les signataires s'engageaient à signaler les infractions qu'ils découvriraient au président de ce conseil, dans le but d'instruire l'affaire et de poursuivre le délinquant devant les tribunaux compétents. Vains efforts. Les soupçons et les récriminations ne tardèrent pas à éclater entre les syndiqués. Peu d'années après, la convention fut définitivement enterrée.

En 1874, au moment où s'élaborait la loi Roussel, la Préfecture de police fit une nouvelle tentative, appuyée par l'honorable rapporteur, mais
demeurée infructueuse. Voici un extrait d'une
note adressée à la commission de l'Assemblée
nationale par M. Rémy, alors chef du 3e bureau
de la 1re division de la Préfecture de police.

« Les sages-femmes qui reçoivent des pension-
» naires conviennent généralement avec elles
» d'un prix pour les accoucher, les nourrir et les
» soigner pendant neuf jours. Si le nouveau-né
» est allaité par sa mère, celle-ci se porte bien,
» reprend [des forces et mange avec appétit : pas
» ou peu de bénéfices pour la sage-femme et pas
» de prime au bureau des nourrices. Si, au con-
» traire, la nouvelle accouchée est privée de son
» enfant, elle est bientôt prise de la fièvre de lait
» qui l'empêche de manger. Puis vient le conseil
» de la sage-femme à la jeune mère de ne pas
» s'embarrasser de son enfant et de l'envoyer en
» nourrice. Une sage-femme (ne s'en est-il pas
« rencontré d'autres?) après avoir ainsi reçu le
» paiement du premier mois de nourrice a gardé
» cette somme pour elle et a fait placer l'enfant
» à l'hospice des enfants assistés, en affirmant
» que telle avait été la volonté de la mère. »

En 1883, M. Coué, qui a succédé à M. Rémy dans ces délicates fonctions, a tenté, lui aussi, d'arriver à déraciner la prime en usage dans les bureaux de nourrices. Il s'est heurté à un refus catégorique de la part des placeurs, menaçant de faire grève, si la Préfecture passait outre et imposait par un règlement ce qu'ils pensent être contraire à leurs intérêts, mal entendus à mon avis.

Après ces trois échecs, j'ai tout lieu de supposer que la Préfecture de police n'a point envie de renouveler ses efforts stériles. Il faut cependant arriver à l'abrogation de cette hideuse coutume. Le moyen? Est-ce l'ouverture de bureaux de nourrices ayant un caractère officiel? Je ne le crois pas. Il existait jusqu'en 1876 un *Bureau municipal*, ouvert rue des Tournelles et fonctionnant sous les auspices de l'administration de l'Assistance publique. Il a fallu le fermer en raison des abus énormes auxquels son fonctionnement donnait lieu.

En France, nous sommes généralement disposés à tout attendre de l'État, à tout lui demander et à tout recevoir de lui. Le bureau municipal, agissant comme service public, devait offrir certaines garanties ; la principale était de

répondre vis-à-vis des nourrices pour une somme
de 12 francs par mois. Il en résultait que ce bureau était devenu le refuge de tous les parents
qui, après avoir annoncé pouvoir payer les mois
de nourrice et s'être engagés à le faire, man-
quaient à leurs engagements et finissaient par
abandonner complètement leur progéniture, ce
qu'ils eussent hésité à faire au moment de la naissance de l'enfant.

Aujourd'hui, les bureaux de nourrices fonction-
nent sans présenter aucune garantie pécuniaire
aux nourrices ; la Préfecture de police n'a donc
aucune responsabilité ; il lui parvient cependant
chaque année environ 1.500 réclamations, pour
lesquelles elle s'entremet officieusement, parvenant rarement à amoindrir la dette, de plus
de 200.000 francs, à inscrire annuellement à la
créance des nourrices. Donner à des bureaux de
nourrice un caractère officiel ne ferait qu'aug-
menter le mal.

La solution consiste dans l'emploi des mesures
énergiques : fermeture d'abord temporaire, puis
définitive, des bureaux dont les placeurs auront
payé une prime à une sage-femme ou à un accoucheur. Mais comment prouver que la prime a été
payée ? Je sais que c'est le point difficile. Aussi,

à côté de la répression contre les placeurs, faut-il instituer la répression contre les sages-femmes. Il leur est déjà interdit de procurer une nourrice à des parents ; il n'y a qu'à assimiler la prime reçue au placement clandestin.

Ce que je demande au surplus, c'est une peine disciplinaire, une sorte de déchéance profession-nelle pour celles qui seraient convaincues de con-nivence intéressée avec les placeurs. Il faut que l'opinion publique, représentée par les sociétés qui s'occupent de l'enfance, demande à l'Acadé-mie de médecine de donner une sanction à ses principes, si hautement proclamés en faveur de l'allaitement maternel, en recherchant le moyen d'en finir avec cette exploitation barbare de l'en-fance.

L'élevage de l'enfant par sa mère est actuelle-ment favorisé de trois façons bien différentes :

1º *Secours pour favoriser l'allaitement ma-ternel ;*

2º *Secours pour faciliter l'élevage de l'en-fant ;*

3º *Secours pour prévenir l'abandon de l'en-fant.*

A la première catégorie correspondent les Sociétés dont nous allons nous occuper dans le présent chapitre ; à la seconde répond l'institution des crèches ; à la troisième, l'action de l'Assistance publique.

Les Sociétés ayant pour objet principal de favoriser l'allaitement maternel se divisent en deux groupes : le premier composé de la *Société de charité maternelle de Paris*, ayant comme annexe l'*Association des mères de famille* ; le second formé par la *Société protectrice de l'enfance* et la *Société pour la propagation de l'allaitement maternel*.

La Société de Charité maternelle de Paris est la plus ancienne de toutes nos sociétés de bienfaisance. Son livre d'or n'a d'égal que celui de la Société philanthropique, qui lui est contemporaine.

C'est en effet en 1784 qu'elle fut fondée par une charitable dame, madame de Fougeret. Son premier patronage fut celui de la reine Marie-Antoinette. Le premier Empire en fit en quelque sorte une institution publique, en la réorganisant par un décret de 1810, en la faisant participer largement aux subventions de l'État, en ordonnant la création, dans quarante villes de province, de Sociétés maternelles fondées sur les bases de celle de Paris.

Depuis le commencement du siècle jusqu'en 1885, la Société a dépensé plus de huit
millions en œuvres de bienfaisance et son action
tutélaire s'est étendue sur 81.000 enfants. Son but
est d'éviter aux femmes pauvres l'accouchement
dans les hôpitaux et de leur fournir les moyens
de nourrir elles-mêmes leur enfant. Elle ne fait
aucune distinction de nationalité, ni de religion,
mais elle repousse la fille-mère, ne voulant s'occuper que des enfants légitimes.

L'Œuvre secourt au moment de l'accouchement : 1º les femmes qui, ayant perdu leur mari
pendant leur grossesse, ont au moins un enfant
vivant ; — 2º les femmes abandonnées de leur
mari, sauf à en justifier ; — 3º celles qui ont un
enfant vivant et un mari estropié ou atteint de
maladie chronique : — 4º celles qui sont infirmes
et ont deux enfants vivants ; — 5º celles qui,
ayant deux enfants, accouchent de deux jumeaux ;
— 6º les femmes qui ont déjà trois enfants vivants
dont l'aîné a moins de treize ans. On compte les
enfants de différents lits. Si l'aîné des enfants a
treize ans et qu'il soit infirme, il est compté
comme enfant en bas âge.

Pour être admises aux secours, les mères doivent présenter dans les deux derniers mois de

leur grossesse : 1° un certificat d'indigence et de bonnes mœurs, attestant leur inscription depuis deux ans au moins au Bureau de bienfaisance. Le temps d'inscription n'est, toutefois, pas exigé des femmes devenues veuves pendant leur grossesse, et qui ont au moins un enfant vivant, ni de celles qui ont un enfant vivant et un mari estropié ou infirme ; — 2° leur acte de mariage devant le ministre de leur culte ; — 3° les actes de naissance et de baptème de leurs enfants ; — 4° suivant les circonstances, l'acte de décès de leur mari, ou un certificat d'infirmité.

Chaque femme secourue reçoit une somme de 90 francs qui se divise ainsi : 10 francs au moment de l'accouchement ; 20 francs en objets de layette ; 50 francs, à raison de 5 francs par mois, pour dix mois d'allaitement ; 10 francs pour un habillement du premier âge.

La Société est administrée par un comité composé de quatre vice-présidents, d'une dame secrétaire et de quatre-vingts dames, soit une par quartier, qui ont pour mission de recevoir, d'examiner les demandes concernant la circonscription dont chacune d'elles est chargée, et de provoquer, s'il y a lieu, l'admission aux secours.

On voit que la Société de charité maternelle,

sur laquelle sont modelées les Sociétés de 83 villes de province, est établie sur des bases un peu étroites, qui restreignent son champ d'action. L'*Association des mères de famille* est conçue dans un esprit plus large; elle a été fondée en 1836, précisément pour compléter la précédente Société en venant en aide aux pauvres femmes en couches, domiciliées à Paris, qui ne sont pas dans les conditions exigées par les bureaux de bienfaisance ou la Société de charité maternelle, ainsi que celles rentrant dans la catégorie des pauvres honteux.

L'Association repousse aussi la fille-mère. Elle ne consent à la secourir qu'en acquérant la preuve des démarches faites par la postulante auprès de Saint-François-Régis dans le but de régulariser sa situation. Ses secours consistent ordinairement en une layette pour l'enfant, en vêtements pour la mère et en bons de pain, viande, sucre et chauffage.

Nous passons au deuxième groupe de Sociétés. Celles-ci sont plus modernes et n'ont pas un caractère d'exclusivisme. Toutes les femmes ont droit à leurs secours, mariées ou non mariées.

La fondation de la Société protectrice de l'enfance remonte à 1865, au moment où les premiers cris d'alarme attirèrent l'attention publique sur les dangers de dépopulation de la France. Un mouvement se produisit alors tant à Paris que dans les départements et des Sociétés protectrices de l'enfance se fondèrent pour viser un quadruple but :

1° Mettre en honneur et propager l'allaitement maternel ;

2° Préserver les enfants des dangers qui les menacent en nourrice, loin de leurs familles ;

3° Les protéger contre l'abandon, l'incurie, les mauvais soins, les mauvais traitements ;

4° Vulgariser les préceptes de l'hygiène physique et morale de l'enfance.

Depuis l'application de la loi de 1874, les visées de la Société protectrice de l'enfance se sont amoindries, mais sa bienfaisance s'est manifestée d'une façon plus éclatante. C'est affaire à l'État de protéger les nourrissons et de préserver les enfants, mais la loi et l'administration ne peuvent rien en ce qui concerne l'allaitement maternel ; c'est dans ce domaine que sa charité éclairée s'exerce en toute supériorité.

Aucune femme enceinte, aucune mère, dans une situation pénible, ne fait vainement appel à sa générosité. Rien de ce qui touche à l'enfance ne la laisse étrangère. Elle encourage par tous les moyens en son pouvoir l'allaitement maternel, mais aussi elle distribue des récompenses aux nourrices et aux gardeuses qui se sont distinguées dans l'élevage des enfants confiés à leurs soins.

Elle organise des concours sur des sujets relatifs à l'enfance entre ses médecins-inspecteurs ; elle suscite aussi l'émulation entre ses dames sociétaires, en leur montrant quel bien on peut faire avec ces menus objets de layette, qui occupent si intelligemment les doigts de fée d'une Parisienne désœuvrée. C'est si bon de faire le bien en se jouant.

Des groupements se forment entre les ouvrières de la charité ; on fait choix d'un jour pour travailler toutes ensemble ; cela tranche sur la banalité ordinaire de l'existence que de consacrer une après-midi entière à une œuvre utile. L'ouvroir une fois constitué par les travailleuses volontaires, on lui donne un nom : c'est le *Bethléem-Club*, la Société amicale de bienfaisance, l'*Abeille*, la *Marguerite*, la *Réunion des Mardis de la Seine*, les *Frelons*, etc.

Les femmes qui donnent ce doux exemple de solidarité humaine appartiennent à l'élite du monde parisien. Il serait à souhaiter que cette élite devînt légion, en présence des beaux résultats obtenus par la Société protectrice de l'enfance, aidée dans son œuvre charitable par la Société pour la propagation de l'allaitement maternel, qui, fondée en 1876, s'est donné comme but d'opérer le sauvetage de l'enfance, en conservant la vie aux enfants nés viables.

VII

LA CRÈCHE

En jetant les yeux sur la statistique de la mortalité générale survenue en 1887, je trouve que 55 enfants en bas âge, c'est-à-dire ayant moins de 5 ans, sont morts par suite de brûlures. Cela prouve-t-il un défaut de surveillance de la part des parents? Sans doute, mais ce n'est point toujours le fait de la négligence. La fatalité, jointe à la nécessité d'abandonner à eux-mêmes les petits êtres pendant une partie de la journée, est souvent pour beaucoup dans ces accidents mortels.

L'enfant en bas âge réclame des soins incessants que la mère ne peut lui donner si le travail la force à déserter le foyer familial. Lorsque sa situa-

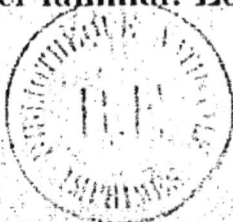

6

tion ne lui a pas permis de le placer en nourrice, elle se hâte de le sevrer, ou bien elle l'élève au biberon, en le plaçant dans une garderie ou dans une maison de sevrage.

On compte à Paris environ 500 établissements de ce genre. La garderie reçoit l'enfant durant le jour et le rend le soir à sa mère; la maison de sevrage est un internat à l'usage des nouveau-nés ; ils y restent nuit et jour, élevés tant bien que mal par quelque vieille nourrice, visités de loin en loin par les parents, petits parias de l'amour maternel.

La garderie et la maison de sevrage spéculent sur la situation embarrassée des mères; la première ne prend pas moins de 75 centimes par jour pour les soins à donner à un enfant ; la seconde élève ordinairement sa rétribution à 1 fr. 25. L'une et l'autre sont d'origine fort ancienne. Elles constituent une lourde charge pour le budget d'une ouvrière, absorbant parfois la moitié de son salaire quotidien.

La Crèche s'ouvre heureusement aujourd'hui pour prévenir l'abandon des enfants que leurs mères ne pourraient continuer à placer en sevrage ou en garde; la Crèche, œuvre bienfaisante, qui, peu à peu, grâce au développement lent, mais

assuré, arrivera à remplacer d'une façon presque
absolue la garderie et la maison de sevrage.

C'est en visitant un de ces derniers établissements qu'un homme de bien, M. Marbeau, remarqua
une femme en train d'allaiter son enfant. Il la
questionna, il apprit qu'elle était ouvrière et qu'elle
profitait de ses moments de liberté pour venir dans
le courant de la journée donner le sein à son enfant. L'idée de la crèche vint à M. Marbeau, de la
même façon qu'en 1801, la marquise de Pastoret
voulut créer rue de Miroménil une salle d'hospi-
talité destinée à recevoir les enfants âgés de moins
de quinze mois.

M. Marbeau fut plus heureux que la marquise.
La crèche qu'il ouvrit le 14 novembre 1844 apparut
comme un bienfait assez grand pour que M. Théophile Roussel ait pu dire de M. Marbeau que cette
œuvre suffisait à lui assurer une place parmi les
grands hommes de bien dont la France peut s'enor-
gueillir.

Ce que M. Marbeau trouva d'intuition, c'est, si
je puis m'exprimer ainsi, *la formule* des crèches.
Il pouvait faire appel à l'État, dans un pays où
l'État a semblé, pendant longtemps, avoir le mono-
pole de l'initiative et le privilège de la tutelle.
M. Marbeau a compris, dès le premier jour, que la

crèche ne devait pas être une institution de bienfaisance, mais une œuvre charitable basée sur la solidarité féminine, sur la solidarité maternelle.

Car chaque crèche est une œuvre locale vivant dans un milieu déterminé, étendant son action à un rayon limité. Ce n'est point le pauvre qui tend la main pour demander une aumône; c'est le riche qui donne une accolade fraternelle. La crèche nous apparaît ainsi sous des aspects multiples, avec un caractère tantôt social et tantôt familial.

Son caractère social, c'est d'éviter la séparation de l'enfant et de sa mère, et par suite de diminuer les chances de mortalité pour l'enfant, de prévenir son abandon; c'est aussi de mettre un lien entre les familles pauvres et les familles riches, groupées autour de la même œuvre. Son côté familial, c'est d'être une école d'apprentissage maternel. La mère qui apporte son enfant à la crèche y reçoit presque journellement des conseils sur la façon de le tenir, de le soigner. La bienfaitrice, qui s'intéresse à l'œuvre et visite fréquemment la crèche, fait son profit de maintes observations médicales ou hygiéniques; le cas échéant, elle prend des conseils de la directrice de l'œuvre, femme d'expérience, pour qui l'élevage des enfants n'a plus de secrets.

Il y a des mères assez prévoyantes pour conduire leurs grandes jeunes filles faire un stage, en quelque sorte, à la crèche. C'est une belle préparation au mariage et à la maternité. Au mariage, parce qu'elle leur enseigne qu'il est un moyen de combattre l'oisiveté, condition néfaste d'un trop grand nombre d'épouses parisiennes : c'est d'alterner le plaisir à la charité; la charité, source de joies encore plus grandes que les plaisirs mondains. D'autre part, j'ai dit tout à l'heure comment la fréquentation de la crèche apprend à connaître utilement les enfants.

La crèche est le prélude de la salle d'asile, où l'enfant n'est admis qu'à partir de trois ans. Elle garde pendant les heures de travail, sans distinction de religion, l'enfant de 15 jours à 3 ans, dont la mère travaille au dehors et se conduit bien. Elle est fermée les dimanches et les jours fériés. Aucun enfant n'y passe la nuit; aucun n'y est admis quand il est malade.

Presque chaque jour un médecin vient inspecter la crèche, donnant des avis et souvent même formulant des ordonnances. En tous temps et à toute heure, la porte est ouverte au public. Quiconque peut aller la visiter.

Les enfants sont reçus à la crèche sur le vu d'un

bulletin d'admission, signé par la présidente ou la
directrice, et visé par un des médecins de l'œuvre.
La mère paye une rétribution qui est, en général,
pour chaque jour de présence, de 20 centimes
pour un enfant et de 30 centimes pour deux ou
plusieurs; il n'y a que très peu de crèches entièrement gratuites. La mère fournit le linge nécessaire
pour la journée; elle vient allaiter deux fois par
jour l'enfant non sevré.

La petite redevance exigée des mères est bien
loin de couvrir les frais de la crèche. Chaque enfant
lui coûte, en moyenne, 70 centimes; les frais sont
grands, en effet, les loyers sont chers. Il faut donc
que la charité privée pourvoie au surplus des dépenses. La bienfaisance locale y est aidée par la
Société des crèches, dont le fondateur a été précisément M. Marbeau. Son but n'est pas de créer
des établissements, mais d'encourager et de soutenir ceux qui s'ouvrent, en même temps que de
perfectionner et de propager l'institution.

L'organisation des crèches est fixée par un règlement général annexe d'un arrêté ministériel du
30 juin 1862. Il y a deux principes fondamentaux
pour le choix d'un local : les salles doivent conte-
nir au moins huit mètres cubes d'air par chaque
enfant, et toute crèche doit être pourvue d'un pro-

menoir à ciel découvert, ou au moins d'une cour,
d'un balcon ou d'une terrasse. A Paris, et surtout
dans les arrondissements du centre où il est si
difficile de trouver de l'espace, il faudrait renoncer à faire des crèches pour certains quartiers, si
l'on considérait cette prescription d'avoir une cour,
un balcon ou une terrasse, comme une condition
sine qua non. Le principal, c'est que les enfants
soient placés dans de meilleures conditions hygiéniques que chez leurs parents et surtout dans les
garderies.

Chaque crèche, par suite de la diversité d'âge
des enfants, fait deux catégories de ses petits pensionnaires ; les enfants au lait et les enfants à la
panade. Les premiers sont les tout jeunes, élevés
au sein et au biberon, qui restent tout le jour dans
de petits berceaux bien blancs, formant de petits
dortoirs ; au reste, tout est petit pour ces êtres
mignons.

Les enfants à la panade sont ceux qui commencent à marcher ; enfants remuants dont il faut
sans cesse s'occuper, qui tiennent difficilement
en place. Il semblerait que leur surveillance soit
la pierre d'achoppement du fonctionnement des
crèches. Pas du tout, malgré un personnel restreint, tout marche à merveille avec ces enfants,

qui se montrent disciplinés, sages et gais, apprenant à marcher comme par enchantement.

Et cependant ils sont quinze, vingt ou trente dans une même salle, et il n'y a que deux ou trois femmes, deux ou trois berceuses, pour veiller sur eux. Bien des mères, qui ont tant de mal avec leurs enfants, me demanderont comment s'opère ce miracle. Je leur dirai que c'est grâce à la pouponnière ; mais qu'est-ce que la *pouponnière ?* Interrogeons un de ceux qui le savent le mieux, M. Édouard Marbeau, par exemple :

« La pouponnière, lisons-nous dans le Bulletin publié par la Société des crèches, est une sorte de galerie où des petits enfants au visage plein et potelé (suivant la définition académique du *poupon*) passent les longues heures du jour, s'amusant et courant à leur gré. Pour les gens qui ont franchi le seuil du palais de la Bourse, je ne saurais mieux comparer une pouponnière qu'à la corbeille des agents de change, sauf, bien entendu, les proportions. Il y a même cette analogie entre la pouponnière et la corbeille que le personnel qui y vit y est également loquace et agité.

» Au milieu de la salle est une plate-forme presque au niveau du parquet. Elle est généralement de forme elliptique et supporte une double galerie concentrique à jour, dont les deux côtés sont d'égale hauteur. Ces galeries forment un couloir étroit dans lequel s'engagent les enfants, qui peuvent néanmoins courir tout à leur aise et à la queue-leu-leu en tournant indéfiniment, et en s'appuyant de chaque côté sur la main-courante. La galerie intérieure sert en même temps de dossier, car, dans l'espace libre, on installe en forme de fer à cheval un petit banc où s'asseoient les enfants, chacun dans sa stalle, et se regardant les uns les autres. Devant eux est une tablette circulaire où ils peuvent s'accouder. Quand ils sont sages, dans leurs petites robes, on croirait voir siéger une des chambres de la Cour, sauf, toutefois, que les dossiers sont ici remplacés par des jouets. Dans le milieu, sur une chaise basse, s'installe à certains moments la berceuse, qui distribue la becquée à tout ce petit peuple. »

Je compléterai cette description de M. Marbeau par une simple indication ; tous mes lecteurs ont eu à faire queue dans ces barrières sinueuses qui aboutissent aux guichets des gares de chemins de fer à Paris ; la galerie de la pouponnière est analogue. Quant au banc central où l'on assoit les les enfants, il est divisé en stalles ; chacun des poupons est encadré dans la sienne, à la manière des voyageurs dans un omnibus.

A côté de la pouponnière, il y a le couchoir, généralement un matelas carré encastré dans une monture en fonte. Des oreillers sont disposés autour ; on habitue les enfants à dormir tous ensemble et tous à la fois. C'est une grave question que de distribuer le sommeil à ces petits êtres. S'ils ne dorment pas assez, ils sont maussades, pleurnicheurs ; s'ils dorment trop, au contraire, la nuit, ils empêchent leur mères de reposer et de réparer leurs forces. Voit-on, par cet exemple, combien de petits problèmes infantiles il est donné de résoudre à la crèche ?

Paris et sa banlieue ne renferment pas plus d'une soixantaine de crèches recevant deux mille enfants environ. Ai-je besoin de montrer que cela est insuffisant ? Je m'estimerai heureux, pour ma part, si j'ai pu intéresser quelques âmes généreuses aux crèches déjà existantes, ou si je puis amener la formation de quelques œuvres nouvelles.

Un des exemples à proposer pour ces créations futures est certainement l'*Œuvre maternelle de Sainte-Madeleine*, fondée en 1846 par M. Marbeau, reconnue d'utilité publique en 1869, dont la crèche s'ouvre, 14 rue de la Ville l'Evêque, dans le vIIIᵉ arrondissement. Ce qui rend cette crèche particulièrement intéressante, c'est qu'elle est complétée par un asile pour les enfants au dessus de trois ans, et par un ouvroir, dont l'utilité est de procurer de l'ouvrage aux mères indigentes qui ne peuvent en trouver directement. Le prix du travail leur est intégralement payé et l'Œuvre leur fournit gratuitement le fil et les aiguilles.

Désireux de ne rien omettre de ce qui peut guider la charité privée, je citerai encore *l'Œuvre de la Crèche à domicile*, dirigée par les sœurs de Saint-Vincent de Paul, dans le dixième arrondissement, cité d'Hauteville. Cette œuvre a pour but d'assurer aux femmes qui gardent leurs enfants nouveau-nés des secours de diverse nature. Pour suppléer au gain que pourrait faire la mère si elle travaillait au dehors, l'Œuvre lui délivre chaque semaine des bons de pain, viande et chauffage, depuis la naissance de l'enfant, jusqu'à ce qu'il ait atteint l'âge de 15 mois.

VIII

L'ABANDON

Les deux sortes d'infanticide. — Les manœuvres criminelles.
— Trois causes d'abandon : le secret d'une faute, l'indifférence maternelle et la misère. — Refuges ouvroirs et asiles
de convalescence. — Un drame de la misère. — Les formes
de l'abandon. — Le formulaire. — Conséquences de l'âpreté
budgétaire en province.

La grossesse est souvent un châtiment pour la
fille-mère ; pour elle aussi, la maternité est parfois une rédemption, quand elle en comprend les
devoirs, quand elle en remplit les obligations
saintes.

Dès que son état se trahit, elle a deux choses à
redouter : l'abandon par celui qui l'a mise à mal
et dont l'égoïsme se rebiffe à l'idée de cette responsabilité inattendue ; le renvoi par ceux qui
utilisent ses services comme domestique ou comme
ouvrière. Il est rare que la fille-mère parvienne à
dissimuler sa grossesse jusqu'au moment de son

accouchement. Il est rare qu'elle n'ait confié à personne ses secrètes angoisses, ses appréhensions cachées, dans le vague espoir d'obtenir l'indication d'un remède, l'adresse d'une avorteuse.

Malheur à cette fille qui, jusqu'à la dernière des douleurs, a eu le triste courage de comprimer ses flancs, de refouler ses plaintes, de fermer son cœur à toute confidence, à toute consolation. La voilà tout à coup seule en présence du petit être inconnu auquel elle vient de donner la vie. Personne encore ne soupçonne son secret ; un vagissement ne tardera pas à le dévoiler. Alors, dans cet état d'hallucination qui est la conséquence des grandes crises, elle croit qu'une main serrée sur la bouche ou autour du cou du petit innocent, suffira à anéantir la réalité, en arrêtant le premier cri et le premier souffle du nouveau-né ! On retrouve le cadavre dans un égout, dans une fosse d'aisances, ou bien encore dans un lieu public, sinistre paquet soigneusement ficelé qui semble oublié par mégarde. La Préfecture de police constate en moyenne une cinquantaine de ces crimes infantiles chaque année.

Il n'y a pas d'infanticide à redouter de la part de la fille-mère dont l'état de la grossesse est connu, dont l'accouchement a eu lieu en présence

7

d'un témoin. Celle-là ne peut avoir cette idée folle
de racheter, d'effacer une faute au moyen d'un
crime. Cependant, il y a, de la part de certaines
filles-mères, des infanticides détournés qui ne sont
jamais dévoilés dans une cour d'assises, mais qui
sont beaucoup plus odieux que l'acte désespéré
reproché par la justice à quelques malheureuses.

Les filles-mères, qui s'en rendent coupables,
sont celles qui, par leur présence dans leur famille,
par le fait de leur cohabitation avec un individu
passant aux yeux du voisinage pour leur mari,
ne peuvent recourir à l'abandon pur et simple de
leur enfant. Dans le premier cas, ce sont des reproches qu'elles ont à endurer, reproches provo-
qués par la présence de l'enfant, perpétuel témoi-
gnage de l'inconduite de la mère, reproches que la
disparition du petit être leur semble pouvoir seule
arrêter. Dans le second cas, la fille-mère redoute
souvent l'abandon de son amant, pour qui l'enfant
n'est pas un doux lien, mais une chaîne pesante
et insupportable. Alors que se passe-t-il?

« J'ai vu des mères, dit le docteur Coudereau
(*Recherches sur l'alimentation des enfants*), qui
pour se donner l'air d'aider l'enfant à saisir le bout
du sein, prenaient en effet leur mamelon et faisaient téter leur doigt ; d'autres laissent parfaite-

ment saisir le mamelon, mais elles pressent l'enfant contre leur sein assez tendrement pour fermer les narines et rendre la respiration impossible; d'autres encore pressent leur sein pour en faire jaillir tout le lait ou à peu près dans un verre ou dans des linges et donnent ensuite au nourrisson leurs mamelles vides.

« Les variétés sont infinies et il faut une surveillance extrême pour empêcher certaines mères de faire mourir leur enfant d'inanition. Beaucoup même ne veulent pas qu'on les fasse boire au biberon, et prétendent les nourrir exclusivement au sein, de peur qu'ils ne vivent trop longtemps. D'autres aiment encore à caresser longuement et à couvrir de baisers les petits membres nus du baby, qui a de la sorte tout le temps de se refroidir. Les affections pulmonaires, le sclérème, l'ictère, les ophtalmies, les péritonites en sont les conséquences. »

Pour avancer de tels faits, j'ai voulu me couvrir de l'autorité d'un praticien. De même, en ce qui concerne les avortements, dont la Préfecture de police porte annuellement le nombre à une centaine dans ses relevés. En affirmant que l'on ne traduit pas devant les tribunaux la centième partie des coupables, je me retrancherai derrière l'avis unanime des médecins compétents et en particulier du docteur Marjolin, l'honorable président de la *Société protectrice de l'enfance*, disant dans un mémoire à l'Académie des sciences morales et politiques :

« La femme qui se soumet à ces coupables manœuvres ne tue pas seulement son enfant, mais compromet sa santé et souvent même son existence. Jugez par là des effets terribles de cette épouvantable opération criminelle, qui a profité de toutes les découvertes scientifiques modernes pour mieux échapper au châtiment. Mais ce qui pourra surtout montrer la fréquence de ce crime, c'est le résultat de l'enquête à laquelle je me suis livré et que tout homme du monde peut également faire. Sur plus de 90 confrères, appartenant à l'Académie de médecine, à la Faculté, aux hôpitaux, ou placés dans une position qui permit d'obtenir d'utiles renseignements, je n'en ai pas trouvé un qui n'eût été sollicité, plus ou moins ouvertement, à participer à un de ces actes infâmes, ou qui n'eût été témoin des accidents si graves qu'ils occasionnent. »

Avortements et infanticides, ces deux crimes contre nature ne se produisent que dans des conditions spéciales, n'ayant nullement trait à l'abandon ordinaire de l'enfant, ne pouvant être l'objet des prévenances de la charité, ne se trouvant passibles que des sévérités de la loi. Pour l'abandon, c'est tout autre chose ; il peut être provoqué par trois causes différentes : la nécessité de cacher une faute, l'indifférence de la mère, ou son impossibilité matérielle d'élever sa progéniture.

Paris est le refuge de toutes les femmes qui ont failli. Elles y viennent d'abord en raison de son immensité, certaines d'être perdues dans la foule de ses habitants trop nombreux et trop affairés pour prêter une attention soutenue à leur voisinage. Elles y viennent aussi parce qu'elles savent que Paris est la ville accueillante par excellence, où les souffrances sont profondes mais où la charité est grande, où l'administration ne fait point passer les nécessités budgétaires avant les principes les plus élémentaires de l'humanité, ainsi que cela n'arrive que trop fréquemment en province.

L'indifférence de la mère, seconde cause d'abandon. L'amour maternel, quoi qu'on en dise, n'est pas un sentiment inné, quelque chose comme l'instinct de préservation de l'animal à l'égard de ses petits ; c'est un sentiment qui se crée et se développe. Comment peut-il se créer chez la fille-mère, en beaucoup de circonstances. Sa grossesse n'a été

souvent pour elle qu'une source de misères ;
chassée de sa place ou mise dans l'impossibilité de
travailler, elle a atteint difficilement le terme réglementaire pour son admission dans une maternité d'hôpital, ou dans un ouvroir congréganiste
qui la recueille temporairement en attendant que
l'hôpital lui ouvre ses portes.

Sauf dans les cas graves, la fille-mère accouchée
se retrouve, huit jours après la naissance de l'enfant,
dans la rue. Elle est affaiblie, alanguie, sans force
physique, sans ressort moral. A l'hôpital où il est
de règle que pendant son séjour la mère allaite
son enfant, elle a consenti à le garder, parce
qu'on lui a prodigué les bonnes paroles, qu'on lui
a tendu la main, qu'on l'a soutenue durant la
crise qu'elle a traversée. Mais, une fois dans la
rue, cet enfant dont elle n'a pas encore eu à se
préoccuper lui apparaît comme une gêne. Si elle
ne le hait point, en souvenir des souffrances endurées à cause de lui sans espoir d'une douce rémunération de tendresse, il lui est tout au moins
indifférent.

Le lien qui unit cette mère et cet enfant est si
ténu, que la moindre chose peut le rompre. Pour
qu'il se consolide, il faut que la mère ait le temps
de s'habituer à son enfant ; plus celui-ci avance en

âge, plus au contraire les chances d'abandon diminuent. Au fur et à mesure que la mère fait des sacrifices personnels pour l'enfant, elle s'attache à lui, son amour maternel grandit. Voit-on, d'après ce que je viens de dire, quels services rendraient des ouvroirs municipaux annexés aux maternités des hôpitaux, où toute femme enceinte serait recueillie dès le huitième mois de la grossesse pour attendre sa délivrance, et des asiles de convalescence, où, pendant quelques semaines, les accouchées, mises à la campagne, en bon air, reprendraient leurs forces et amasseraient un petit pécule, gardant avec elles leur enfant, apprenant à le connaître et à l'aimer. On diminuerait ainsi et le nombre des morts-nés, et celui des abandonnés.

La question des refuges-ouvroirs ne souffre aucune difficulté ; quant à celle des asiles de convalescence, je ne puis omettre de dire qu'une expérience des plus concluantes a déjà été tentée à cet égard. En 1876, sur l'initiative du docteur Thulié, qui s'est remarquablement occupé de cette question de l'enfance dans les travaux du Conseil général de la Seine, un vœu fut émis par cette assemblée pour que les nouvelles accouchées fussent reçues à l'hospice de convalescence du Vésinet.

Pendant deux ans ce vœu humanitaire reçut satisfaction ; on put constater les avantages de cette organisation : beaucoup de femmes qui auraient abandonné leur enfant s'y étaient assez attachées, pendant les quinze jours de convalescence passés au Vésinet, pour ne plus consentir à s'en séparer ; de plus, elles avaient assez reconquis leur santé et leur force morale pour se mettre courageusement au travail dès leur sortie de l'hospice.

Malheureusement l'hospice du Vésinet n'appartient pas à l'Assistance publique. Comme celui de Vincennes, il a été fondé par l'État à l'aide d'une dotation prise sur les biens de la famille d'Orléans, confisqués par l'Empire. En faisant cette création, le Gouvernement s'attacha surtout à grossir la fortune des deux hospices et à les rendre indépendants. Bien que l'Assistance publique y envoie les malades qui sortent de ses hôpitaux ou qui ont été traités à domicile par l'intermédiaire des bureaux de bienfaisance, il ne faut pas croire qu'ils y sont reçus gratuitement. Elle est contrainte de verser une somme annuelle de 50,000 francs dans la caisse des hospices, et, par surcroît, elle doit prendre cette somme sur un legs Monthyon, qui devrait recevoir une autre destination, puisqu'il a été fait en faveur des convalescents sortant des hôpitaux, afin de leur donner une petite somme pour les premiers besoins de la vie, lorsque tout à coup, ils se trouvent rejetés dans la mêlée sociale.

Pendant deux ans, l'asile du Vésinet a ouvert ses portes aux nouvelles accouchées ; puis un beau jour l'administration de cet hospice s'est avisée qu'il y avait là un élément de recettes, et elle a invité l'Assistance publique à passer à la caisse; celle-ci s'est refusée à cette exigence et, pour une question de gros sous, on a enrayé une tentative intéressante et qui devait produire des résultats fructueux.

Les filles-mères, pour trouver aujourd'hui un asile à leur sortie de l'hôpital, doivent aller frapper à la porte de l'asile, fondé en 1839, par le baron de Gérando, qui s'ouvre rue Blomet, dans le XVe arrondissement. La maison renferme cinquante lits ; elle est ouverte gratuitement aux convalescents de 16 à 24 ans, qui y restent un temps plus ou moins long suivant les circonstances. De son côté, la Société philanthropique, à qui l'on doit la création de tant d'œuvres charitables, a créé en novembre 1886 un asile maternel, situé avenue du Maine, 201, où les mères trouvent un refuge

durant une quinzaine de jours, le temps nécessaire
pour se rétablir, pour trouver du travail et pour
mettre leur enfant en nourrice.

J'en arrive à la troisième cause d'abandon : la
misère. Hélas oui, il y a des femmes qui en sont
réduites à abandonner leurs enfants, plutôt
que de leur faire traîner l'existence effroyable
qu'elles mènent. D'autres ne peuvent se résoudre
à cette poignante extrémité ; un boisseau de char-
bon les délivre de leurs angoisses et de leurs souffrances, elles et leurs enfants.

A moins d'exercer des fonctions spéciales qui
vous appellent dans tous les milieux, à moins de
se trouver, par suite de circonstances fortuites, en
présence d'un de ces drames ignorés de la vie de
misère, on ne peut se faire une idée des tableaux
que présente parfois la réalité. Je me souviendrai
toujours de ce qu'il me fut donné de voir, au cours
d'une petite enquête charitable que les hasards du
journalisme m'amenèrent à conduire, il y a
quelques années.

C'était, dans une des rues populeuses du versant nord de la Butte-Montmartre, une famille
d'ouvriers en faveur de laquelle la compassion des
voisins s'était émue au point de solliciter l'ouverture d'une souscription dans un grand journal pa-

risien. L'immeuble qu'elle habitait n'était pas un de ces grands caravansérails aux allures de casernes, mais une petite bâtisse aux locataires rares et paisibles. Son logement se composait de deux pièces, où la propreté minutieuse mettait une coquetterie qui se fût traduite en gaîté sans le pitoyable spectacle offert aux yeux des visiteurs.

Dans un lit gisait un homme amaigri, à la face jaunie trouée de deux yeux luisants. Depuis quatre mois, cet homme était terrassé par la phtisie ; alors, il râlait ; c'était pour lui une question d'heures. Au pied du lit, il y avait sa femme en larmes serrant contre elle deux fillettes de six et huit ans. Mais soudain au milieu de sa douleur, voici que cette femme tressaille : elle est enceinte, elle est à terme, des coliques viennent de la prendre subitement, lui annonçant que le moment est proche.

Les fillettes sont emmenées par une voisine, et, durant toute une nuit, il y eut cette coïncidence épouvantable du râle du moribond et des cris de la femme en couches. Au lendemain matin, quand j'arrivai, l'homme venait de mourir, la femme venait d'accoucher. Des économies de ce ménage honnête et laborieux, tout avait été emporté depuis longtemps par la maladie du mari. La femme était affaiblie par les veilles et les privations ; son sein refusait de nourrir le nouveau-né. Que fut-il advenu d'elle et des siens si elle avait été livrée à son désespoir, si personne ne lui eut tendu la main, si la charité publique n'avait joué le rôle de la bonne fée des contes anciens ?

Le maigre secours alloué par l'Assistance publique ou le bureau de bienfaisance n'eut pu permettre à cette mère d'élever ses trois enfants. En secourant les mères pour prévenir l'abandon des enfants, l'Assistance publique n'agit pas seulement dans un but philanthropique, mais en même temps dans un intérêt économique très appréciable. En entrant dans le détail du service des *secours pour prévenir l'abandon*, nous aurons à revenir sur le côté théorique de ce mode de secours, dont les résultats matériels, tant au point de vue des abandons que de la mortalité infantile, sont indéniables.

C'est à la Convention qu'il faudrait faire remonter l'idée première des secours à donner aux filles-mères pour les aider à élever leurs enfants ; mais en réalité c'est de 1837 que date l'application de cette idée. A cette époque, où la population de Paris était à peine la moitié de ce qu'elle est aujourd'hui, il y avait jusqu'à 5,000 abandons d'enfants par an. La situation était assez grave pour préoccuper le gouvernement ; voici le remède qu'il préconisa dans la circulaire adressée par M. de Gasparin aux administrations publiques :

« La débauche peuple sans doute les hospices d'enfants trouvés, mais la misère est aussi l'une des causes les plus fréquentes des abandons.

» Si la mère pouvait nourrir son enfant; si, au moment de sa naissance, elle n'était pas souvent dépourvue du plus strict nécessaire, elle se déterminerait difficilement à l'abandonner; si la femme véritablement indigente avait l'espoir d'obtenir un secours alimentaire qui lui permettrait d'élever son enfant pendant les premiers temps, elle le garderait et ne s'en séparerait plus.

» Il s'agirait donc de remplacer, par un bon système de secours à domicile pour la mère, les secours que l'on donne aujourd'hui à l'enfant dans l'hospice; il s'agirait de payer à la mère les mois de nourrice qu'on paye actuellement à une nourrice étrangère. »

Ce système fut appliqué à Paris dès l'année 1838 ; immédiatement les abandons tombèrent à 3,350. Une dizaine d'années plus tard, l'Assistance publique témoigna d'une certaine indifférence pour ce service. Aussitôt les abandons redevinrent plus nombreux ; en 1852, ils montaient à 4,000 ; on jugea qu'il était temps d'aviser, et les abandons retombèrent l'année suivante à 2.400.

Je n'entreprendrai point l'histoire de l'abandon des enfants à Paris, depuis saint Vincent de Paul jusqu'à nos jours. De nombreux auteurs, parmi lesquels je me plais à citer M. Léon Lallemand, ont traité d'une façon très approfondie ce côté historique. (1) Je m'en tiendrai, suivant la voie

(1) Voici d'ailleurs, brièvement résumée, l'histoire des abandons à Paris :

Durant le cours du moyen âge, on trouve quelques fondations, non point en faveur des enfants trouvés, mais seulement des orphelins ; encore devaient-ils être légitimes.

Un célèbre arrêt du Parlement de Paris, en date du 13 août 1452, confia la charge des enfants trouvés aux seigneurs hauts-justiciers ; mais ce fut un arrêt pour ainsi dire dépourvu de sanction.

C'est seulement en 1640, que l'on voit cette question des enfants trouvés préoccuper quelques âmes charitables. Sur les conseils de saint Vincent de Paul, la veuve d'Antoine Legras, nièce du maréchal et du garde des sceaux de Marillac, fonda la Maison de la Couche, dans le quartier Saint-Landry.

Enfin, en juin 1670, à la suite de la généreuse agitation excitée par les prédications de saint Vincent de Paul, Louis XIV, par édit enregistré le 18 août au Parlement, fonda l'hospice des Enfants-Trouvés.

De 1670 à 1754, on ne recevait pas à l'hospice les enfants apportés par les mères ; pour abandonner son enfant, la mère était forcée de l'exposer. Si le hasard a favorisé l'enfant et l'a fait rencontrer par une personne charitable, celle-ci se rend chez un commissaire du Châtelet ou chez un officier de police, qui fait admettre l'enfant à la couche des Enfants-Trouvés.

Sous la première République et l'Empire, admission à bureau ouvert, sans formalité d'aucune sorte, ni procès-verbal d'admission, ni même la production de l'acte de naissance.

De 1811 à 1827, malgré le décret de 1811 qui créait le tour,

que je me suis tracée pour cette série d'ouvrages,
à ce qui se passe de notre temps à Paris. Un enfant peut être abandonné à tout âge, mais les
trois quarts des admissions sont celles de nouveau-nés ou du moins d'enfants comptant à peine
quelques semaines d'existence. L'abandon a lieu
soit directement à l'hospice dépositaire des Enfants-Assistés, rue Denfert-Rochereau, soit indirectement, par l'entremise du commissaire de
police.

Ce dernier intermédiaire n'est exigé que dans
un seul cas : lorsqu'une sage-femme se présente
pour faire l'abandon d'un enfant. La sage-femme
est en effet sujette à caution en bien des circonstances. Quand le *tour* existait à Paris, ces sages-
femmes avaient tout d'abord si bien pris l'habitude de pousser les mères à l'abandon par le tour,
pour se faire charger de la démarche et avoir un
prétexte de leur extorquer de l'argent, qu'il avait
fallu faire surveiller les abords de l'hospice par
des agents de la préfecture de police. On conçoit

le système d'admission à bureau ouvert continue seul à fonc-
tionner.

En 1827, on se décide à établir un tour à Paris ; mais le bureau d'admission est maintenu. La mère est libre de choisir
entre ces deux modes d'abandon. Ce système mixte dura jusqu'à la suppression du tour, survenue en 1862.

que l'obligation de se rendre chez le commissaire
de police soit de nature à faire réfléchir une sage-
femme. De trop fréquents abandons de sa part ne
manqueraient pas d'éveiller l'attention, et d'autre
part, il est facile au magistrat de s'enquérir de
sa moralité, au cas où un doute se présente à son
esprit. Nous verrons plus tard qu'en réalité la
sage-femme peut désormais éluder cette prescription.

Que l'abandon soit fait à l'hospice des Enfants
Assistés ou dans un commissariat de police, des
questions sont réglementairement adressées à la
personne qui apporte l'enfant, mais elle n'est tenue
en aucune façon d'y répondre. Ce formulaire, qui
constitue la première pièce du dossier de l'enfant,
qui est son acte d'immatriculation même, est
ainsi rédigé :

§ 1er — Renseignements sur l'enfant abandonné.

1° *Sexe de l'enfant.*
2° *Nom et prénoms.*
3° *Lieu et date de naissance.*
4° *Indication de la mairie où il a été inscrit.*
5° *Est-il légitime ou naturel?*
*Dans ce dernier cas, est-il reconnu par le père ou par la
mère ?*
S'il est reconnu, à quelle date et à quelle mairie ?

6º S'il est inconnu, désignation des vêtements dont il était couvert et des signes dont il pouvait être marqué au moment où il a été recueilli, ainsi que l'indication du lieu où il a été recueilli.

7º Lieu de l'accouchement (à domicile, dans un hôpital ou chez une sage-femme?).

8º L'enfant appartient-il à un culte? (Le baptême n'est conféré, à l'hospice, qu'aux enfants pour lesquels il est réclamé expressément par les parents ou déposants.)

Suit l'explication détaillée des motifs qui ont amené l'abandon de l'enfant et les renseignements particuliers que le déposant peut ajouter à son sujet.

§ 2. — Renseignements sur les parents de l'enfant abandonné.

1º Nom, prénoms, âge, profession, lieu, date de naissance et domicile actuel de la mère. (Si elle est étrangère, bien préciser la localité même d'origine, ainsi que le canton et la province.)

2º Si elle est originaire d'un pays annexé à l'Allemagne, indiquer si elle a opté ou non pour la France.

3º Est-elle mariée et vit-elle avec son mari?

4º Lieu et date du mariage.

5º Nom, prénoms, âge, profession, lieu, date de naissance et domicile actuel du mari.

6º S'il est natif d'une commune annexée à l'Allemagne, indiquer s'il a opté ou non ur la France.

7° *Si l'enfant est naturel et reconnu par son père, où et à quelle date est né le père?*

8° *Époque précise, motifs et circonstances de l'arrivée de la mère à Paris. Dans quel but est-elle venue à Paris?*

9° *Indication complète, en remontant à deux ans au moins avant la naissance de l'enfant, de ses diverses demeures, des personnes chez qui elle a logé, et de l'emploi de son temps à Paris.*

10° *Papiers, lettres, témoignages ou autres justifications produites à l'appui des énonciations ci-dessus.*

11° *Est-elle logée en garni ou dans ses meubles?*

12° *Quel est le montant de son loyer?*

13° *Son intention est-elle de se fixer définitivement à Paris ou dans le département de la Seine? Dans le cas de la négative, où compte-t-elle aller?*

14° *Quels sont ses ressources, son gain habituel et ses charges?*

15° *A-t-elle encore ses père et mère? Veut-elle indiquer les noms, prénoms, profession et demeure de ces derniers?*

16° *A-t-elle eu d'autres enfants que celui qu'elle délaisse?*

17° *Que sont-ils devenus?*

18° *Combien en a-t-elle abandonné? Où et quand l'abandon a-t-il eu lieu?*

§ 3. — Avis donné à la personne qui présente l'enfant.

1° *A-t-on engagé la mère à se rendre à l'Assistance publique (bureau des Enfants assistés), pour solliciter des secours pour élever son enfant?*

2° *A-t-elle sollicité et obtenu des secours?*

Les secours lui ont-ils été refusés?

A-t-elle déclaré ne pas vouloir solliciter des secours?

Lui a-on offert le rapatriement sur son pays?

3° Lui a-t-on dit que l'admission d'un enfant à l'hospice des Enfants assistés ne constituait pas un placement temporaire, mais bien un abandon, et que les conséquences de cet abandon étaient les suivantes :

Ignorance absolue des lieux où l'enfant sera mis en nourrice ou placé;

Absence de toute communication, même indirecte, avec lui;

Nouvelles de l'enfant, données tous les trois mois seulement, et ne répondant qu'à la question de l'existence ou du décès.

4° Lui a-t-on rappelé les dispositions du Code pénal, sur les suppressions d'état et sur certains abandons d'enfants?

§ 4. — **Renseignements sur la personne autre que le père ou la mère, qui a présenté l'enfant.**

1° Nom et prénoms.

2° Profession et domicile.

3° Est-elle parente, à quel degré? — Connaît-elle les père et mère de l'enfant abandonné?

4° Pièces et autorisations qu'elle produit à l'appui.

Ce formulaire, inspiré par le désir de sauve-garder autant que possible les droits de l'enfant abandonné, serait rigoureux si les réponses aux questions étaient obligatoires, mais, je le répète, elles sont absolument facultatives. Jusqu'à l'an-née 1888, une seule pièce était exigée, le bulletin

de naissance de l'enfant. Les mères, qui voulaient
assurer le secret le plus absolu d'une faute, n'a-
vaient qu'à faire déclarer l'enfant à la mairie
comme issu de père et mère non dénommés.

Le Conseil général de la Seine voulant que
rien ne puisse s'opposer à un abandon, ne puisse
donner l'idée à une mère d'exposer son enfant
dans la rue ou dans un lieu public, — ce qui
d'ailleurs arrive fort rarement, — a décidé de
recevoir les enfants à bureau ouvert et sous la
garantie du secret absolu. C'est à peu près la
résurrection du tour tel qu'il existait un peu avant
sa suppression. Vers 1862, il y avait bien un tour
à Paris, mais son mécanisme ne fonctionnait pas.
A l'appel de la sonnette, un employé se présentait
sur le seuil de l'hospice pour recevoir l'abandonné.
Conformément à la délibération du Conseil général, l'administration de l'Assistance publique a
fait afficher l'avis suivant dans la salle d'attente
du bureau des admissions, à l'hospice de la rue
Denfert-Rochereau :

Toute personne qui présentera un enfant en vue de l'a-
bandon, est avertie que des questions vont lui être posées
dans l'intérêt de l'enfant; mais qu'il lui est loisible de ne
pas répondre, ou de ne fournir qu'une partie des renseignements demandés. La production du bulletin de naissance ne sera pas non plus obligatoire.

Pour permettre d'apprécier la réforme du Conseil général de la Seine, je dois expliquer ce qu'il faut entendre par *garantie absolue du secret*. La charge d'un enfant nouveau-né incombe, d'après les termes du décret du 24 vendémiaire an II, au département dans lequel est situé le domicile habituel de la mère au moment de son accouchement. Or, un grand nombre de filles-mères ne se rendent à Paris que pour accoucher et abandonner leurs enfants. Légalement, ce n'est point le département de la Seine qui doit élever ces derniers, il peut ne les accueillir que temporairement et les rapatrier auprès des administrations hospitalières des autres départements, à qui incombe cette charge.

Malheureusement il n'y a guère qu'à Paris où l'on fasse passer la question d'humanité avant toute autre considération. En province, la question budgétaire prime tout, et rien ne trouve grâce devant elle. Quand le secret est réclamé à l'Assistance publique, elle se tait et garde l'enfant, sans demander ni rapatriement, ni remboursement. Veut-on au contraire un exemple de l'âpreté budgétaire des administrations départementales? Nul n'est plus saisissant que celui qu'a cité le docteur Thulié dans son rapport de 1879 au Conseil général sur le service des Enfants Assistés.

En 1869, un enfant naturel avait été déposé à l'hospice d'Alger. La Préfecture apprit en 1877 que la mère s'était mariée à Paris. Sans se préoccuper de savoir si le mari connaissait la faute que sa femme avait commise avant son mariage, sans se demander si une révélation ne pouvait pas amener un malheur irréparable, la Préfecture d'Alger réclama à ce malheureux 2,588 francs pour cet enfant qui ne lui appartenait pas.

Comme il ne pouvait pas payer immédiatement une somme aussi élevée, une *sommation sans frais* lui fut adressée par le percepteur de son arrondissement, pour avoir à verser ladite somme à titre de contribution due à Alger « pour entretien de l'enfant X... du 22 novembre 1869 au 31 décembre 1876. »

Si un tel fait ne se trouvait pas consigné dans un document officiel, on refuserait d'y ajouter foi. Au reste, le docteur Thulié donne la copie d'une lettre que ce malheureux écrivit au préfet de la Seine :

MONSIEUR LE PRÉFET DE LA SEINE,

J'ai l'honneur de m'adresser à votre bienveillance pour atténuer, dans la mesure du possible, les effets matériels d'une nouvelle qui m'accable.

En 1872, je me suis marié à mademoiselle ***.

J'ai vécu en bonne harmonie avec elle, me consacrant tout entier à la maison de ***, que j'avais, avec M. ***, achetée à MM. *** et ***, quelques mois avant la fatale guerre de 1870.

J'ai lutté jusqu'à ce jour, avec ardeur, pour maintenir ma maison au milieu des crises commerciales qui se sont succédé.

M. ***, actuellement maire du *** arrondissement, mon prédécesseur, sait avec quelle énergie je me suis consacré au travail, pour maintenir intact l'honneur de la maison.

Aujourd'hui, Monsieur le Préfet, je suis menacé de la ruine par les poursuites qui me sont faites à la requête des contributions directes dans les circonstances suivantes :

Ma femme aurait eu, à Alger, un enfant naturel, qu'elle aurait fait, en 1869, déposer à l'hospice.

L'administration, ayant appris son mariage avec moi, vient de m'envoyer la sommation ci-jointe, pour lui payer la somme de 2,588 francs, montant de l'entretien de l'enfant.

Cet acte, qui me révèle l'existence de cet enfant, et qui met à ma charge une somme aussi considérable dans le moment actuel, menace de compromettre ma position commerciale; car il m'est impossible de payer, pour le moment, 2.588 francs.

J'ose espérer, Monsieur le Préfet, que, prenant en considération ma situation, vous donnerez l'ordre de suspendre les poursuites, et que vous me permettrez d'éteindre cette dette envers l'Administration, en lui versant mensuellement une somme de 100 francs.

Dans cet espoir, etc.

Le préfet de la Seine ne put que renvoyer cette lettre au ministre de l'intérieur. Quant au Conseil général, il a fait son profit de ces faits et de beaucoup d'autres encore. A Paris, il n'y a pas à redouter de telles intempérances administratives. Mais ne serait-ce pas rendre un véritable service aux départements eux-mêmes que de supprimer ces recherches, ces investigations, ces rapatriements, sauf, comme l'a proposé le docteur Thulié, à créer entre tous les départements français un fonds commun d'abonnements, équitablement réparti par les soins du pouvoir central.

IX

LES SECOURS

Les présomptions d'abandon. — L'allocation de nourrices. —
Les secours d'allaitement. — Les secours temporaires. —
La Grande Nourrice. — Les filles-mères vivant seules. —
Triste condition des ouvrières. — L'enfant moralisateur. —
Les résultats matériels.

A toute femme qui se présente pour abandonner son enfant, on offre des secours si elle veut
continuer à l'allaiter ou à l'élever elle-même. Sachant cela, il est des mères qui usent d'un véritable
chantage à l'égard de l'Assistance publique. Elles
sont malheureuses, c'est un fait, et pourraient obtenir
des secours d'indigence; mais elles savent qu'en
menaçant d'un abandon elles recevront des subsides
plus élevés. Si elles l'ignorent, quelqu'un se charge
bien de leur enseigner. Alors elles se présentent à
l'hospice et font si bien qu'on leur alloue tous les
secours possibles.

Un des anciens directeurs de l'Assistance publique, M. Michel Moring, s'était préoccupé de rechercher une base d'appréciation pour les présomptions des abandons d'enfants. La pratique
l'avait amené à ceci :

8

L'âge de l'enfant est l'élément primordial pour une appréciation. Plus l'enfant est jeune, plus la crainte d'abandon est sérieuse. Et, d'ailleurs, il faut se souvenir que, plus l'enfant est jeune, plus il est exposé à la mort et plus il importe de le sauver. En conséquence, toute demande de secours concernant un enfant du premier âge doit être privilégiée. Lorsque l'enfant a dépassé un an, il y a déjà moins d'urgence. Au-dessus de quatre ans, sauf les cas où la menace d'abandon est imminente, c'est plutôt un secours d'indigence que peut accorder l'Assistance publique. Au-dessus de 12 ans, les chances d'abandon existent très rarement.

En prenant l'année 1887 comme année type, on peut classer ainsi les enfants abandonnés au point de vue de l'âge qu'ils avaient au moment de leur admission :

De 1 jour à 7 jours......	338 soit	9,72 0/0
De 8 jours à 15 —	906 —	26,06 0/0
De 16 — 1 mois......	301 —	8,66 0/0
De 1 mois à 3 —	299 —	8,60 0/0
De 3 — 6 —	146 —	7,45 0/0
De 6 — 1 an......	259 —	7,45 0/0
De 1 an à 3 ans......	402 —	11,56 0/0
De 3 ans à 6 —	246 —	7,07 0/0
De 6 — 12 —	464 —	13,31 0/0
Au-dessus de 12 ans......	116 —	3,31 0/0
Total.........	3.447 soit	100 0/0

Une autre présomption d'abandon est tirée de
l'état civil de l'enfant. Est-il naturel? la crainte
d'abandon est considérée comme plus sérieuse.
Est-il légitime? cette crainte diminue notablement.
La situation est encore modifiée si la mère de l'enfant naturel vit en ménage régulier et n'est pas
abandonnée du père de l'enfant, ou si la mère de
l'enfant légitime est veuve, chargée d'enfants ou
délaissée par son mari.

Avant de passer en revue les diverses catégories
de femmes ainsi secourues par l'Assistance, nous
devons quelques mots d'explication sur les secours
eux-mêmes; ils sont de trois sortes : allocation
d'une nourrice, secours mensuels et secours temporaires. Nous ne parlerons pas ici des secours
donnés aux personnes qui ont recueilli des orphelins.

L'allocation d'une nourrice est une forme de
secours rarement accordée. C'est presque toujours
en faveur d'un enfant légitime que l'Assistance publique intervient. Par exemple, lorsqu'un veuf
reste avec un nouveau-né ou un enfant en bas
âge à charge, l'Administration trouve une nourrice pour cet enfant et lui garantit au moins pendant 10 mois une rétribution mensuelle.

Quant aux filles-mères, ce n'est qu'avec beaucoup de méfiance et après une enquête minutieuse qu'on leur accorde ce genre de secours. Voici en effet ce que l'expérience a fait constater maintes fois : lorsque, après les 10 mois de nourrice, durée ordinaire du secours, le moment est venu de rendre l'enfant, la mère a quelquefois disparu ou elle déclare ne pas être en mesure de le reprendre, et elle demande un sursis que l'Assistance publique, dans le but d'éviter un abandon, est forcée d'accorder ; mais, en général, cet atermoiement n'est qu'un retard apporté à l'abandon définitif. La mère qui n'a fait aucun sacrifice pour son enfant, n'est pas disposée à montrer le même intérêt à son égard que si elle l'avait conservé près d'elle.

La plupart de ces filles-mères, que le père de l'enfant a quittées, considèrent l'abandon de cet enfant comme une conséquence naturelle de leur propre abandon. D'autres se trouvent enceintes au moment où prend fin l'allocation de nourrice ; elles réservent tous leurs soins pour l'enfant qui va naître et ne témoignent aucun regret de l'abandon d'un enfant qui leur a été pris au lendemain de sa naissance, qu'elles ne connaissent pas et qui a été élevé sans qu'elles aient jamais eu à intervenir.

Alors qu'une centaine d'enfants seulement bénéficient de l'allocation d'une nourrice, près de

5,000 enfants, ont, en 1888, fait l'objet des secours mensuels, dits d'allaitements. Il y a deux tarifs pour ces secours : l'un de 25 à 30 francs en faveur des mères nourrissant au sein leurs enfants, et l'autre de 15 à 20 francs pour celles qui les élèvent au biberon.

Ces secours sont payés dans les mairies, chaque mois et pendant une année. Ils sont accordés après une enquête faite par les enquêteurs spéciaux de l'Assistance publique. L'emploi des fonds, ou plutôt la tenue de l'enfant par la mère, fait l'objet d'une surveillance particulière exercée par des dames visiteuses au nombre de 16, dont 4 suppléantes, qui jouent le même rôle que les visiteuses de la Préfecture de police auprès des nourrices salariées.

Les dames visiteuses veillent à ce que la mère ait un berceau pour son enfant et qu'elle ne le couche pas avec elle. Si elle est trop pauvre pour acheter ce berceau, on lui en donne un. On lui remet également un *maillot*, composé de langes, de couches, de béguins, de brassières, de fichus. Quand l'enfant a grandi, la dame visiteuse peut encore demander pour lui, en cas de nécessité, soit un *petit maillot* (un lange de laine, un lange de coton, trois couches en vieux linge, trois couches neuves), soit une *demi-layette* (quatre couches

8.

neuves, un lange de coton, deux fichus et deux brassières de toile blanche, deux béguins et un bonnet).

Dans une administration telle que celle de l'avenue Victoria, il faut de l'ordre, c'est de toute nécessité; aussi, est-ce très administrativement que maillot, petit maillot et demi-layette sont composés, comprenant un nombre de pièces uniforme, auquel on ne peut rien retrancher, ni ajouter. Mais que de détails charmants dans ces inspections de visiteuses, que de préoccupations touchantes pour la perfectibilité de ces secours en nature. L'Assistance publique est véritablement *la Grande nourrice*, comme un écrivain s'est plu à l'appeler.

Les secours temporaires sont donnés aux filles-mères qui ne peuvent conserver leurs enfants auprès d'eux, par suite de causes très multiples, et qui demandent à les envoyer en nourrice. Pour les y aider, on leur paie le premier mois de gages de la nourrice et les frais de voyage; on leur alloue 35, 40 et quelquefois 45 francs. A quelques femmes, des malades surtout, on verse pendant les mois suivants 10 ou 15 francs par mois, pour leur permettre d'attendre le moment où elles seront en mesure de reprendre un travail régulier.

Ces secours donnés à la mère vont-ils toujours

à destination, c'est-à-dire à la nourrice? Il est permis d'en douter, en raison des plaintes qui parviennent à ce sujet soit à l'Assistance publique, soit à la Préfecture de police. Nous avons déjà dit, en parlant de la protection des enfants du premier âge, que la créance des nourrices impayées montait chaque année à 250.000 francs. Les deux administrations ont souvent cherché un moyen d'éteindre ou tout au moins d'amortir cette dette inique qui retombe tout à la fois sur les nourrissons et sur les nourriciers.

L'Assistance publique, ayant étudié la question d'offrir une garantie modeste et limitée à dix mois aux nourrices ayant un nourrisson parisien, n'évalue pas à moins d'un million la dépense qui en résulterait. Elle n'ose pas chiffrer le nombre des abandons que ce système occasionnerait. Je crois pour ma part que ce serait en effet s'engager dans une mauvaise voie, mais je voudrais que la Préfecture de police, au lieu de s'entremettre officieusement auprès des parents débiteurs, fût chargée de s'occuper avec zèle et énergie des intérêts des nourrices, en intervenant judiciairement, s'il en était besoin, toutes les fois que le non-paiement résulterait de la mauvaise volonté et de la duplicité des parents.

Ayant vu ce que sont les secours, arrivons-en
aux femmes secourues, à celles qui touchent des
secours d'allaitement et élèvent elles-mêmes leurs
enfants. On peut distinguer quatre catégories :

1° Filles-mères vivant seules ;
2° Filles-mères demeurant avec leur mère ;
3° Filles-mères demeurant avec leurs père et mère ;
4° Femmes secourues assimilées aux filles-mères ; les
veuves, les femmes mariées dont les maris sont sous les
drapeaux, les femmes mariées abandonnées par leur
mari.

Filles-mères vivant seules ! C'est souvent une
ironie. Pourquoi, les trois quarts du temps, cette
fille est-elle devenue mère ? Parce que le chômage,
la misère ne lui ont pas permis de vivre avec ses
seules ressources. Est-ce que réellement une fois
mère, elle sera plus capable de vivre par elle-
même, en ajoutant au produit de son travail
les 25 ou 30 francs que lui donnera l'Assistance
publique ? Sans doute, il y a des femmes à qui la
maternité donne une énergie toute particulière,
mûrit le cœur et la raison, fait accomplir des prodiges d'ingéniosité. Mais est-ce que le plus grand
nombre n'en sont pas réduites à contracter des
liaisons plus ou moins passagères.

Un statisticien distingué, M. Lafabrègue, an-

cien directeur de l'Hospice des Enfants Assistés, a
démontré qu'à Paris, dès que le gain par journée
de travail est inférieur à 3 fr. 50, et ce n'est pas
rare, la fille-mère se trouve dans l'impossibilité
d'accomplir sa tâche. Mais alors comment donc
font ces filles-mères, au sujet desquelles s'exprime
ainsi dans un rapport une des dames visiteuses de
l'Assistance publique :

« Les filles-mères vivant seules ne peuvent
» point se livrer à un travail assidu : les soins fré-
» quents que réclame leur jeune enfant absorbent
» une grande partie de leur temps. Elles s'occu-
» pent généralement à des travaux faciles, mais
» peu payés : tels que boîtes à bougies, boîtes à
» amorces, etc. ; d'autres sont déformeuses ou finis-
» seuses de bottines, etc., etc. *Leur salaire varie*
» *de 1 fr. 25 à 1 fr. 50 par jour, en travaillant*
» *fort avant dans la soirée.* Elles doivent éta-
» blir 100 boîtes à bougies, avec le couvercle,
» soit 200 pièces pour 50 centimes. Les boîtes à
» amorces sont encore moins payées : pour 1 fr. 25
» on doit en confectionner 5 grosses, c'est-à-
» dire 720 boîtes avec couvercles. Il faut déduire
» la colle pour les fabriquer, le feu pour les sécher,
» dont la dépense est à leur charge. »

« Les déformeuses de bottines ont un métier

» fort pénible et peu rétribué. Cependant, celles
» qui peuvent travailler en atelier sont mieux
» payées et le chômage est moins fréquent. »

« Les filles-mères demeurant avec leur famille
» sont occupées généralement dans un atelier ou
» une fabrique. La plupart dans les fabriques d'al-
» lumettes ou de bûches d'allume-feux. Elles
» gagnent de 1 fr. 75 à 2 fr. 25 par jour; mais
» il n'est pas rare qu'elles aient leur mère à leur
» charge ; celle-ci, il est vrai, s'occupe du ménage
» et soigne l'enfant. »

« A la fabrique d'allumettes, elles sont payées à
» raison de 20 centimes par heure. A la fabrique
» de bûches, elles doivent, pour 30 centimes, rem-
» plir 100 boîtes de bûches, ficeler ces boîtes et
» les attacher par paquets de 25. Ces fabriques
» sont fermées le lundi. »

Ce rapport de simple constatation n'est-il pas
un véritable réquisitoire contre l'industrialisme
moderne? N'avais-je pas raison de dire, au premier chapitre de cet ouvrage, que si les nécessités
du travail et de la vie moderne demandaient que
la femme du peuple fût ouvrière en usine ou en
fabrique, il fallait au moins que ce ne fût pas
dans des conditions à rendre l'existence de toute
famille impossible.

Lorsque la fille-mère habite avec sa mère seule, la situation ne s'améliore guère. Il reste à l'ouvrière, il est vrai, plus de temps à consacrer au travail, mais les dépenses sont aussi plus grandes. Quand le père existe, il y a malheureusement assez souvent d'autres enfants, pour qui la maternité de la grande sœur n'est pas un exemple édifiant. Au surplus, est-il aussi très édifiant, l'exemple de la fille-mère, placée comme nourrice dans une famille, qu'on choie, qu'on redoute même, à qui l'on passe toutes ses fantaisies et toutes ses exigences ?

La présence de son enfant auprès d'elle moralise-t-elle la fille-mère ? Les documents officiels l'affirment ; les moralistes et les économistes le nient pour la plupart. Il faut reconnaître cependant que bien des enfants naturels ont dû à ce secours d'allaitement d'être ultérieurement reconnus et même légitimés par leur père.

Rien que cela milite en faveur des secours d'allaitement, mais il y a un résultat qu'il est impossible de nier ; les chiffres sont les chiffres. Pendant l'année 1887, sur 102 enfants ayant fait l'objet de l'allocution d'une nourrice, 58 ont été rayés en sortie pour les raisons suivantes : repris par les parents, 18 ; décédés, 21 ; abandonnés, 19.

Or sur 3.442 enfants, dont les mères ont reçu le secours d'allaitement en 1887, il n'en a été abandonné que *neuf*. Il en est mort 394 sur le même nombre, ce qui donne une proportion de 16, 48 pour 100, qu'on peut regarder comme étant une moyenne annuelle. Supposons que tous ces enfants eussent été abandonnés, supposition purement gratuite d'ailleurs, quelle aurait été leur moyenne de mortalité : 32 pour 100. C'est assez concluant.

X

L'HOSPICE DÉPOSITAIRE

La réfection de l'hospice. — Les marâtres. — Les colliers de dépôt. — Les dernières formalités. — La Crèche. — Le pessimisme des sevrés. — Les services médicaux. — Les deux divisions d'enfants.

A toute heure du jour ou de la nuit, un enfant peut être abandonné à l'hospice des Enfants-Assistés. L'aspect de cet établissement s'est profondément modifié depuis quelques années. Il n'offrait autrefois qu'une façade noirâtre sur la rue Denfert-Rochereau ; à l'intérieur, les bâtiments, bien qu'assez vastes, étaient cependant insuffisants pour les multiples services auxquels ils doivent répondre ; leur aménagement était en outre défectueux. Aujourd'hui, des pavillons nouveaux ont été construits, pavillons d'isolement pour les enfants malades, nourricerie, etc... Sur la rue Denfert-Rochereau, un large trottoir planté

9

d'arbres borde la façade de l'Hospice, entièrement
reconstruite ; elle a conservé la sécheresse administrative qui sied à un édifice de ce genre, mais
elle a dépouillé l'aspect répulsif que lui impri-
maient la vétusté et le délabrement des bâtiments
anciens.

Une femme vient de pénétrer rapidement sous
le porche d'entrée, en essayant de dissimuler un
paquet qu'elle tient dans ses bras. Ce paquet,
c'est un petit enfant. D'un geste, le concierge lui a
désigné la porte de la salle d'attente du bureau des
abandons. Durant le jour, elle trouve dans ce
bureau d'admission une dame chargée de recevoir
l'enfant et poser les questions d'usage à la personne
qui l'accompagne ; pendant la nuit, — et cela est
regrettable, — le même rôle est joué par un des
employés de l'hospice. Pour une pareille mission,
une femme a plus de tact, plus d'instinct ; une
femme seule peut trouver le chemin du cœur
d'une mère, en prononçant la phrase sacramen-
telle :

— Savez-vous que vous ne pourrez plus revoir
votre enfant ? que vous ignorerez toujours où il sera
placé ? qu'à toutes vos demandes, on se bornera à
vous dire seulement s'il est mort ou vivant ?

Et il y a des mères que ces paroles n'émeuvent

point. Certaines cependant, par impression nerveuse, voire même par convenance, se laissent aller à des scènes déchirantes pour le spectateur non prévenu, odieuses pour l'observateur patient et cruel. Oui, il est certaines femmes qui croient de leur devoir de témoigner une douleur profonde au moment de la séparation. Celles qui crient ont généralement les yeux secs et le cœur dur; celles qui pleurent silencieusement, courbant la tête sous le poids de la honte et déjà peut-être du remords, sont autrement intéressantes.

Mais combien n'ont ni cette honte, ni ce remords. Il est des faits qu'on ne peut alléguer sans les accompagner de preuves, de témoignages irrécusables, tel celui de M. Lafabrègue, resté pendant de longues années à la tête de l'hospice des Enfants-Assistés. Voici dans quels termes (1) cet ancien fonctionnaire s'exprime au sujet de certaines mères :

« Que les portes de l'hospice s'ouvrent toutes grandes devant le nouveau-né que la mère remet en disant, — c'est textuel : « *Prenez-le. Il me* » *faut des hommes, et les hommes n'aiment pas* » *les enfants.* »

(1) *Annales de Démographie internationale.*

» Accueillons avec empressement le nouveau-né d'une mère qui, à de sages et morales exhortations, répond, — c'est textuel : « *J'ai assez de vos ser-* » *mons, ils m'ennuient, je les connais, c'est le* » *troisième enfant que j'apporte à l'hospice et* » *ce ne sera pas le dernier; dans un an vous me* » *reverrez.* »

« Adoptons, sauvons les jours du nouveau-né dont la mère s'écrie, alors qu'on s'efforce de la faire revenir sur sa résolution, — c'est textuel : « *Le prendre, jamais ! Si on me l'avait laissé,* » *je l'aurais étouffé ; — je l'exècre, comme* » *j'exècre son père.* »

» Toutes ne montrent pas un pareil cynisme; valent-elles mieux? — Celle-ci a 17 ans. On lui demande : « *Le père de votre enfant vous vient-il* » *en aide ?* » — *Le père ? mais je ne le connais* » *pas, c'était la nuit, je n'ai pu distinguer ses* » *traits.* » Textuel. — Celle-là repousse toutes les offres de secours : « *Je n'ai ni père, ni mère, ni* » *frère, ni sœur, — je suis seule au monde, je* » *n'ai ni état, ni domicile; un homme, à ma* » *sortie de l'hôpital, a consenti à me prendre* » *chez lui, mais il ne veut pas de l'enfant.* » Textuel ».

A chacune de ces réponses, ne semble-t-on pas

voir une lueur jaillir tout-à coup, éclairant cet abîme de fange et de misère, cet enfer aux cycles innombrables, que voile l'uniformité dorée de grandes villes?

L'enfant est abandonné ! On constate son sexe ; puis on rive autour de son cou un collier en os auquel est suspendue une médaille portant un numéro d'ordre et d'inscription. Tout enfant en bas-âge entrant à l'hospice des Enfants-Assistés, qu'il soit abandonné ou simplement placé en dépôt, c'est-à-dire en garde, est ainsi pourvu d'un collier et d'une médaille, qui servent à prévenir toute substitution d'enfant. Les colliers de dépôt sont bleus pour les garçons et rouges pour les filles.

Lorsque l'enfant est apporté sans bulletin de naissance, avec la dénomination de père et mère inconnus, on le déclare à l'état civil et on lui donne des noms et prénoms, en s'inspirant de la circulaire du 30 juin 1812 prescrivant « qu'on doit don-
» ner aux enfants un nom emprunté soit à l'histoire
» des temps passés, soit aux circonstances particu-
» lières à l'enfant comme sa conformation, ses
» traits, son teint, le pays, le lieu, l'heure où il a été
» trouvé, en évitant toute dénomination indécente,
» ridicule ou propre à rappeler en toute occasion que
» celui à qui on le donne est un enfant trouvé. »

Continuons à suivre les formalités présidant à l'abandon de l'enfant, d'après les indications que nous a excellemment fournies M. Maichain, inspecteur principal du service des Enfants-Assistés à la Préfecture de la Seine.

Après la formalité du collier, vient celle de l'inscription sur un petit carré de parchemin, où l'employé note, en même temps que le numéro de dépôt, le jour de l'admission de l'enfant, le lieu d'où il vient, son numéro d'inscription sur le registre de l'hospice, et la catégorie à laquelle il appartient. Ici, il y a encore une distinction à faire dans les carrés de parchemin ; ils sont imprimés en noir pour les garçons et en rouge pour les filles.

Le carré de parchemin est destiné à accompagner l'enfant à travers l'hospice ; il est attaché au ruban de son berceau, de telle sorte que, si besoin est de faire une recherche, on n'a qu'à jeter les yeux sur ce parchemin, ce qui dispense de lever l'enfant pour atteindre la médaille enfouie dans les langes ; le carré de parchemin joue le même rôle que les pancartes des malades dans les hôpitaux.

Deux coups de cloche ont retenti ; c'est un appel fait par la dame ou l'employé du bureau d'abandon. Une infirmière se présente quelques secondes après pour prendre l'enfant des bras de sa mère,

C'est fini ; la mère retourne à la rue ; l'enfant entre à l'hospice ; un abîme existe maintenant entre ces deux êtres.

Si l'abandonné a moins de neuf mois, on l'apporte à la Crèche, une admirable salle où les berceaux blancs s'alignent en doubles rangées, séparées par une large allée centrale. Une cheminée monumentale, où brille un beau feu clair, occupe le milieu de la salle. Devant la cheminée, un couchoir est placé pour servir au démaillotage des enfants. Tout auprès, cinq ou six jeunes nourrices allaitent au sein les nouveau-nés. Quel calme, quelle innocence parmi ce petit monde ; dans chaque berceau un enfant repose ; lorsqu'on entr'ouvre les rideaux, on le voit rose, dormant à poings fermés ; si le grand jour vient à l'éveiller, il tend les lèvres, il les agite, comme pour saisir la mamelle de la mère qui l'a renié. Cette Crèche, si propre, si belle, semble au premier abord ne devoir inspirer que des idées sinon riantes, au moins rassurantes sur le sort des petits abandonnés ; pourquoi faut-il que toute cette blancheur de petits berceaux vous laisse une impression funèbre ?

Quittons la Crèche pour aller aux salles de sevrage ; c'est là qu'on amène les enfants ayant plus de neuf mois et moins de deux ans. Il semble que

nous allions trouver le bruit charmant des crèches
établies dans Paris pour la garde des enfants.
Hélas non ! Pour quelques enfants rieurs et turbu-
lents, combien de mines boudeuses, combien de
babys ayant dans le regard ce vague qui traduit
l'effarement ou l'indifférence d'un petit être pour
la vie. Qu'on ne m'accuse point de charger ce tableau de couleurs trop sombres. Il y a trente ans
déjà qu'un directeur de l'Assistance publique écrivait dans un rapport officiel ces lignes toujours
aussi tristement vraies :

« Ce qui frappe surtout, ce qui attriste profon-
» dément, c'est le spectacle qu'offrent ceux de
» ces malheureux enfants qui, doués d'une intel-
» ligence plus précoce, ont, en quelque sorte, la
» conscience de leur infortune et regrettent avec
» larmes le sein maternel. Il faudrait à ceux-là
» une nourrice ou une fille de service spéciale-
» ment et constamment occupée à les distraire,
» ce qui est à peu près impossible ; or s'ils restent
» abandonnés à eux-mêmes, la nostalgie ne tarde
» pas à se déclarer, et, malgré tous les soins de la
» charité la plus active, en dépit de tous les efforts
» de la science, insensibles à ce qui les entoure,
» ils tombent bientôt dans le marasme, languis-
» sent et meurent en pleurant leur mère absente. »

Ces petits pessimistes ne sont pas toujours des abandonnés, mais souvent aussi des enfants placés temporairement à l'hospice par suite de la maladie ou de la condamnation de leur mère. Pour les enfants au-dessus de deux ans, il existe deux divisions, dont nous allons reparler un peu plus loin.

Dès qu'un enfant est parvenu à la salle qui lui est destinée, on le déshabille et on le lave des pieds à la tête. Il est ensuite rhabillé avec des langes ou des habits neufs appartenant à l'Assistance publique. Les langes ou habits dont l'enfant est porteur au moment de son abandon, sont lessivés et, s'ils sont bons, ajoutés comme supplément au trousseau réglementaire qui leur sera remis au moment de son départ pour la province.

L'enfant, ainsi arrangé, reçoit quelques cuillerées de boisson tiède, et on le couche sur un lit de camp. S'il paraît bien portant et qu'il ne présente aucun symptôme de maladie interne ou externe, une des nourrices sédentaires (au nombre de 35 en moyenne) lui donne le sein. S'il y a à l'hospice des nourrices arrivées de la campagne, et c'est le cas le plus fréquent, on donne à l'enfant le sein d'une de ces nourrices qui sera la sienne désormais. Si, bien au contraire, l'enfant

paraît malade ou porte des traces de vices cons-
titutionnels, on lui donne le biberon jusqu'à la
visite du médecin de service, qui seul a qualité
pour apprécier l'état de l'enfant et décider de
quelle manière il faut l'élever.

Ici se place une observation importante. Bien
que l'hospice dépositaire de la rue Denfert-Rochereau ne soit pas un hôpital, et qu'on n'y reçoive
aucun enfant malade étranger aux services qu'il
comprend, l'importance de la population, qui est
en moyenne de 650 personnes par jour, en y comprenant le personnel, nécessite un service médical complet, analogue à celui des autres hôpitaux. Ce service se compose d'un médecin en
chef, d'un chirurgien en chef, de trois internes
pour la médecine et d'un interne pour la chirurgie. Les médecins et les internes font partie du
personnel médical des hôpitaux. Ils sont nommés
au concours, et soumis aux mêmes règles. Un
interne de garde est logé et nourri dans la maison. Chaque chef de service fait sa visite le matin
de huit heures à dix heures, et l'interne de garde
fait une contre-visite, le soir. La pharmacie est
placée sous la direction d'un interne qui en sur-
veille tous les détails et est également logé dans
la maison.

Les enfants malades restent à l'hospice jusqu'à
complète guérison; les contagieux sont traités
dans des petits pavillons d'isolement (rougeole,
scarlatine, diphtérie); pour les syphilitiques, très
nombreux toujours parmi les nouveau-nés abandonnés, comme bien on pense, le docteur Parrot
a créé, avec le concours de l'Assistance publique,
une nourricerie d'une installation modèle. On y
trouve en permanence une quinzaine d'ânesses,
qui allaitent directement au pis les nourrissons.
C'est un tableau ravissant qu'offrent leurs étables
au moment de l'allaitement de ces enfants pré-
sentés à l'animal par des filles de service accrou-
pies, tandis que les frères de lait, les ânons,
cabriolent dans un enclos voisin, en attendant
que leur tour soit venu d'aller prendre le pis.

Les enfants sains, âgés de plus de deux ans,
sont généralement des enfants orphelins ou des
enfants en dépôt. Quelques-uns, plus âgés, ayant
de douze à quatorze ans, appartiennent à la catégorie des *moralement abandonnés*, dont nous
aurons à reparler longuement dans la suite de
cet ouvrage. Les enfants en bas-âge, à leur arrivée
à l'hospice, séjournent pendant une dizaine de
de jours au *Lazaret*. Comme son nom l'indique,
ce lazaret est une division spéciale destinée à

tenir les enfants en observation. S'ils deviennent malades, on les évacue à l'infirmerie ; s'ils restent bien portants, on les dirige à la division des garçons ou des filles, selon le sexe. On emmène à Thiais, où l'hospice possède un dépôt, les enfants que la maladie ou la condamnation de leurs parents doit retenir trop longtemps dans ce service de l'Assistance publique.

Une innovation intéressante a marqué l'année 1888. La direction de l'hospice envoie une partie de ses enfants fréquenter les écoles communales du quatorzième arrondissement. Ceux qui restent à l'hospice sont répartis en deux classes dans chaque division ; la diversité de l'âge empêche aucune instruction sérieuse d'être donnée ; on s'attache surtout à améliorer moralement les enfants et à les occuper physiquement, intellectuellement par des jeux, des exercices élémentaires et des travaux manuels de couture pour les filles, de vannerie, de chaussonnerie et de menuiserie pour les garçons.

XI

LES ENFANTS ASSISTÉS

Changement de collier. — Les agences de province. — Les phases de la jeunesse d'un enfant assisté. — Le véritable amour maternel. — Les trois groupes topographiques. — Les différences de placements. — La colonisation algérienne. — La donation de l'abbé Roudil. — Les rouages administratifs.

L'admission d'un enfant abandonné au nombre des Enfants-Assistés du département de la Seine est prononcée en dernier ressort par le Directeur de l'Assistance publique, dès le lendemain matin du jour de l'abandon. La décision survenue est aussitôt télégraphiée à l'hospice afin que toutes mesures soient prises en vue de préparer, sans retard, le départ de l'enfant pour la province. Il ne séjourne jamais à l'hospice qu'un jour ou un jour et demi, à moins qu'il ne soit malade et qu'il y ait péril à lui faire supporter les fatigues d'un voyage.

Avant son départ, on lui retire le collier de couleur qui lui avait été passé au cou, et on rive un second collier d'os blanc, pourvu d'une médaille en argent portant son numéro d'ordre et le mot *Paris* d'un côté ; de l'autre, se trouve frappée l'effigie de la République. L'enfant doit conserver ce collier jusqu'à sa sixième année révolue ; s'il vient à être brisé, un procès-verbal de constat doit être rédigé par le maire de la localité où il est élevé ; cette pièce doit porter le signalement complet de l'enfant pour prévenir toute substitution.

Un livret est en outre remis à la nourrice ; à la première page, on y annexe le carré de parchemin, qui a suivi l'enfant dans ses pérégrinations à travers l'hospice. Le petit abandonné n'a plus qu'à partir maintenant. Suivant l'étoile sous laquelle il sera né, sa fortune peut être bien diverse.

C'est le hasard qui détermine d'abord son placement. Il s'en ira au Nord, à l'Est, à l'Ouest, suivant l'heure à laquelle il a été abandonné. Chaque jour, en effet, il arrive à l'hospice dépositaire un convoi de nourrices, dirigé sur Paris par une des vingt-neuf agences créées en 1821 dans quelques départements pour mettre un terme aux incroyables exactions des meneurs, qui se livraient à la plus odieuse exploitation des nourrissons, des nourriciers et de l'Assistance publique elle-même.

Chaque agence fournit à tour de rôle un convoi mensuel. Les nourrices qu'elle envoie sont recrutées par les médecins de la région ; elles sont tenues aux mêmes formalités que celles des bureaux de placement, sauf en ce qui concerne le contrôle médical de la Préfecture de police, effectué en l'espèce par le médecin de l'hospice. Pendant long-temps, l'Assistance publique a eu la plus grande peine à recruter ses nourrices ; il lui fallait vaincre les résistances des maires, dont les uns alléguaient que les femmes avaient plus à gagner par le tra-vail des champs que par l'élevage des enfants ; les autres craignaient de voir, dans les enfants assistés de Paris, de la graine de mendiants et de vaga-bonds. Ces préjugés ont été tenaces, mais ils ont fini par disparaître, si bien que tout récemment l'Assistance publique a pu prendre une excellente mesure, sans craindre d'entraver son recrutement d'éleveuses : elle a décidé de n'admettre que des nourrices dont le lait a sept mois au moins et douze mois au plus ; le maximum d'âge du lait de la nourrice était jusque-là de dix-huit mois.

Administrativement, la vie d'un enfant assisté

jusqu'à sa majorité ne comporte que deux phases : il est *à la pension*, ou *hors pension ;* c'est-à-dire que la ville de Paris paie ses nourriciers ou ne les paie plus. Pratiquement, nous la diviserons en trois périodes : de la naissance à dix-huit mois ou deux ans, de deux à treize ans et de treize ans à la cessation de la tutelle.

Pendant la première période, qui est celle de l'allaitement, ce qu'il faut à l'enfant, c'est une bonne nourrice. Il est de règle que tout enfant doit être élevé au sein, sauf les cas de symptômes de maladies contagieuses ; le sevrage n'a ordinairement lieu qu'après neuf mois. Les nourrices tiennent à bénéficier de la prime instituée par la loi du 30 ventôse an V, en faveur de celles qui ont atteint cette durée d'allaitement.

La seconde période est celle de l'élevage de l'enfant pendant laquelle il importe qu'il soit placé dans un milieu offrant des ressources suffisantes pour son développement, et matériel, et intellectuel. Il faut qu'il trouve chez ses nourriciers une alimentation convenable, des soins affectueux, des facilités pour la fréquentation d'ailleurs obligatoire de l'école primaire.

A partir de treize ans, l'enfant doit pouvoir se suffire ; la tutelle de l'Assistance publique ne cesse pas à son égard, mais elle ne prend l'enfant à sa charge que lorsqu'elle ne peut pas faire autrement, c'est-à-dire en cas d'infirmité ou encore de chômage temporaire qui laisserait l'enfant sur le pavé et en ferait un vagabond.

Ces trois phases de la vie de l'enfant étant bien définies, voyons quel est le but de l'Assistance publique ? Ce but est très élevé : il s'agit de refaire une famille à l'abandonné. En même temps que son lait, la nourrice donne son affection à l'enfant. Il ne s'agit pas là d'un nourrisson, qui, après avoir été gavé, sera repris par ses parents et perdu pour la femme qui lui a donné les premiers soins. C'est un enfant qui est destiné à vivre de la vie commune de là famille ; plus tard il en partagera les joies et les peines ; en attendant, ces peines et ces joies, c'est la mère nourricière qui les ressent en veillant sur le petit être, dont le sort a été mis en quelque sorte entre ses mains.

A se pencher sur sa couche pour interroger sa pauvre petite figure aux traits tirés par la maladie, à le bercer dans ses bras pour l'endormir, à lui donner le sein pour l'apaiser, la nourrice sent fondre son indifférence ; bientôt un doux sentiment se crée chez la paysanne ; elle n'a pas donné le jour à l'enfant, c'est vrai, mais elle se dit, in-

consciemment peut-être, qu'elle lui a donné la vie
en le recueillant, en le veillant, en le soignant.
Chaque inquiétude, chaque peine devient un lien
nouveau. Voilà le véritable amour maternel, et
non cette voix du sang mélodramatique dont on a
tant abusé !

Il y a un exemple historique de cet attachement
des nourrissons et des nourriciers. Pendant la
première moitié du siècle, dans un but de sordide
économie et de spéculation honteuse, on déplaçait
en masse les enfants assistés d'une région pour les
envoyer dans une autre. Peu importait la situation
de l'enfant ; ceux qui vivaient dans les plaines
étaient envoyés dans les montagnes, où l'air était
trop vif pour leurs jeunes poumons ; ceux qui
avaient des liens d'affection avec leurs nourriciers,
qui jouissaient d'un certain bien-être, étaient em-
menés dans des régions où ils ne rencontraient
plus que l'isolement et la misère. Mais on réalisait
des économies; d'abord parce qu'un grand nombre
d'enfants mouraient ; ensuite, par ce que les nourriciers, plutôt que de voir partir les enfants qu'ils
avaient élevés, préféraient continuer à s'en charger,
mais *gratuitement*. Il fallut la voix émue de La-
martine pour mettre fin à cette monstrueuse ini-
quité.

Les enfants trouvent-ils toujours des placements qui répondent au but poursuivi par l'Assistance publique ? Cela dépend des agences dans lesquelles les enfants sont envoyés, et des diverses parties de la France, où ils sont élevés. Les agences, où s'en vont les *petits Paris* abandonnés, forment trois groupes topographiques : au nord, le Pas-de-Calais et la Somme ; à l'Est, la Côte-d'Or, l'Allier, la Nièvre, Saône-et-Loire et l'Yonne ; à l'Ouest, le Loir-et-Cher, la Sarthe, l'Orne et l'Ile-et-Vilaine.

Dans l'ouest, le Loir-et-Cher, la Sarthe et l'Orne sont très propices à l'élevage des enfants ; dans la Sarthe, on recherche plus particulièrement ceux qui sont déjà sevrés. Dans ces trois départements les habitations sont confortables et la nourriture substantielle. Il n'en est point malheureusement de même dans l'Ile-et-Vilaine, où les nourrices appartiennent surtout à une classe pauvre, mal logée, mal nourrie, absolument ignorante des principes les plus élémentaires de l'hygiène. Enfin, circonstance aggravante, l'élevage des enfants assistés n'y est considéré que comme une industrie ; le dévouement décroît en même temps que les mois de nourrice.

Dans le Nord, c'est tout autre chose ; là règne la propreté absolue ; là, les liens de famille s'établissent aisément entre nourriciers et nourrissons ; mais, là aussi, existent des habitudes locales, des mœurs fâcheuses, préjudiciables aux enfants, quand ils arrivent à atteindre un certain âge. Les placements chez les mineurs et les pêcheurs sont peu goûtés par l'Assistance publique. Les réglements interdisent la descente de ses pupilles dans les puits et, d'autre part, le relâchement des mœurs de la population minière n'est pas d'un exemple très salutaire. En ce qui concerne les pêcheurs et presque tous les autres éleveurs, l'inconvénient est autre : l'Assistance publique s'efforce d'assurer aux enfants, dès qu'il sont en état de rendre des services réels, un entretien suffisant et un paiement en numéraire, qui leur permette d'amasser un pécule.

Sur les 27.800 enfants assistés à la charge du département de la Seine, on en compte 9.500 au-dessus de treize ans ; or, au nom de ces enfants, il y a 8.600 livrets à la caisse d'épargne représentant une somme de quinze cent mille francs. Cela ne donne pas une moyenne énorme pour chacun d'eux, mais beaucoup cependant parviennent à avoir un millier de francs d'économie, quand ils ont un ménage à monter ou un petit établissement à créer à leur compte.

Les nourriciers du Nord entendent bien conserver l'enfant qu'ils ont élevé dans son jeune âge, mais ils ne veulent point le payer ; bien mieux, ils exploitent la plupart du temps à leur profit personnel les services qu'il peut rendre. Et il se produit ce fait très remarquable, c'est qu'en voulant intervenir pour assurer à son pupille une juste rémunération, l'Assistance publique se heurte non point tant à la mauvaise volonté des éleveurs, qu'à la rébellion des enfants, qui aiment mieux ne rien gagner et rester dans un milieu familial, qu'aller ailleurs pour toucher un salaire.

A la région du Nord plus particulièrement industrielle, l'Assistance publique préfère pour ses élèves les placements dans les départements situés à l'ouest de Paris : attachement, bonnes conditions matérielles et morales ; tout y est. L'Allier seul exige une restriction ; par la défectuosité des habitations, ce département ressemble beaucoup à l'Ile-et-Vilaine. D'autre part, les patrons employant comme domestiques des jeunes filles assistées ne semblent pas avoir grand souci de leur propre dignité, car il y a des cas de grossesse fréquents à relever. C'est à l'Assistance publique à se montrer énergique et à obtenir que les gens du pays, par crainte de poursuites ou de scandale, apprennent à

respecter ces filles, qui n'ont personne pour pré
venir leurs défaillances.

L'état que l'on recherche avant tout autre pour
l'enfant assisté est celui d'agriculteur. Transplanté
aux champs dès son jeune âge, il devient un parfait paysan. Ainsi s'établit un curieux circulus entre
Paris et la province. Paris recrute sa population
presque exclusivement au moyen des appoints de
la province ; chaque année il lui rend trois à quatre
mille enfants, dont il garde la charge et qu'il s'efforce de tenir éloignés de son atmosphère ; assez
d'autres viendront se brûler les ailes dans la four-
naise parisienne.

Dans la Nièvre, on compte un grand nombre de
villages dont le quart, le tiers ou même la moitié
des habitants sont d'anciens enfants assistés. L'é-
levage des petits abandonnés parisiens se fait là de
tradition, d'une façon très désintéressée. Quand
l'enfant atteint sa treizième année, si ses nourriciers ne peuvent l'employer d'une façon lucrative
pour lui, ils se chargent eux-mêmes de son placement, tout auprès d'eux, pour pouvoir le surveiller
de près, blanchir et raccommoder son linge, le
soigner au besoin s'il tombe malade. Si le nourricier au contraire a acquis de l'aisance, l'enfant suit
le sort de sa famille adoptive, qui l'établit de ses

deniers lorsque c'est un garçon, qui lui constitue une dot, s'il s'agit d'une fille.

Ainsi donc, le sort de l'enfant dépend du hasard de son placement premier. S'il ne parvient pas à s'ancrer solidement dans l'affection de ses nourriciers, sa jeunesse risque d'être ballotée comme une barque désemparée. La situation de ces enfants malchanceux a toujours intéressé vivement l'Assistance publique et le Conseil général de la Seine. On s'en est beaucoup occupé sur le papier ; l'heure est enfin venue de passer à la pratique.

Ce qu'ils n'ont pu trouver en France, c'est-à-dire l'existence largement assurée par un travail agricole, on va chercher à le leur procurer en Algérie. L'idée de coloniser notre grande province africaine par les enfants abandonnés n'est pas nouvelle. Le maréchal Bugeaud y avait songé, dès les premiers temps de la conquête. A la vérité, un essai malheureux a déjà été tenté par le Conseil général de la Seine. En 1849, l'abbé Brumauld créa près de Bouffarik un établissement où les enfants de l'Assistance publique étaient reçus au-dessus de cinq ans pour y être élevés jusqu'à leur majorité. Malgré les paiements faits par le département de la Seine pour chaque enfant, malgré les subsides de l'Etat et l'aide précieux de l'armée qui lui fournit toujours une nombreuse main-d'œuvre, l'abbé Brumauld ne sut pas mener à bien la mission qu'il avait entreprise. Tout fut déplorable dans cette aventure, et l'établissement créé disparut après dix ans d'existence. En vain chercherait-on dans cet essai malheureux des éléments de critique contre la tentative qu'on renouvelle de nos jours ; une seule chose a été prouvée d'une façon irréfutable, c'est que les enfants s'acclimatent en Algérie avec la plus grande facilité.

Le docteur Thulié s'est fait, dans ces dernières années, l'apôtre de la colonisation algérienne par les enfants assistés. Travaux de commissions, voyages d'études, tout a été mis en œuvre par lui pour bien approfondir la question, pour ne laisser à l'imprévu que le moins de prise possible. Ce n'est point trop s'avancer que de prédire un succès mathématique à l'œuvre nouvelle, établie sur ces bases nettement tracées (1) :

Situation faite à l'enfant.—Nous connaissons la situation de nos pupilles dans les circonscriptions de province; nous savons qu'ils s'y créent des relations, des amitiés, qu'ils y trouvent du travail, et que souvent ils s'y font une famille.

(1) Rapport présenté au Conseil général par le Dʳ Thulié, au nom de la 3ᵉ commission. (*Assistance publique*).

Parmi nos nourriciers, d'ailleurs, il n'est pas rare de rencontrer des enfants de l'hospice qui ont fait souche dans leur pays d'adoption et y jouissent d'une certaine aisance. Il serait absolument injuste et cruel d'enlever ces malheureux enfants à leur village, à leurs amitiés, peut-être à leur avenir, à toutes leurs attaches, en un mot, et à leurs espérances, sans leur donner une compensation sérieuse. Faire des cultivateurs capables de gagner leur vie chez des colons algériens, serait manquer le but, au point de vue de nos pupilles d'abord, qu'on mettrait, en les privant de tout ce qui constitue la vie morale, dans une condition de travail inférieure à celle qu'ils auraient dans la mère-patrie ; au point de vue de la colonisation, ensuite, car on ne les attacherait pas au sol, on ne ferait que des travailleurs nomades qui ne tarderaient pas, sans doute, à retourner dans le pays où leur première jeunesse s'est passée.

Nos élèves ne doivent pas aller en Afrique pour aider les colons ; ils iront coloniser eux-mêmes et créer une famille dans notre colonie. Le premier principe de notre organisation sera donc la propriété. Dès le jour de son départ de France, l'enfant aura une concession, et ce sera une dette de la mère-patrie dont on ne pourra le spolier sous aucun prétexte. A sa majorité, ou plutôt à son retour du service militaire, il aura la propriété d'une partie du sol dont la surface sera à déterminer, propriété qui sera plantée et défrichée, comme je l'expliquerai plus loin.

Age de l'enfant. — Il devra être assez jeune pour que l'acclimatement soit facile, assez âgé pour qu'il puisse être soumis, en arrivant, à l'enseignement professionnel, c'est-à-dire aux premiers rudiments de la culture des champs. Il devra donc être très avancé dans ses classes d'enseigne-

ment primaire; la colonie sera son école d'apprentissage,
où d'ailleurs des cours lui seront faits, en dehors de la spé-
cialité agricole, pour donner à son intelligence tous les éléments nécessaires à faire un travailleur intelligent et un
bon citoyen. C'est donc à douze ans qu'il devra quitter la
France pour aller se créer, en Afrique, une petite fortune
et un foyer.

Qualités et aptitudes. — On choisira les enfants les plus
intelligents et les plus travailleurs; c'est là une condition
absolue de succès. L'envoi de l'enfant en Algérie devra être
une récompense. *Il est bien évident que celui qui aurait eu la
bonne fortune de se créer une place dans une famille, l'enfant
qui sera traité comme un fils par son père nourricier, devra
rester auprès de ses parents adoptifs.....*

Disposition de la colonie. — La grande difficulté de la culture en Algérie étant le manque de main-d'œuvre, les propriétés des jeunes colons devront être voisines les unes des
autres, se toucher, faire un seul bloc, afin que, plus tard,
ces propriétaires puissent se prêter mutuellement la main,
ou faire de la culture en commun, comme au temps où ils
étaient élèves.

Les différentes concessions entoureront le village, et,
chaque année, à l'arrivée de la nouvelle fournée d'enfants,
chaque concession sera désignée, et la totalité des membres
de la colonie commencera la mise en culture.

Dès que la valeur du travail de l'enfant dépassera le prix
de son entretien, la plus grande partie de la différence sera
recueillie et placée, comme l'on fait dans nos circonscriptions de province.

L'enseignement théorique sera joint à l'exercice de la
culture, et, de plus, chaque enfant apprendra des états

nécessaires dans le métier des champs ; on fera des forgerons, des tonneliers, des charpentiers, etc. Non seulement l'instruction sera donnée jusqu'à l'âge de seize ans, mais encore il y aura des cours d'adultes. Aux époques favorables, le travail pratique dominera ; à certains autres moments où le chômage du travail des champs est forcé pendant une grande partie du jour, on se livrera aux études théoriques et aux exercices des différents métiers. Ces écoles professionnelles pourront, en donnant l'instruction pratique aux élèves, créer un fonds d'outillage qui, plus tard, à l'entrée en possession de la terre, servira aux nouveaux colons.

Les Filles. — Votre 3ᵉ Commission croit aussi qu'il est indispensable d'établir dans la colonie une école professionnelle de filles. Certes, on ne cherchera pas à en faire des artistes ou de fines demoiselles ; on s'efforcera d'élever des fermières, ayant toutes les connaissances nécessaires à la bonne tenue d'un ménage et à la bonne gestion d'un établissement agricole. Elles apprendront la couture, la cuisine, la comptabilité. Comme dans la ferme, elles auront une éducation pratique ; chacune aura sa semaine dans les travaux généraux de l'intérieur : lingerie, cuisine, comptabilité, direction, bestiaux et basse-cour ; toutes iront aux champs, faire les travaux qui incombent à la femme : sarclage, effeuillage, cueillette, etc. Non seulement elles seront d'excellents collaborateurs pour nos colons, mais leur dot en argent, car elles seront payées et auront leur livret de caisse d'épargne comme les garçons, jointe à leur part de terre, viendra aider à l'établissement du colon, lorsque, au retour du service militaire, il voudra s'installer sur sa terre et prendre femme.

Depuis que ce programme a été formulé en 1882, il y a été apporté quelques modifications de détail, mais l'idée générale subsiste. Deux donations importantes ont finalement fait sortir ce projet de la spéculation théorique. La première est la cession par l'État au département de la Seine de 3.267 hectares de terrains domaniaux, ratifiée par la Chambre des députés, le 22 mars 1886. Ces terrains serviront à l'établissement futur des jeunes colons. L'article 2 de la loi votée à cet effet porte que « le département de la Seine devra, dans un délai de trois ans, à partir de la promulgation de la loi, avoir institué son école sur une des concessions ou sur tout autre point du territoire algérien, sous peine de résolution de la concession. » En conséquence, le Conseil général et l'Assistance publique étaient à la recherche d'un domaine susceptible d'être converti en colonie agricole d'enfants, lorsqu'une personne généreuse, M. l'abbé Roudil, fit donation au département de la Seine des propriétés qu'il possédait à Ben-Chicao, près de Médéah, dans la province d'Alger.

Cette donation est du mois de mars 1887. L'abbé Roudil n'a pas assez vécu pour voir se réaliser l'œuvre à laquelle il avait rêvé de coopérer. Il est mort le 8 janvier 1888 à Alger. L'ouverture de son testament a fait connaître une nouvelle libéralité du généreux ecclésiastique à l'égard des Enfants Assistés. Cette libéralité a ajouté à la donation primitive de 1.500 hectares un domaine d'environ 442 hectares. L'Ecole Roudil existe aujourd'hui ; elle promet des fruits féconds et je suis certain que si l'Algérie devient jamais le *cellier* de la France, le département de la Seine aura beaucoup coopéré à la réalisation de cette entreprise patriotique.

Les garçons sont seuls appelés à bénéficier des avantages de la colonisation algérienne. Le tour des filles viendra, j'en suis persuadé, car les femmes manquent encore plus que les hommes en Algérie. Je n'en veux qu'une preuve : aux environs de Bône existe un orphelinat tenu par les sœurs, comptant une vingtaine de jeunes filles de deux à dix-huit ans. Il est rare qu'aucune de ces orphelines atteigne dix-huit ans sans avoir été démandée en mariage. Il n'y en a pas une qui reste, jusqu'à vingt ans, à l'orphelinat ; toutes sont mariées avant cet âge.

Je crois m'être suffisamment étendu sur l'essai actuel de colonisation algérienne, je dois en revenir aux enfants assistés, qui sont appelés à rester en France, — et ce sera toujours la grande généralité,

10.

— pour compléter l'indication sommaire du régime administratif auquel ils sont soumis.

Leur tutelle, jusqu'à vingt et un ans, incombe au Directeur de l'Assistance publique. En réalité, les enfants sont placés sous l'autorité des directeurs d'agences, dont le rôle consiste à surveiller nourriciers et nourrissons, tout en intervenant le moins possible entre eux. Le directeur d'agence délivre chaque année une *vêture*, un trousseau, au nourrisson, mais il n'est pas chargé de solder les mois de nourrice ; ce sont les percepteurs qui effectuent ces paiements à raison de 25 francs par mois pendant la première année, de 20 francs pendant la seconde et de quinze francs pendant les années suivantes jusqu'à treize ans révolus (1).

Chaque agence est divisée en plusieurs circonscriptions médicales. La rétribution des médecins est fixée de la façon suivante.

1º Pour visites mensuelles aux enfants de 1 jour à 1 an, 1 fr. par mois.

2º Pour contre-visites des enfants de 1 jour à 3 ans, le jour de leur arrivée dans le service, 0 fr. 50 par enfant.

(1) Ce nouveau tarif n'est en vigueur que depuis l'année 1889. Les nourriciers, en effet, recevaient jusqu'ici quinze francs par mois pour la troisième année, mais dix francs seulement pour les années suivantes.

3º Pour visites trimestrielles aux enfants de 1 an à 13 ans, 1 fr. 50 par trimestre.

4º Pour visites aux élèves âgés de plus de 13 ans, et aux nourrices, 1 fr. par visite.

5º Pour vaccination et revaccination, 2 fr. par opération suivie de succès.

Les médecins sont en outre tenus de visiter les enfants malades et de leur donner les soins que comporte leur état. Nous avons déjà dit qu'en outre ils s'occupaient spécialement du recrutement des nourrices envoyées à l'Hospice dépositaire de Paris pour y chercher des nourrissons.

Afin d'assurer la fréquentation de l'école primaire par les enfants, l'Assistance publique donne chaque année des primes aux nourriciers, primes proportionnées au nombre de jours de présence de chaque élève. Si elle se heurte à la négligence ou à la mauvaise volonté, elle n'hésite pas à prendre des mesures énergiques : l'amende au profit du livret de caisse d'épargne de l'enfant, ou le déplacement de ce dernier en cas de récidive. Les instituteurs, d'autre part, sont encouragés à s'occuper des petits abandonnés. Une allocation qui, de 25 francs, sera portée à 40 francs, leur est assurée par la Ville de Paris pour chaque certificat d'études obtenu. Le succès de cet examen vaut encore une prime de 50 francs aux nourriciers et une récompense de dix francs à l'élève.

Il faut s'arrêter à tous ces détails pour faire saisir combien est minutieuse la sollicitude de l'Assistance publique à l'égard de ses enfants. Son action est contrôlée tout à la fois par un service d'inspection départemental, ressortissant directement au Préfet de la Seine, et par le Conseil général, dont on peut discuter les tendances, mais qui a toujours donné en ce qui concerne l'enfance le plus bel exemple d'humanité, de libéralisme et de générosité.

XII

LES RETRAITS

Danger de l'abandon à bureau ouvert. — Expositions d'enfants
dans un lieu public. — Le bureau des nouvelles. — La carte
jaune. — Silhouettes féminines. — Trois lettres caractéristiques. — La situation respective des enfants et des parents.
— Un moyen d'abstention. — Les d'Alembert inconnus.

Le mot de d'Alembert à Condorcet est fameux :
« Ma vraie mère est celle qui m'a nourri de son
lait, je n'en connais point d'autre. » Combien de
petits d'Alembert parmi les Enfants-Assistés, au
point de vue de la reconnaissance aux nourriciers.

Je me suis montré justement sévère à l'égard
des filles-mères abandonnant leurs enfants ; et
cependant, que d'inconscientes parmi elles, affolées
par le désir de couvrir leur faute, par les perspec-
tives de misère ! C'est aux mégères qui les poussent
à cet abandon qu'il conviendrait de s'en prendre,
mais elles échappent à toute atteinte. Chez toutes
les accoucheuses interlopes, on sait aujourd'hui

que l'Hospice des Enfant-Assistés reçoit les nouveau-nés à bureau ouvert. Plus d'interrogatoire
et d'enquête du commissaire de police à redouter
pour la sage-femme. Dès que l'enfant est né, pour
deux francs, le prix de la course, une pauvresse
du voisinage ira déposer l'enfant rue Denfert-
Rochereau. Des renseignements, cette femme serait
bien embarrassée d'en donner, lui en a-t-on fourni
à elle-même ? Que pourrait-elle répondre à la demande d'usage ?

— A-t-on dit à la mère que des secours pouvaient lui être alloués par l'Assistance publique ?

Eh non, on lui a tenu un tout autre langage :

— Pensez donc, ma petite, vous allez vous embarrasser d'un enfant. Mais c'est une folie ! Comment arriverez-vous à vivre avec un enfant sur les
bras ? Vous n'y songez pas ! Vous ne pourrez plus
vous placer, et plus tard, si vous trouvez à vous
marier, est-ce que cet enfant ne sera pas un em-
pêchement ? Laissez-le aller à l'Hospice, vous serez
toujours libre de le reprendre, le jour où votre
position sera assurée.

L'admission à bureau ouvert est une pensée
qui fait honneur à l'initiative de M. Strauss ; je
me demande seulement s'il n'y aura pas lieu de
regretter cette décision en raison de l'abus rendu

facile aux sages-femmes ; je me demande également-
ment si, pour prévenir une vingtaine d'infanticides possibles, on ne triplera pas le nombre des
décès d'enfants. Souvenons-nous que la mortalité
des enfants d'un jour à un an est de 16 % pour
les enfants des filles-mères secourues et de 32 %
pour les Enfants-Assistés. L'avenir permettra seul
de se prononcer en connaissance de cause.

Je me suis déjà expliqué au sujet des diverses
sortes d'infanticides. L'infanticide violent est rarement dicté par un sentiment haineux, c'est le fait
de la peur et aussi de l'ignorance des conditions
dans lesquelles un enfant peut être abandonné ! Or,
cette ignorance subsistera toujours en partie. Est-
ce que la campagnarde en place à Paris ne res-
sasse pas dans sa tête tous les exemples de taqui-
neries ou même d'iniquités administratives endurées
par les filles-mères dans son pays ? Comment sau-
rait-elle qu'il n'en est pas de même à Paris ?

Si ce n'était point l'ignorance qui fasse agir la
mère dénaturée, pourquoi commettrait-elle un
crime, alors qu'il lui serait si facile de faire comme
tant d'autres. Les femmes ont mille artifices pour
dissimuler une grossesse jusqu'à sa dernière période. A terme, elles quittent patrons, amis ou
connaissances, entreprennent un petit voyage d'une

douzaine de jours et reviennent très paisiblement
comme si rien d'anormal n'était survenu dans leur
existence. Douze jours, il n'en faut pas plus, les
trois quarts du temps, pour leur délivrance et leur
rétablissement.

Chaque année, sur plus de 3,000 enfants abandonnés (3,477 en 1887), on en compte une cinquantaine qui sont des enfants *trouvés* dans la véritable expression du mot, c'est-à-dire ayant été
exposés sur la voie publique, dans des églises, des
gares de chemin de fer, des voitures, etc. Une
vingtaine d'autres sont abandonnés d'une façon
déguisée; leurs parents ont disparu après les avoir
confiés à des personnes étrangères en prétendant
une absence momentanée. Cette forme d'abandon
correspond encore évidemment à une ignorance
absolue des conditions administratives du service
des Enfants-Assistés.

L'ignorance des filles-mères abusées par les
sages-femmes et les commères de leur entourage
n'est pas moins grande pour être tout autre. Elles
en arrivent à considérer l'abandon comme une
façon économique d'élever leurs enfants. A les
entendre, elles ne les ont pas abandonnés, mais elles
s'en sont séparées temporairement par suite de
circonstances indépendantes de leur volonté. Rien

n'est plus curieux à ce sujet que d'étudier le service des nouvelles qui fonctionne avenue Victoria dans les bureaux de l'Assistance publique.

Tous les trois mois, les directeurs d'agences de province fournissent un état relatif aux enfants ; les morts sont rayés des registres matricules. Tous les trois mois, donc, on est en mesure de fournir des renseignements sur l'existence de l'enfant ; les intéressés sont invités à se présenter spécialement pendant la seconde quinzaine des mois de février, mai, août et novembre, où les nouvelles sont plus récentes.

Le bureau des nouvelles est situé tout en haut d'un interminable escalier. Un couloir long et étroit aboutit à la porte d'entrée ; de dix heures à trois heures, le couloir est transformé en salle d'attente. Assises sur un banc, les femmes qu'une même faute a rapprochées attendent leur tour. Ne croyez pas que le couloir ait l'aspect morne que vous seriez tenté d'imaginer. Il s'y trouve toujours quelques bonnes langues pour mettre en train une conversation générale; parfois on y voit des nichées d'enfants, frères et sœurs des abandonnés. Une à une, les femmes ont accès dans le bureau.

— Monsieur, dit l'une, mon enfant a été porté à

l'hospice, tel jour à telle heure. Je voudrais avoir de ses nouvelles.

— Comment s'appelle-t-il?

Elle donne un nom. L'employé compulse ses registres, s'assure que la demanderesse est la mère, enfin il laisse tomber cette réponse glaciale :

— Il existe!...

Avant qu'elle se retire, l'employé lui remet un petit carton portant un numéro d'ordre destiné à simplifier les recherches pour une autre fois. Alors voici cette femme qui fond en larmes :

— Oh! monsieur!... monsieur!... sanglote-t-elle, dites-moi où vous l'avez mis, mon enfant!...

Le règlement est là, formel. L'employé se retranche derrière, en prévenant la mère que, si elle veut réclamer son enfant, elle n'a qu'à s'adresser à tel bureau qu'il lui indique. Maintenant à une autre.

Celle-ci est une habituée. L'employé constate, en relevant le nombre des coups de crayon qu'il a tracés pour noter chaque visite, qu'il y a plusieurs années qu'elle se présente. Mais il ne se presse pas de répondre. Enfin, il entame des circonlocutions; les nouvelles sont mauvaises; l'enfant était très malade quelque temps auparavant; il se pourrait même... Elle a compris. Elle prend machinalement

un papier que lui tend l'employé! Elle y lit le nom
de son enfant, la date de son décès, le lieu de son
placement qui lui avait été caché jusque-là. En bas
il y a un nota :

Pour se procurer l'acte de décès de cet enfant, il faut en
faire la demande au maire de la commune où le décès a eu
lieu, en y joignant un mandat de 2 fr. 50 sur la poste.

On assiste parfois à des changements de physionomie effrayants chez ces femmes qui reçoivent
ainsi la fatale nouvelle. Qui peut dire ce qui se
passe dans leur esprit, dans leur cœur! Toutes dé-
filent comme des énigmes vivantes, même celles
qui ne recueillent que de bonnes nouvelles. Veut-
on quelques silhouettes?

Qu'est-ce que cette jeune femme brune, qui
semble avoir vingt ans à peine, enveloppée dans un
riche manteau de velours, la figure enfouie dans
un boa de plumes d'autruche? Une étrangère assurément, cela se devine à la pointe de rastaquoué-
risme qui marque son élégance. Elle vient prendre
des nouvelles d'un enfant qui a cinq ans environ.
Comment a-t-il été abandonné? D'une façon peu
ordinaire : Une femme s'est présentée dans un
poste de police et a déclaré aux agents qu'elle
apportait un enfant qu'elle venait de ramasser au
pied d'un arbre dans un square. Aussitôt ouverte,

l'enquête du commissaire de police démontra que jamais l'enfant n'avait été exposé, mais que c'était sa propre grand'mère qui avait mis en scène cette comédie. Je dis cette comédie, est-ce bien le mot qu'il convient ? Qui sait quelle drame a été dénoué par ce simulacre d'exposition.

Cette autre femme qui survient ne ressemble en rien à la première. Il est bien difficile de définir au jugé sa profession journalière. Elle est hideuse physiquement, voilà qui est certain ; elle peut avoir quarante-cinq ans, mais elle paraît en compter davantage, tellement son être entier est flétri ; des monstruosités viennent à l'esprit quand on pense à la maternité de cette femme. Elle a tendu tranquillement son petit carton à l'employé qui, après avoir compulsé plusieurs registres, lui a répondu :

— Ils existent.

— Tous les quatre ? demande-t-elle encore.

Ainsi cette femme a abandonné ses quatre enfants ? Quatre enfants ? mais c'est six qu'elle a abandonnés ! Deux sont morts ; si les quatre autres survivent, je doute fort que jamais ils lui soient rendus.

Une jeune fille vient de se glisser dans le bureau ; elle est essoufflée, elle a couru, grimpant quatre à quatre le long escalier. Sa taille svelte ne laisserait jamais soupçonner une grossesse antérieure, sa figure innocente ne donnerait point à croire à une faute passée ; elle a une inquiétude dans son minois chiffonné d'ouvrière parisienne coquettement coiffée en cheveux. Cette inquiétude lui vient-elle du sort de son enfant? Sans doute, car en apprenant qu'il vit, elle fait un sourire, et prestement elle repart. Évidemment elle est en courses; peut-être a-t-elle fait un long détour pour venir avenue Victoria.

Une autre arrive, une femme chez qui tout annonce la maturité de l'âge et de la raison. Une alliance brille à son doigt; c'est une de ces figures qu'on voit trôner derrière un comptoir de boutiquier. Il n'y a pas besoin d'être grand clerc pour deviner qu'elle a une faute à cacher à son entourage. Le petit carton jaune qui lui a été délivré, est bien petit ; il mesure exactement 8 centimètres sur 6 ; pour diminuer encore son volume, elle l'a plié et replié ; il n'est évidemment rien de plus facile à une femme, que de dissimuler dans un ourlet de robe le carton réduit à sa plus simple expression grâce à ces pliures.

Les hommes s'informent plus rarement au bureau des nouvelles. Il en vient cependant de toutes les conditions. De temps à autre, un gentleman se présente disant qu'il désirerait avoir des nouvelles de tel enfant, abandonné en telle année, en telle ou telle circonstance.

— A quel titre faites-vous cette demande? interroge l'employé.

Ici une pause, un instant de réflexion de la part du visiteur. Enfin, il se décide à avouer qu'il est le père. C'est un péché de jeunesse, une séduction suivie d'un lâche abandon. Il est riche maintenant, et, bien que sa position ne lui permette pas de reprendre son enfant, il voudrait disposer en sa faveur de quelques billets de mille francs.

Une autre fois, ce n'est pas le père qui se présente, mais l'amant d'une ancienne fille-mère. Aucun renseignement ne peut lui être fourni. Il insiste alléguant que la mère ne peut venir elle-même. Elle est malade du saisissement que lui a causé un horrible cauchemar. Son enfant lui est apparu en songe, c'était un monstre cadavérique. Elle veut de ses nouvelles, et il insiste encore; elle doit être très jolie femme cette fille, car on sent chez ce visiteur la crainte de lui déplaire. Enfin le registre est compulsé: c'est vrai, l'enfant vient de mourir.

Aux mères qui ne peuvent venir elles-mêmes

chercher des nouvelles de leur enfant, — et la plupart des domestiques sont dans ce cas, — on leur
en envoie sur leur demande. Le courrier est très
chargé chaque jour; sur vingt lettres reçues, il est
bien rare de ne pas en trouver deux ou trois réellement intéressantes.

Monsieur le Directeur, écrit l'une, pardonnez-moi, la liberté que je prends de vous écrire ces mots, pour avoir des
nouvelles de ma petite fille que je vous ai portée le..... de
cette année, âgée de vingt mois.

Monsieur, je suis chez mon père depuis deux jours, dans
le département de la Nièvre; alors, mon père me fait demander à M. le Directeur si c'était un effet de sa bonté de
me rendre ma petite fille; car, mon père, ainsi que moi,
nous serons bien contents de l'avoir auprès de nous, car
M. le Directeur doit bien penser que c'est la misère qui
m'a poussée à la mettre aux Enfants-Assistés, car j'aimais
trop ma petite fille pour l'abandonner.

Monsieur, si vous pouvez me la rendre, je vous serai bien
reconnaissante, ainsi que mon père. Vous aurez la bonté
de nous le dire en nous donnant de ses nouvelles.

J'ai pris le texte de cette lettre, de même que
celles qui vont suivre dans un courrier du jour,
au hasard. J'en ai choisi trois qui laissaient plus
particulièrement deviner un drame intime. Mais
n'est-elle pas aussi éloquente, cette larme dont
j'ai retrouvé la trace sur le satinage d'un papier à

lettres, larme écrasée sous le tampon d'un mouchoir pour arrêter les bavures de l'encre humectée
La seconde lettre est naïvement conçue, j'en respecte même l'orthographe.

Monsieur, veulliez avoir la bonté de me dire si je pourai donnez quelques choses tous les moi pour ma fille; se la me fai tent de peine de la sentir éloignez de moi san savoir là où elle est. Je na pourai pas donné beaucoup, ayant déjà un enfant que je dois payer ses moi de nourrice. Moi seul je suis une simple domestique, je ne suis pas bien forte et je ne gagne que 30 francs, et je donne 23 francs par moi de nourrice. Je n'ai rien de personne et mes maîtres ne le savent pas.

Cette lettre est très touchante; elle nécessite un commentaire pour bien en préciser le sens. Pendant la première moitié du siècle, jusqu'en 1852, les femmes qui voulaient avoir des nouvelles de leur enfant abandonné étaient astreintes à un versement pour frais de recherches. Ce versement n'était pas inférieur à cinq francs chaque fois. C'était un droit inique, supprimé avec juste raison. Au dire des sages-femmes en train de pousser les filles-mères à l'abandon, ce droit existerait encore; il suffirait de payer pour savoir où l'enfant abandonné se trouve placé en nourrice. Quand les mères se rendent ensuite à l'Assistance publique, on a toutes les peines du monde à les désabuser. Ne devrait-on pas poursuivre avec la dernière rigueur, les matrones éhontées, coupables de cette odieuse escroquerie, de cet abus de confiance inqualifiable ?

Il y en a qui poussent l'audace jusqu'à se rendre en personne à l'Assistance publique, accompagnant la fille-mère qui n'ose venir seule pour demander des nouvelles de son enfant. Les employés ont le coup d'œil assez sûr pour reconnaître la sage-femme, lorsque deux femmes se présentent à la fois.

— Quelle est la mère ? demande l'employé.

Quand celle-ci s'est désignée, il ajoute :

— Et vous, madame ?

— J'accompagne mademoiselle...

— Je le vois bien, mais qui êtes-vous ?

— Je suis la sage-femme qui a fait l'abandon.

— Alors, je vous prie de vous retirer. Madame peut seule rester ici et avoir des nouvelles de son enfant.

— Mais, monsieur...

Il n'y a pas de mais, ni de monsieur qui tienne ; il lui faut déguerpir ; d'un geste, l'employé lui indique une pancarte indicative, confirmant l'avis qu'il vient de lui donner.

11.

Je passe à la troisième lettre :

Monsieur le Directeur, je me permets de vous adresser
ces deux mots pour que vous me donniez des nouvelles de
mon fils, votre élève, etc..... Je pense, Monsieur, que vous
serez assez bon pour lui donner mon adresse, car il va avoir
21 ans. Si ça lui fait plaisir de revoir sa mère, il pourra
venir, car il a une sœur et deux frères qui seraient heureux de le revoir; car si je n'ai jamais pu le reprendre,
c'est que j'étais en droit de mari, et maintenant je suis
veuve.

Ce sera mon grand bonheur de le revoir, car je l'ai
allaité comme ses frères; et si je l'ai abandonné, c'était la
grande misère. Mais vous savez que je me suis toujours
occupé de lui. Je pense que vous serez assez bon pour
prendre ma lettre en pitié et que vous permettrez à une
mère de revoir son fils.

Je ne poursuis pas ces citations, car elles pourraient se continuer à l'infini; ce sont trois thèmes
qui présentent des variations inépuisables. Un
grand nombre de lettres émanent encore de personnes diverses; on se contente de leur répondre
qu'aucun renseignement ne peut être fourni qu'à
la mère où à la personne qui a effectué l'abandon.

Occupons-nous enfin des retraits d'enfants par
leurs parents. Les demandes formées par le père
ou la mère doivent être appuyées du bulletin de

naissance de l'enfant et d'un certificat d'un maire
ou d'un commissaire de police constatant que la
personne qui sollicite la remise est debonne vie et
mœurs et qu'elle a des ressources suffisantes pour
élever convenablement l'enfant qu'elle réclame.
Si l'enfant est naturel, on exige qu'il soit reconnu,
conformément à l'article 334 du Code civil. Une
somme de soixante francs est accordée aux femmes
qui légitiment leur enfant au moment du retrait.

L'Assistance publique a un rôle très épineux au
sujet de ces retraits. Elle doit agir tout à la fois
dans l'intérêt de l'enfant et dans celui des parents.
Ces derniers sont libres de redemander leur enfant
jusqu'à ving-et-un ans, mais l'enfant n'est pas
autorisé à chercher à connaître et à retrouver les
auteurs de ses jours. A partir de ving-et-un ans,
les rôles changent. Le jeune homme, ou encore la
jeune fille, devient libre de faire ce que bon lui
semble à cet égard, mais l'Assistance refuse aux
parents de les mettre de sa propre autorité en rapport avec leurs enfants majeurs. Elle se borne à
aviser ceux-ci que leurs parents demandent à les
revoir; c'est à eux à réfléchir sur le parti qu'ils
ont à prendre; on se fait un scrupule d'influer en
rien sur leur détermination, dans un sens ou dans
l'autre.

Il est rare que l'Assistance publique refuse aux
parents de leur rendre leurs enfants. Il faut qu'elle
ait des doutes bien sérieux sur la moralité des
réclamants. Parfois, cependant, l'intérêt de l'enfant
commande impérieusement de le laisser dans sa
famille nourricière, où il s'est fait une place et où
son avenir est assuré. L'administration possède
alors un moyen quasi infaillible d'obstruction.
Pour consentir à rendre l'enfant, elle réclame, conformément à la loi, le paiement de tous les débours
effectués pour lui depuis le jour de son abandon.

D'autres fois, il y aurait avantage à rendre l'enfant à la mère qui le réclame, lorsque cette femme
est dans une situation de fortune souvent brillante,
lorsque l'âge l'a assagie et que, faute d'autres
amours peut-être, il lui vient un relent d'amour
maternel. Mais alors c'est l'enfant qui refuse éner-
giquement, avec obstination et colère, de quitter
ses nourriciers, trouvant dans son cœur le mot
célèbre de d'Alembert ; « Ma vraie mère est celle
qui m'a nourri de son lait, je n'en connais point
d'autre ! »

XIII

LES ORPHELINATS

L'Hospice du Saint-Esprit. — Les Enfants-Rouges. — L'adoption. — Comment classer les orphelins. — Œuvres charitables et établissements industriels. — Les orphelins et les enfants pauvres. — L'orphelinat de la Seine. — La fête de l'Arbre de Noël. — L'orphelinat Prévost, à Cempuis.

Le moyen âge, si peu clément à l'égard des enfants trouvés, compte cependant quelques fondations en faveur des orphelins, encore n'est-ce que des orphelins légitimes. La première connue à Paris est celle du Saint-Esprit, instituée par ordonnance de l'évêque de Paris en date 13 février 1362 et confirmée par lettres-patentes du Dauphin, le futur roi Charles V. Dans la dotation actuelle du service des Enfants-Assistés, il existe encore un revenu de quinze cents francs qui tire son origine de cet ancien hospice.

Plus tard, en janvier 1536, François Ier fonda l'hospice des Enfants de Dieu, qui durent leur surnom d'*Enfants rouges* au costume dont on les affubla. Cet établissement était destiné à des orphelins dont les parents étaient morts à l'Hôtel-Dieu. Ces enfants étaient loués pour suivre les convois des personnes riches, moyennant une redevance perçue au profit de l'établissement. Un procès-verbal du 20 septembre 1690 fixe cette redevance à cinq sols pour chacun des enfants (1).

Le service d'assistance publique des orphelins finit par se fondre dans celui beaucoup plus général des enfants trouvés. Nous voyons, sous la Révolution, la loi des 28 juin et 8 juillet 1793, déclarer que la Nation prend à sa charge tous les enfants abandonnés, que ces enfants seront désignés désormais sous le nom d'*orphelins* et que toute autre qualification est interdite.

Aujourd'hui, on compte sous la dénomination d'Enfants-Assistés trois catégories : enfants trouvés, dont les père et mère sont inconnus; enfants abandonnés, ceux qui ont été délaissés sciemment par leurs parents, et les orphelins. Ainsi, sur les 3,477 enfants immatriculés en 1887, il y a eu 277 orphelins, apportés à l'Hospice dépositaire ou admis sur place (2).

(1) *Archives de l'Assistance publique.*
(2) Les admissions sur place sont celles qui ont lieu dans les

Les orphelins peuvent, en outre, bénéficier de secours spéciaux versés jusqu'à treize ans aux parents et aux bienfaiteurs qui ont déclaré s'en charger. A dire vrai, l'Assistance publique n'a pas un grand faible pour ces orphelins laissés en dehors de son action directe. Il y a enfin une troisième catégorie d'orphelins à établir dans les services de l'Assistance publique. Ce sont ceux qui sont placés en vue d'adoption et sous réserve de tutelle.

Il arrive fréquemment que de braves gens se présentent à l'hospice des Enfants-Assistés demandant à recueillir un enfant pour égayer leur foyer. Beaucoup cependant ne voient pas leur désir exaucé, et cela par leur propre fait. Tout d'abord, ils sont toujours pressés; ils veulent un enfant et ils le veulent tout de suite; ils demandent les uns une fille, les autres un garçon; ils exigent qu'il soit brun ou qu'elle soit blonde, qu'ils aient les yeux comme ceci et pas comme cela, que leur âge ne dépasse pas telle année. Enfin les conditions apportées compliquent souvent les choses de telle

départements sans que l'enfant passe à l'hospice dépositaire de Paris. Exemple : Un enfant dont la nourrice est impayée par les parents qui ne donnent plus signe de vie, va remettre cet enfant au plus prochain hospice. L'Assistance publique est informée par les autorités du département et l'enfant est immatriculé.

façon que tout reste à l'état de bonnes intentions; les bienfaiteurs n'ont pas la patience d'attendre, ou ils s'adressent ailleurs.

Ce sont presque exclusivement des orphelins qui sont ainsi confiés en vue d'adoption ultérieure. Le placement des autres catégories d'enfants assistés, dans ces conditions, peut présenter de graves inconvénients pour les familles bienfaitrices. Il est, généralement, spécifié par contrat, qu'une somme variable avec les cas, sera versée, chaque année, sur la tête de l'élève, soit à l'Assistance publique, soit à une compagnie d'assurances, de façon à ce que, si les personnes charitables ne peuvent continuer l'œuvre entreprise, l'enfant puisse retrouver un peu du bien-être auquel il aura été accoutumé.

Dans la plupart des cas, ces orphelins sont recueillis en bas-âge. Ils ignorent leur situation, faisant partie de la famille qui les élève au point de se croire les propres enfants de leurs bienfaiteurs. En 1882, deux jeunes filles, ainsi confiées sous réserve de tutelle, ont hérité l'une de 500.000 francs et l'autre de 60.000 francs de rentes.

En dehors de l'Assistance publique, une quantité d'œuvres charitables tendent à s'occuper des orphelins. Cependant l'étiquette d'*Orphelinat* s'applique à des établissements multiples, très variés dans leurs tendances, très inégaux dans leur valeur sociale. Avant de nous expliquer plus nettement à ce sujet, il convient d'envisager la situation des enfants orphelins. Les orphelins sont enfants légitimes ou enfants naturels ; ils sont en bas-âge, c'est-à-dire âgés de moins de douze ans, ou bien ils ont dépassé cet âge et sont entrés dans l'adolescence.

La grande erreur, en matière de charité, est d'assimiler l'enfant orphelin à l'enfant pauvre, encore en possession d'une famille honorable, mais dénuée de ressources. Pour l'enfant pauvre, l'Orphelinat est une institution bienfaisante ; pour l'orphelin, l'éducation en internat est une mauvaise chose, surtout pendant la période de l'adolescence. Il en est de même du moralement orphelin, c'est-à-dire de l'enfant de parents indignes ; cette dernière dénomination n'est pas encore officielle, mais la loi instituant la déchéance paternelle ne devant pas tarder à être votée, nous l'admettons parce qu'elle correspond à une classe de petits êtres nombreux et intéressants qu'il convient de ne pas négliger.

La distinction entre orphelins légitimes et orphelins naturels, l'Assistance publique ne la connaît pas, mais les portes de la plupart des établissements congréganistes ne s'ouvrent qu'aux orphelins légitimes. Les œuvres laïques n'admettent pas avec juste raison cette recherche du péché originel, dont sont victimes les seuls enfants, qui certes n'ont pas demandé à naître dans ces conditions.

L'âge de l'orphelin rend sa situation très diverse; au-dessous de douze ans, l'enfant, étant faible et de plus astreint à l'instruction élémentaire, est un être non seulement improductif mais encore coûteux. A partir de douze ans, au contraire, il produit, peu tout d'abord, mais, après un apprentissage de deux à trois ans, son travail couvre et au delà les dépenses de son entretien. Or, chose digne de remarque, l'âge d'admission des enfants dans la plupart des Orphelinats tend presque toujours à se rapprocher de cette limite de douze ans ; si les établissements congréganistes reçoivent généralement les orphelins de 7 à 10 ans, il y a tout lieu de croire que les préoccupations religieuses sont pour beaucoup dans cette détermination.

Il convient cependant de noter que quelques asiles dirigés par les sœurs de Saint-Vincent de Paul accueillent les orphelins ou les orphelines dès l'âge de 2, 4 ou 5 ans. Quelques-uns également ont des places gratuites à leur diposition, mais c'est le très petit nombre. Dans la plupart des établissements, il faut payer de deux à quatre cents francs par an pour l'entretien d'un enfant. Si l'on considère ce que nous avons dit plus haut au sujet de la production et du rendement de travail des apprentis, on a peine à considérer ces orphelinats comme des établissements charitables. Je n'avance pas ce fait à la légère ; les admirables travaux du Sénat sur la question de l'enfance en font foi ; M. Théophile Roussel est là pour en témoigner ; c'est toujours à lui qu'il faut recourir lorsqu'il s'agit de se retrancher derrière une autorité indiscutable. Voici de quelle façon s'exprimait l'honorable sénateur dans un discours prononcé par lui en 1887 :

Ces œuvres presque innombrables d'assistance libre, dont l'enquête de 1881 a constaté l'existence, n'ont pas été partout le produit d'un élan de charité également pur, d'une philanthropie également dégagée de calculs intéressés et également digne, par conséquent, de la confiance sans limites avec laquelle la société leur a livré son trésor le plus précieux, l'éducation de l'enfance. On peut avoir une idée de la situation sur laquelle le Sénat a voulu, il y a cinq ans, porter la lumière, avant d'y exercer l'action de la loi, par ce fait que près de la moitié des orphelinats existants, existent sans autorisation, sans aucune situation légale,

sans aucunes relations avec l'autorité publique, qui les to-
lère, semble souvent les ignorer, et semble souvent aussi
ignorée par eux, à tel point qu'ils agissent comme en vertu
d'un droit incontesté, en refusant les explications qu'elle
leur demande, et en n'admettant pas les délégués qu'elle leur
envoie. Des exemples n'ont pas manqué dans l'enquête.
Plus d'un chef d'établissement a renvoyé le questionnaire
sans réponse. D'autres ont répondu qu'ils n'avaient pas de
compte à rendre. Voici ce qu'écrivait la directrice d'un établissement réunissant cent dix filles, en partie mineures :
« Ma maison, bien qu'appelée Saint-Joseph, comme les
grands magasins de ce nom, est une maison de commerce ;
elle ne reçoit ni dons, ni legs. Je paie ma patente ; je ne
vois pas de nécessité de répondre au questionnaire ministériel. » Ce qui m'a surpris le plus, je l'avoue, ce n'est pas
la revendication de la liberté de son commerce par une
femme exploitant la main-d'œuvre de filles mineures ; c'est
la conduite de l'administration s'adressant à cette commer-
çante comme à une directrice d'œuvre de charité, et parais-
sant admettre, avec elle, qu'elle est en règle avec la morale, parce qu'un aumônier est attaché à sa maison, et
qu'elle est en règle avec la loi, puisqu'elle paye sa patente.

L'enquête a révélé, sous le nom d'*Orphelinats*, bien d'autres établissements d'un caractère mercantile non moins
marqué, vis-à-vis desquels les représentants de l'autorité
publique se conduisaient, sept ans après la promulgation
de la loi (du 19 mars 1874) *sur le travail des enfants et des
filles mineures employés dans l'industrie*, comme si cette loi
protectrice n'avait pas existé.

Un assez grand nombre de ces établissements transformés en *maisons de commerce*, pour leur donner leur vrai nom, ont eu, à leurs débuts au moins, le caractère d'œuvres de charité. Par un vice d'organisation, et surtout par le manque de ressources, la préoccupation du gain a dominé bientôt la pensée charitable, et tout a été calculé, dans les règlements et les pratiques, pour obtenir le plus de revenu possible du travail des enfants.

L'enquête a établi que, pour tous les orphelinats dont l'existence n'a pas été solidement assise sur des dotations, ou n'est pas entretenue par des dons réguliers, le travail des enfants est la ressource principale et souvent la ressource unique. Dans la grande généralité des orphelinats dits *industriels*, un travail excessif est tellement admis comme loi, que les meilleurs directeurs en parlent comme d'un fait naturel.

Voici quelques lignes d'une lettre écrite en réponse au questionnaire, par un honorable fabricant, propriétaire d'un des orphelinats industriels les mieux notés par l'administration dans le rayon de Paris. Parlant au préfet des cent cinquante jeunes filles (dont plus de cinquante de moins de douze ans) qu'il faisait travailler sous la surveillance des sœurs de Saint-Vincent-de-Paul, il disait : « Elles sont occupées au devidage et au travail de la soie de huit à neuf heures par jour; elles ont toujours une heure de classe et une heure de couture, après tous les travaux du ménage. » Ainsi, des enfants au-dessous de douze ans sont réglementairement assujetties, tous les jours, à onze heures de travail sédentaire sans compter tous les travaux du ménage, et l'établissement où ce régime est en vigueur, au détriment de la santé et de l'éducation, est un des meilleurs parmi les orphelinats industriels.

On ne peut pas ne pas avoir été frappé, dans les chiffres que j'ai empruntés à l'enquête de 1881, de la supériorité numérique des orphelinats congréganistes, et surtout de l'énorme supériorité numérique des établissements de filles sur ceux de garçons. Dans la riche nomenclature des œuvres catholiques, toutes celles qui portent les noms du *Bon-Pasteur*, du *Sacré-Cœur*, de la *Miséricorde*, de la *Providence*, de *Sainte-Madeleine*, de *Marie-Joseph*, etc., sont consacrées aux filles, et moins encore en vue de leur éducation proprement dite que de leur réformation morale et religieuse. De tout temps, la charité catholique, dont les développements ont devancé de si loin l'évolution moderne de l'assistance laïque, a marqué sa prédilection pour la correction des filles; et l'on est encore frappé, en examinant les pièces de l'enquête, du contraste entre le zèle fervent de la charité congréganiste, pour la réformation morale des filles, et le délaissement complet dans lequel, à ce point de vue, elle abandonne les garçons aux maisons d'éducation correctionnelle ou à la prison, qui sont encore, à l'heure actuelle, leur seul refuge largement ouvert.

Pour compléter ce tableau, il nous faut revenir sur la condition morale des enfants placés dans ces orphelinats, sans plus insister sur le côté matériel. Les enfants pauvres, issus de familles honorables qui continuent à s'en occuper aussi activement que le placement dans un établissement de ce genre leur en laisse la faculté, en tirent de bons avantages parce qu'à leur sortie ils retournent dans leur famille au milieu de laquelle ils trouvent un sérieux appui, parce qu'ils ne sont pas abandonnés à eux-mêmes, en proie à toutes les défaillances et à tous les découragements.

Chez l'orphelin, l'isolement d'un côté, et l'uniformité de l'existence qui lui est faite, d'autre part, empêchent tout esprit d'initiative de se produire et de se développer. A peine sorti de l'orphelinat, qui généralement n'a pas institué de patronage pour continuer à veiller sur lui, les difficultés de la vie l'étonnent et l'irritent. Il fait une comparaison entre la quiétude dont il jouissait et l'embarras que lui cause sa nouvelle situation ; il abandonne une place médiocre pour une plus mauvaise; il prend des habitudes d'instabilité et, n'ayant d'attachement pour rien, finit par voir germer en lui l'égoïsme, qui lui procurera peut-être des satisfactions matérielles, mais qui tarira dans son cœur la source des joies pures de l'amour, de l'amitié, du dévouement.

Tout autre est la condition de l'orphelin placé en apprentissage dans un milieu vivant, où il peut se créer des amitiés d'enfance, souvent les plus durables, qui seraient pour lui un précieux appui à l'heure des luttes réelles. Etant habitué dès son jeune âge à envisager l'existence par ses côtés les plus rudes, il ne risque pas ensuite de s'effarer quand il s'agit de faire montre de sa personnalité.

Je ne puis passer en revue toutes les œuvres instituées par la charité privée pour l'adoption des orphelins. Quelques-unes, telles que l'*Orphelinat des Arts*, ou l'*Orphelinat de l'Enseignement primaire*, ont un caractère spécial qui les font s'adresser uniquement à une catégorie nettement déterminée d'orphelins. J'aurai sans doute à y revenir au cours d'autres études. Ici je ne puis embrasser que des généralités, je m'arrêterai donc à l'œuvre qui me semble la plus typique : l'*Orphelinat de la Seine*, fondé après la guerre de 1870 et les événements de 1871 pour recueillir les orphelins de cette période fatale.

Ce qui distingue cette œuvre, ce n'est pas le nombre considérable de ses pupilles, — elle n'en compte que 125, — c'est l'esprit d'après lequel elle fonctionne. L'œuvre était bien modeste à l'origine. Elle naquit grâce à la philanthropie d'un homme de bien qui, frappé du grand nombre d'orphelins et d'abandonnés qu'on comptait alors, sollicita et obtint de la municipalité du 17e arrondissement une allocation au moyen de laquelle il créa, dans une rue obscure des Batignolles, un refuge pour quelques enfants. Cet homme était M. Buisson, devenu directeur de l'enseignement primaire au ministère de l'instruction publique.

Un changement de municipalité amena la suppression de la subvention charitable ; les enfants allaient se trouver sur le pavé. M. Buisson commença par leur chercher un lieu d'asile ; il le trouva à Cempuis, dans le département de l'Oise, chez un vieillard bienfaisant, M. Prévost, dont le nom était déjà attaché à la création d'un orphelinat agricole. Puis, M. Buisson se mit à l'œuvre ; il fit appel à tous ceux qu'il savait hommes de cœur, sans distinction de partis, ni de religions ; l'orphelinat de la Seine fut fondé.

Ses ressources ne lui permettant pas de faire grand, l'OEuvre s'ingénia à faire le plus de bien avec le moins d'argent possible. Recueillant des orphelins dès l'âge de quatre ans, elle ouvrit pour eux des garderies disséminées dans Paris ; il y a deux ans seulement que ces garderies ont été remplacées par un établissement créé à la Varenne-Saint-Maur.

J'ai dit que cet Orphelinat était typique, c'est qu'en effet son système est le plus rationnel ; il prend les enfants et en fait deux grandes catégories : ceux qui ont moins et ceux qui ont plus de treize ans. Il ne repousse pas les tout petits en

bas âge, qui sont précisément ceux qui ont le plus
besoin de sollicitude. Si son budget le lui permet-
tait, j'ai la conviction que l'enfant serait accueilli
à tout âge, même s'il s'agissait de veiller sur lui
en nourrice.

Jusqu'à treize ans, le pupille de l'Orphelinat de
la Seine reste en internat, consacrant tout son
temps à l'instruction primaire. A partir de treize
ans, plus d'internat, le placement isolé, la mise en
apprentissage, sous le patronage direct de l'Orphelinat. Un patronage analogue est exercé sur les
orphelins par quelques autres œuvres, mais ces
œuvres manquent de ce côté charitable, qui se
manifeste surtout envers les tout petits. Elles ne
font que du patronage industriel, et ce que nous
avons à dire sur elles trouvera sa place ultérieurement.

Je veux cependant mentionner ici d'une façon
particulière l'action de la Société de protection des
Alsaciens-Lorrains, présidée par le comte d'Haussonville. Ce n'est point seulement son Orphelinat
du Vésinet que je vise, mais son caractère spécial
d'assistance pour les enfants pauvres. Quel défilé
que celui qu'elle organise chaque année pour
donner une vêture à ses centaines de petits protégés ! Quelle fête douce et consolante que celle de

l'*Arbre de Noël*, douce pour tous les humanitaires qui rêvent l'effacement des castes, la fraternité des classes, consolante pour tous les patriotes réunis autour du sapin d'Alsace dans un même sentiment de souvenir et d'espoir !

En fait d'orphelinats publics, spéciaux aux petits Parisiens, on ne compte que deux établissements. L'un est situé à Forges, près de l'hôpital d'enfants, dont nous avons déjà parlé. Il s'appelle Orphelinat Riboutté-Vitalis, des noms des bienfaiteurs qui ont laissé à l'Assistance publique les sommes nécessaires à l'entretien et à l'éducation professionnelle de quarante garçons. L'autre est un orphelinat départemental, c'est cet établissement de Cempuis que son fondateur, M. Prévost, a légué en 1874, au département de la Seine, à la charge de continuer l'œuvre qu'il avait entreprise.

Ce philanthrope était une curieuse figure ; son sentiment de la solidarité humaine était si profond, sa passion du bien si ardente, que la création de cette œuvre utile fut la pensée de sa vie entière. Il était né à Cempuis même. A dix-sept ans, il résolut d'aller chercher fortune à Paris. Son père, qui était de cette génération d'hommes fortement imprégnés d'idées humanitaires par la Révolution, lui dit, en le quittant sur la route de Paris :

— Cher enfant, je ne sais ce que l'avenir te réserve, mais, si tu arrives à un grand bien-être,
souviens-toi que tu es parti de Cempuis à dix-sept
ans, sans fortune.

Ces paroles se gravèrent dans son esprit. Dès
1824, il rêvait de fonder un orphelinat ; il était
pourtant loin encore d'avoir les ressources nécessaires à la réalisation de son projet charitable.
Courageusement il se mit à l'œuvre, parvint à
fonder une maison de commerce, travailla plus
de trente années avec opiniâtreté, et, après bien
des péripéties, des revers et des retours de fortune
nombreux, il se trouva, en 1858, en possession de
richesses suffisantes pour la réalisation de ses
projets.

En 1860, l'établissement de Cempuis fut fondé.
Il s'ouvrit d'abord pour des enfants et des vieillards ; il ne devint réellement un orphelinat qu'à
la suite des relations qui s'établirent entre M. Prévost et M. Buisson. C'est en 1880 seulement que le
département de la Seine a été appelé à en prendre
la direction. Si M. Prévost pouvait voir aujour-
d'hui les bases sur lesquelles son œuvre est constituée, il n'aurait certainement pas lieu de regretter
sa libéralité, car le système d'éducation qui s'y
trouve appliqué répond de tous points aux idées

de réforme sociale dont il était tourmenté.

C'est à l'initiative personnelle de son nouveau directeur, M. Robin, que l'Orphelinat de Cempuis a dû de devenir une œuvre très intéressante, très particulière, sans analogie avec aucun des systèmes employés jusqu'ici en matière d'éducation. Son principe hardi est l'éducation en commun des filles et des garçons, au nombre total de 180. Dès l'âge de quatre ans, on les accueille, et ils y demeurent jusqu'à 16 ans. Toutefois avant d'être reçus définitivement, les enfants sont admis à l'essai pendant un stage de trois mois, après lequel on décide s'il y a lieu de les conserver ou de les éliminer. Suivant une expression un peu recherchée, mais que je retrouve dans toutes les délibérations du Conseil général de la Seine relatives à l'Orphelinat, on ne veut y élever que des enfants « d'un atavisme supérieur. »

La vie est aussi familiale à l'Orphelinat qu'elle est laborieuse. Ce n'est pas seulement pour les élèves qu'est appliqué le régime en commun, les maîtres, pour la plupart mariés et pères de famille, vivent de la même existence que les enfants qu'ils éduquent, partageant leurs travaux, leurs plaisirs et même leurs repas. Ce qu'on s'efforce de développer chez ces orphelins, c'est l'esprit d'initiative et c'est le sentiment de la solidarité. Dans le mécanisme intérieur de l'école, chacun d'eux a sa tâche nettement déterminée, qu'il accomplit sous sa responsabilité propre. Suivant un usage adopté depuis longtemps dans les établissements congréganistes, les plus jeunes enfants sont placés sous la tutelle des plus grands, qui deviennent leurs petits papas ou leurs petites mamans, et veillent à la tenue, à la propreté, à la bonne conduite de leurs protégés.

Les enfants arrivent ainsi à se pénétrer des devoirs qu'impose la famille et à se prémunir contre les dangers de l'égoïsme que je signalais précédemment. S'ils se font remarquer par leur intelligence ou leurs bons sentiments, on étend leurs attributions en leur confiant une petite famille, un groupe d'enfants qu'ils doivent diriger, dont ils tranchent les différends, dont ils règlent les occupations. Tous les rôles leur sont distribués de façon à réduire au minimum l'action du personnel. Le matin, les uns sonnent le réveil au clairon ; d'autres ont la charge de faire une ronde le soir, pour s'assurer que portes et fenêtres sont bien fermées ; les uns remontent les pendules, et les règlent à l'aide du cadran solaire, tandis que d'autres ont pour mission de relever chaque jour les phénomènes météorologiques et de transmettre ces observations au bureau central à Paris.

L'entretien et le bon ordre de la maison sont ainsi assurés de la façon la plus rationnelle. A l'école, à l'atelier, à la ferme, aux champs, ce système méthodique trouve une application également heureuse. Commencer dès l'enfance l'apprentissage de la vie, traiter les enfants comme des hommes, leur en faire pratiquer autant que possible les droits et les devoirs, tel est le but que s'est proposé le Conseil général de la Seine, en adoptant les règles de l'éducation préconisée par M. Robin.

A Cempuis, la vie au grand air est de règle. Les bains froids, la gymnastique, les exercices du corps, les promenades à travers champs, les excursions parfois lointaines, les travaux manuels alternent avec la pratique des arts d'agrément, comme la musique vocale et instrumentale, avec l'apprentissage de métiers comme la typographie, la reliure, le modelage, la menuiserie, la confection des vêtements, le travail du fer et du zinc, ou avec l'enseignement primaire auquel on adjoint la sténographie, l'anglais, la comptabilité, la versification, etc.

N'abordant ici que la question de la protection

de l'enfance parisienne, je ne puis poursuivre aussi longuement que je le voudrais l'exposé du système pédagogique de l'Orphelinat Prévost. Il était cependant difficile de ne point signaler les traits caractéristiques de cette œuvre qui vise à être le point de départ d'une réforme capitale pour l'éducation des jeunes enfants.

XIV

L'ÉLEVAGE ARTIFICIEL

Un tableau éloquent. — L'hôpital à créer. — Le mouillage du lait. — Le rôle du bicarbonate de soude. — Les vacheries des nourrisseurs. — Un projet de vacheries-modèles. — L'aveuglement maternel.

Si la charité a en quelque sorte un champ d'action illimité, c'est réellement en ce qui concerne l'enfance ; plus on fait pour elle, et plus on s'aperçoit qu'il reste à faire. Le sujet que nous allons aborder, dans les chapitres suivants, en sera une triste constatation. Le lecteur se souvient-il qu'après lui avoir décrit le fonctionnement de la couveuse artificielle, j'ai déploré l'absence d'un hôpital ouvert aux tout jeunes enfants, presque aux nouveau-nés, malades non point d'une affection aiguë mais des suites d'une mauvaise alimentation jointe à la prédisposition morbide de leur faiblesse congénitale.

La première fois que j'eus une idée très nette de cette situation fâcheuse, ce fut au cours d'une assemblée générale de la Société pour la propagation de l'allaitement maternel, à laquelle j'assistais, perdu au milieu d'une élégante assistance. La présidence était dévolue au docteur Cadet de Gassicourt, médecin de l'hôpital Trousseau, qui, en cette qualité, dut prendre la parole. Voici le passage de ce discours qui m'avait particulièrement frappé :

Aimez les enfants, disait-il aux dames visiteuses et patronesses groupées autour de leur présidente, madame Léon Béquet ; aimez les enfants, car ils ont tous besoin de tendresse. Mais réservez le meilleur de votre cœur à ceux des pauvres, des déshérités, des abandonnés, des misérables. Songez aux tortures d'une malheureuse mère qui voit son enfant mourir, faute de soins, d'une maladie qui pourrait guérir. Et encore, pour celle-là, il y a l'Assistance publique, il y a l'hôpital. Mais quelle souffrance plus atroce encore pour celle dont l'enfant meurt de faim faute de nourriture, c'est-à-dire faute de lait!

De quels regards navrés elle suit les progrès de l'athrepsie, de l'affreuse athrepsie qui plisse la peau, qui atrophie les muscles, qui fait saillir les os, qui tire les traits, qui agrandit les yeux et les allume d'un feu sombre, qui rend ces pauvres petits êtres semblables à des vieillards, ou plutôt à des cadavres! Et ne supposez pas que la misère ait assez desséché le cœur de ces pauvres mères pour leur faire supporter l'horreur de ce spectacle et le désespoir de cette mort. Je peux bien vous le dire, moi à qui on les apporte si souvent à l'hôpital. Je les vois, ces malheureuses femmes; elles arrivent avec une voisine chargée de soutenir leur courage et de m'expliquer la situation; car, souvent, les sanglots éteignent leur voix et embrouillent leurs paroles. Elles s'asseyent devant moi, elles me répondent, elles détachent les misérables langes qui enveloppent un avorton d'enfant, et elles étalent à mes yeux un être à peine vivant, dont chaque respiration semble être le dernier soupir.

Et qu'aurait-il fallu pour que ces joues creuses fussent remplies, pour que ces yeux d'un éclat métallique fussent veloutés et doux, pour que ces membres grêles fussent arrondis, pour que cet enfant mort fût un enfant vivant? Un peu de lait, mais un peu de lait maternel. Car il ne faut pas croire que ces malheureuses femmes ne fassent pas ce qu'elles peuvent pour sauver leur enfant. Elles font tout, au contraire, excepté la seule chose utile; elles lui donnent du lait acheté à la crèmerie voisine; elles lui donnent des farines hygiéniques, et même, dans l'aveuglement de leur tendresse, elles lui font manger trop souvent de la soupe et du pain qui, loin de prolonger la vie, hâtent encore la mort.

Que de questions soulevées en si peu de mots! D'abord, que faire pour ce malheureux enfant athreptique? Le meilleur des médicaments en son état, le lait de femme, continuera à lui manquer. Il faudrait que l'hôpital à créer, l'hôpital des nouveau-nés, pût le recueillir; là il trouverait des nourrices sédentaires pour lui donner le sein jusqu'à ce qu'il fût hors de danger, c'est-à-dire en état de supporter l'allaitement artificiel ou encore le sevrage.

Mais, en dehors de cette création à effectuer, ne diminuerait-on pas le nombre des décès par athrepsie (3,471 décès d'enfants de 1 jour à 1 an par athrepsie pendant l'année 1887) en s'efforçant de leur procurer de bon lait naturel.

Je ne referai pas ici l'éloge de l'allaitement maternel ou le procès de l'allaitement artificiel. Quoi qu'on fasse, ce dernier existera toujours par la force des choses. Ce qu'il faut, c'est en réduire les dangers ; montrer aux mères comment, en se servant de mauvais biberons, elles risquent d'empoisonner leurs enfants; leur dire que le meilleur appareil est celui qui a le moins de caoutchouc ; leur prescrire le nettoyage constant de toutes les parties dont il se compose ; leur enseigner que le biberon ne doit pas servir à encourager la paresse de la mère au moyen du gavage de l'enfant, qu'il en est du biberon comme du sein, qu'il faut régler les heures des tétées et ne point laisser les enfants s'endormir avec leur biberon dans leur lit. Que sais-je encore ?

Si l'on ne peut donner que des conseils en ce qui regarde le biberon, on peut agir avec fermeté pour empêcher l'odieux mouillage du lait, qui transforme cet aliment en un liquide dont une analyse chimique seule peut exactement déterminer la nature. Le lait vendu à Paris peut se diviser en trois catégories : le lait à 70 et 75 centimes, vendu dans des boutiques installées dans les quartiers riches et provenant des fermes de la banlieue de Paris, d'où on l'expédie matin et soir à la maison de vente ; le lait à 40 et 50 centimes, fourni par les vacheries installées dans les faubourgs ; le lait à 20 et à 30 centimes, arrivant de la grande banlieue de Paris, dans un rayon de plus de 100 kilomètres, dont j'ai trop longuement étudié, dans un précédent ouvrage (1), le mode d'expédition, pour y revenir ici.

Ce lait à 20 et à 30 centimes est non seulement écrémé par le producteur qui est généralement fabricant de fromages et de beurres, mais il est mouillé par le crémier, sans remords et sans hésitations. Parfois, le garçon laitier, chargé de prendre livraison du lait en gare pour le répartir entre les crémiers, s'en mêle aussi. En 1881, une rafle gigantesque fut organisée par les soins du

(1) *L'Estomac de Paris*, 1 volume. (E. Kolb, éditeur, Paris.)

laboratoire municipal. En pleine nuit, cinquante
voitures de laitiers furent arrêtées toutes à la fois
à leur sortie d'une gare; le résultat de cette opération fut incroyable et montra sur quelle échelle
la fraude et le mouillage se pratiquaient au détriment de la santé publique.

Les crémiers s'occupent peu de cela. Ce qui
leur importe, c'est que leur lait ne tourne pas,
parce que c'est une perte pour eux et qu'il y va de
leur réputation. Aussi, ne se font-il pas faute d'y
ajouter les 50 centigrammes de bicarbonate de
soude qu'on leur permet d'y diluer pour la conserva-
tion du liquide. Tant qu'ils s'en tiennent à cette dose,
il n'y a pas de fraude. Mais, par malheur, le laitier
en gros et le producteur ont, eux aussi, usé de
cette tolérance, de telle sorte qu'à l'analyse, on
trouve des quantités inouïes de bicarbonate de
soude dans le lait, sans que, pour cela, personne
soit répréhensible.

Demandons au Dr Ollivier ce qui en résulte. C'est
lui qui est le mieux en mesure de le savoir, car
c'est lui que le Conseil d'hygiène a chargé de
répondre à la demande d'enquête formulée par le
préfet de police sur l'épidémie de choléra infantile
survenue pendant l'année 1887.

L'addition du bicarbonate de soude, dit-il dans son rapport, est nuisible; il y a bien longtemps qu'on le sait. J'ai dit ailleurs quelle énorme quantité avait été trouvée, au Laboratoire municipal, dans certains laits. Les falsificateurs le tiennent en médiocre estime, le Laboratoire municipal. C'est une institution diabolique, une entrave apportée à la liberté du commerce. C'est vrai, quand on entend le commerce comme eux. Tous ceux qui considèrent la salubrité des denrées alimentaires comme une question vitale dans l'hygiène d'une grande ville, sont, au contraire, unanimes à rendre hommage aux services qu'il a rendus et qu'il rend chaque jour.

Mais le débitant de lait qui croit avoir réalisé un progrès sérieux en gardant bien liquide, pendant plusieurs jours, un lait écrémé et mouillé, comprendra difficilement comment certaines personnes peuvent regarder comme une chose nuisible un pareil progrès, d'autant mieux qu'il l'aide à grossir ses profits. Il n'y a qu'un moyen de faire vite son éducation à cet égard : c'est de lui dresser des procès-verbaux. Il n'y a qu'un endroit où il puisse bien apprendre l'action, sur l'économie, du bicarbonate de soude introduit dans le lait : la police correctionnelle.

A cet égard, la lumière est faite depuis longtemps. Le bicarbonate de soude n'empêche le lait de tourner que parce qu'il neutralise l'acide lactique à mesure qu'il se produit. Les mères qui croient bénévolement donner un aliment à leurs enfants, leur administrent un purgatif, et elles en répètent inconsciemment l'administration plusieurs fois par jour. Quand elles font bouillir le lait, et cela arrive souvent, c'est pire encore : à 70°, le bicarbonate de soude perd de l'acide carbonique et se transforme en carbonate de soude; plus on élève la température, plus cette transformation est marquée; de telle sorte que le lait de bon nombre de nourrissons de Paris est un apozème blanc dont le principe actif est le lactate de soude, un purgatif en solution dans de la lessive pure et simple au carbonate de soude, déjà purgative elle-même.

Et le Dr Ollivier conclut :

Personne ne sait à combien de convois d'enfants correspondent les bénéfices illicites d'un crémier sans scrupules, réalisés dans le cours d'un seul été ! Il faut faire des procès, toujours, quand même, partout, à ceux qui mettent de l'eau dans le lait ; plus les magistrats infligeront de milliers de francs d'amende et de mois de prison, mieux cela vaudra. Le falsificateur est un être nuisible, qui veut gagner et gagne sans se préoccuper s'il tue : c'est un contrebandier pire que ceux de la frontière, car, eux, au moins, luttent à main armée contre des hommes armés, tandis que l'honorable petit boutiquier, qui double son gain, sans bruit, sans course hasardeuse dans la montagne, en faisant tout doucement, en dehors des regards curieux du public et des agents de l'autorité, une cuisine très productive, répand presque sûrement la destruction, non pas parmi des adversaires, mais parmi ses voisins et ses clients. A l'ignorance, à la sottise, à la superstition, nous ne pouvons opposer que des avertissements. Ce qui tient à la sophistication, à la rapacité, tout cela peut être réprimé, il faut le réprimer.

Quand on a fait toutes ces réflexions avec le Dr Ollivier, on ne peut s'empêcher d'avoir le cœur serré en trouvant sur son chemin une affiche blanche placardée à la porte d'un crémier, mentionnant sa condamnation à quelques francs d'amende pour le rachat de tous les infanticides qu'il peut avoir sur la conscience.

Après avoir lu de telles affiches, beaucoup de mères se mettent en quête d'un nourrisseur pour avoir un lait pur et sain. Certaines, rendues défiantes, se rendent elles-mêmes à la vacherie sans jamais surprendre ce petit tour de passe qui consiste, pour le nourrisseur, à traire sous les yeux du client dans un vase d'étroite encolure, lesté préalablement avec une convenable quantité d'eau.

On compte aujourd'hui dans Paris en chiffres ronds 500 vacheries, formant un troupeau de près 7,000 vaches (1). Sur ce nombre 100 vacheries avaient moins de 10 vaches en 1887, 300 autres possédaient de 10 à 20 vaches, 100 enfin dépassaient ce chiffre de 20; dans le total, il y en avait 3 ayant 40, 51 et 57 vaches, sans parler du Jardin d'Acclimatation qui en élève plus de 80.

La stabulation des vaches à Paris a lieu le plus souvent dans de mauvaises conditions. Une fois entrées dans leurs étables, elle n'en sortent que

(1) Travaux du Conseil d'hygiène. M. Armand Goubaux, rapporteur.

pour aller à l'abattoir, restant attachées au même râtelier pendant un an, 18 mois même, sans être jamais mises non pas au pâturage, mais à l'air dans une cour.

Pendant la belle saison, les nourrisseurs cultivent des terrains aux environs de Paris et ils donnent des aliments verts à leurs vaches, mais durant l'hiver, ils les nourrissent de betteraves et de *drèche*, ce résidu des brasseries composé de seigle, de maïs et d'orge maltée. Il faut que la vache donne beaucoup de lait; voilà l'essentiel; au reste, peu importe qu'elle ait une pneumonie, qu'elle soit phtisique ou aphteuse.

Il ne faudrait pas croire, que je charge ce tableau à plaisir; lorsque j'ai à critiquer ou à faire des constatations désolantes, j'aime toujours à me retrancher derrière des autorités indiscutables, spécialement en ce qui concerne le point de vue médical pour lequel je ne saurais avoir la compétence désirable. Or, en l'espèce, les procès-verbaux de visite des vacheries des membres du Conseil d'hygiène sont beaucoup plus pessimistes. On y constate que la litière est sale, que les bêtes ont les trayons souillés, que les seaux sont mal tenus, que l'aération des étables est insuffisante, quand elle n'est pas annihilée à dessein, pour entretenir autour des animaux une atmosphère lourde et chaude qui augmente la production du lait, on devine à quel prix.

En voilà assez sur ce triste sujet. Combien M. Charles Girard, directeur du Laboratoire municipal, avait raison, en 1885, d'insister sur la nécessité de créer à Paris des laiteries modèles comme il en existe à Stuttgard, à Francfort-sur-le-Mein, à Nice, etc. Ces laiteries fourniraient un aliment excellent aux enfants malades ou pauvres, et la livraison en aurait lieu sur la présentation de jetons délivrés par l'Assistance publique. Nous appelons de tous nos vœux cette utile création.

Une autre grande cause de mortalité des enfants, c'est l'inexpérience, l'entêtement dans des pratiques ridicules, que manifestent un grand nombre de mères. Elles sont toutes animées des meilleures intentions, mais toutes aussi sont enragées pour appliquer à tort et à travers toutes les panacées qu'elles peuvent recueillir dans leur entourage et dont l'effet est la plupart de temps déplorable. Ce n'est pas contre les nourrices que les médecins-inspecteurs de la préfecture de police ont à lutter, mais contre les parents. Le service d'inspection finit par avoir raison des premières; mais il reste désarmé à l'égard des parents ignorants et jaloux

néanmoins de faire prévaloir leurs volontés irrai-
sonnées. Je ne citerai qu'un fait signalé, entre cent
autres, par un médecin-inspecteur; il est typique.
Il s'agit d'une mère qui administrait, chaque dimanche, une ration de vin à sa petite fille, âgée de
sept mois.

— C'est du bon, disait la mère, je m'y connais,
je suis marchande de vin.

Et la nourrice avait beau résister, rien n'y faisait; elle résistait d'ailleurs en connaissance de
cause, car, tous les lundis, elle était obligée de soigner l'enfant tombée malade. Quelques enfants,
mis à ce régime de sevrage forcé, d'alimentation
prématurée, persistent à vivre, mais combien suc-
combent, qui auraient certainement vécu sans cette
pratique néfaste de donner à un malheureux bébé
l'alimentation d'un adulte!

XV

LES ENFANTS MALADES

Les maladies contagieuses et leurs modes de propagation. —
Un hospice de dépôt. — La contagion à l'école. — Le danger
anonyme. — Le service externe d'assistance. — Les dispensaires. — La vaccination. — Le traitement interne. — Les
pavillons d'isolement. — Les écoles de teigneux.

Je ne puis passer en revue toutes les maladies
qui viennent décimer l'enfance à Paris; je m'en
tiendrai à celles que leur caractère contagieux font
spécialement redouter et dont on ne préserve pas
les enfants avec toute la sollicitude désirable. Il est
par exemple passé à l'état d'axiome populaire que
la rougeole est une maladie inévitable, nécessaire
même pour les enfants, et l'on ne fait rien pour
leur épargner la contagion. Or la médecine moderne s'inscrit en faux contre ce préjugé, et, en
admettant qu'il n'y ait nul moyen pour l'enfant
d'être jamais préservé de cette maladie, les statis-

13.

tiques démontrent nettement que la mortalité par la rougeole diminue en même temps que s'élève l'âge des malades.

Pour toutes les affections contagieuses de l'enfance, la maladie se prend de trois façons différentes : à domicile, à l'école ou à la consultation. Qu'il s'agisse de rougeole, de scarlatine, de variole ou de diphtérie, c'est tout un, mais avec une accentuation de gravité suivant la maladie.

Peut-on empêcher les parents d'un enfant malade de le soigner chez eux? Peut-on l'arracher de leurs bras pour l'envoyer dans un hôpital? Nul n'y songe évidemment. Et cependant, il y a dans la même maison d'autres enfants qui circulent; il y a des personnes ayant approché l'enfant malade qui vont et viennent par l'escalier de cette maison; il y a peut-être même, dans l'appartement ou le logement, des frères et sœurs, à qui l'on interdit, j'aime à le croire, l'accès de la chambre du malade, mais qui n'en sont pas moins aptes à prendre et à semer la contagion. Il faudrait que dès le premier instant on pût écarter tous les enfants sains, d'une maison où est soigné un petit contagieux.

C'est ce que recommandent d'ailleurs tous les médecins lorsqu'ils sont appelés dans une famille, dans un cas semblable. Mais, lorsqu'il s'agit de petits ménages, la réponse n'est que trop souvent désespérante et désespérée. ·

— Où voulez-vous que nous envoyions nos autres enfants? demandent-ils. Connaissez-vous qui voudra s'en charger? On n'en veut même pas à l'école.

Il faudrait qu'on pût leur répondre : Envoyez-les à tel endroit, c'est-à-dire dans un hospice ouvert à cet effet. L'hospice des Enfants Assistés reçoit déjà en dépôt les enfants dont les parents sont en prison et à l'hôpital. Il est vrai que la plupart des parents répugneraient à l'idée d'envoyer leurs enfants rue Denfert-Rochereau. Aussi ne proposons-nous pas ce moyen.

Depuis plusieurs années, le directeur de l'Assistance publique s'élève contre les inconvénients de toute nature que présente la réunion à l'hospice dépositaire de catégories d'enfants recueillis dans des destinations et pour des motifs très différents : *Enfants secourus, Enfants assistés, Enfants moralement abandonnés, Enfants en dépôt.* Tous les ans, il réclame la création d'établissements spéciaux pour chaque catégorie d'enfants. La grande utilité en est reconnue, mais les nécessités budgétaires font loi et ajournent les *desiderata* administratifs. Il arrivera cependant un moment où il

faudra réaliser cette création. Je demande que dans
l'asile qui sera ouvert aux enfants, en dépôt par
suite de la maladie ou de la condamnation de leurs
parents, on crée une division réservée aux frères
et sœurs des petits malades soignés à domicile.
L'Assistance publique recueillerait gratuitement les
enfants des parents pauvres; pour ceux de familles
plus ou moins aisées, elle réclamerait un prix de
journée, comme elle le fait pour les enfants malades
que leurs parents consentent à envoyer à l'hôpital.

Voilà pour la contagion à domicile; passons à
la contagion de l'école. Elle a lieu fréquemment et
cependant les écoles primaires de la ville de Paris
sont soumises à une surveillance médicale et hygiénique, qui ne remonte pas à moins de 1836. Ce
n'est toutefois que depuis dix ans que ce service
d'inspection a été solidement établi. Un arrêté du
28 octobre 1885 a groupé les écoles de Paris et de
la banlieue en 166 circonscriptions, ayant chacune
à leur tête un médecin-inspecteur.

Les titulaires de ces postes de confiance se sont
réunis en une Société ayant pour but l'étude de
toutes les questions afférentes à l'hygiène scolaire.
Voilà trois ans que cette Société fonctionne, elle a
permis de coordonner, de classer toutes les observations des médecins-inspecteurs; des commissions

ont été nommées pour élucider les questions controversées tant au point de vue médical qu'au point de vue administratif; la rédaction d'un travail d'ensemble a été confiée au Dr Blayac, en 1888. Il a abouti à un projet de réorganisation très minutieux dans lequel nous ne pouvons à grand regret suivre le rapporteur, mais qui témoigne de l'importance que les médecins attachent à la mission qui leur est confiée.

Je reviendrai dans la suite de cet ouvrage sur leur rôle; je m'en tiens ici aux maladies contagieuses, parmi lesquelles les médecins-inspecteurs des écoles distinguent quatre groupes: en première ligne, les fièvres éruptives, la *rougeole*, la *scarlatine*, la *variole*, et, à côté, les *oreillons*.

Dans le deuxième groupe figurent : la *diphtérie*, la *coqueluche*, la *tuberculose pulmonaire*, la *grippe*, la *stomatite membraneuse*, la *dysenterie* et la *cholérine*. Viennent ensuite les maladies contagieuses des yeux : les *ophtalmies catarrhale*, *purulente*, *granuleuse*, etc. Puis les affections cutanées parasitaires : la *gale*, l'*herpès tonsurant* ou *circiné*, la *teigne*, la *pelade*, l'*impetigo*, etc. Enfin les maladies nerveuses, contagieuses par imitation : la *chorée*, l'*épilepsie*, l'*hystérie*.

Les instituteurs ont pour mission d'éloigner des

écoles les enfants, qui leur paraissent être momentanément malades. Ils ont à cet effet entre les
mains une liste des maladies présentant un caractère contagieux, avec l'indication des symptômes,
qui en marquent la période d'incubation. Mais,
pour ne prendre que deux exemples, les instituteurs peuvent-ils toujours soupçonner le début
d'une rougeole dans un commencement de rhume
de cerveau, ou bien encore une diphtérie dans un
mal de gorge ? Si le danger existe dans une école
publique, c'est bien autre chose dans une école
privée, placée, il est vrai, par la loi de 1886, sous
la juridiction médicale de l'inspecteur, mais le plus
souvent d'une façon illusoire.

De la contagion à l'école et à domicile résulte
une contagion indéterminable. Un enfant peut être
contaminé en rentrant dans un appartement qu'on
n'a pas désinfecté à l'acide sulfureux après y avoir
traité une maladie contagieuse. Bien plus terrible
encore est cette contagion anonyme, si je puis
dire, dont voici un terrible exemple :

Le docteur Parrot, le regretté médecin de l'hospice des Enfants-Assistés, fut appelé un jour dans
une famille dont les trois enfants étaient malades ;
tous trois étaient atteints d'angine diphtérique ; tous
trois moururent. Très frappé par cette coïncidence,

le docteur Parrot rechercha l'origine de la contagion. Il arriva à établir que, peu de jours avant, les trois enfants avaient été conduits en promenade pendant une après-midi dans une voiture qui, le matin, avait servi au transport à l'hôpital d'un jeune diphtérique. Ne voilà-t-il pas un exemple épouvantable!

Le docteur Ollivier qui a cité ce cas au Conseil d'hygiène n'a pas manqué de faire remarquer qu'un certain intervalle s'était écoulé entre le moment où le cocher avait débarqué le premier enfant et celui où d'autres étaient montés dans sa voiture, que par conséquent l'agent de la contagion enfermé dans un espace restreint avait conservé plusieurs heures son activité.

L'obligation d'accomplir une période réglementaire d'instruction militaire m'a donné, pendant une quinzaine de jours, l'occasion de faire au sujet de cette contagion par les voitures publiques, les plus tristes réflexions. Chaque matin, je prenais place dans un omnibus passant à la porte d'un hôpital pour les enfants. De huit heures à dix heures du matin, il y avait régulièrement dans chaque voiture, de deux à cinq enfants, atteints des affections les plus diverses depuis la teigne jusqu'à la diphtérie, en passant par la rougeole. Les cochers de

cette ligne sont si bien habitués à ce transport ma-
tinal, qu'ils s'arrêtent d'eux-mêmes à la porte de
l'hôpital. Parfois il y avait des enfants sains dans
l'omnibus, assis côte à côte avec les petits malades ;
j'avais hâte de voir cesser cette promiscuité, établie
sous les yeux même des mères inconscientes et
bavardes. Ce spectacle me peinait assez pour
m'avoir fait changer de mode de locomotion,
au bout de quelques jours. Or, il en est ainsi
de toutes les lignes d'omnibus qui passent à proximité de la rue de Sèvres ou de la rue de Charenton.

Hélas ! je devais faire plus tard bien d'autres
constatations ! mais, avant de les relater, je voudrais
insister pour qu'on tentât tout ce qu'il est possible
d'innover dans le but d'éviter ce transport à longue
distance des enfants malades, nuisible à eux-mêmes
et à ceux qui peuvent les entourer temporairement,
fut-ce parfois des adultes.

Tous les hygiénistes, tous les médecins sont
d'accord sur le point suivant : Pour enrayer la propagation des maladies contagieuses, il n'y a qu'une
mesure à prendre, l'isolement des malades. Il semblerait qu'en partant de ce principe indiscutable,
indiscuté, on doive trouver une installation parfaite
dans les hôpitaux d'enfants. Il est loin d'en être

ainsi tant pour le traitement interne que pour le service externe.

Ces dénominations de traitement interne et de service externe sont très claires ; elles indiquent suffisamment qu'il s'agit d'enfants soignés à l'hôpital, ou d'enfants laissés à leurs familles. Nous allons d'abord étudier le service externe, non pas seulement au point de vue des hôpitaux d'enfants, mais dans sa généralité embrassant : les consultations des hôpitaux, les dispensaires des bureaux de bienfaisance, les dispensaires de la charité privée.

Il y a deux hôpitaux spéciaux aux enfants à Paris, l'un sur la rive droite, l'hôpital Trousseau, rue de Charenton, et l'autre, sur la rive gauche, l'hôpital des Enfants-Malades, rue de Sèvres. Des milliers d'enfants y sont amenés, pendant le cours d'une année, pour les consultations gratuites. Une même salle les reçoit pêle-mêle, sans distinction de maladies, sans préoccupation d'éviter la contagion. A Trousseau, on a réalisé un progrès, il y a une salle de médecine et une salle de chirurgie ; les enfants qui sont amenés dans cette dernière ne courent au moins aucun risque.

Les dispensaires, créés par de généreux bienfaiteurs, tels que madame Furtado-Heine, les doc-

teurs Alix Love et Dubrisay, ou par des municipalités comme celles des premier et vingtième arrondissements, ont eu, eux aussi, à redouter cette
contagion résultant de l'agglomération. Voyons, par
exemple, comment les choses se passent au dispensaire créé pour les enfants par la Société philanthropique, rue de Crimée, et dirigé par le docteur
Comby.

Un surveillant, chargé de la distribution des numéros d'ordre aux arrivants, fait subir à chaque
enfant ou à la personne qui l'accompagne un interrogatoire sommaire qui permet une répartition
suffisante dans l'immense majorité des cas. Tout
enfant atteint ou soupçonné de maladie contagieuse
est immédiatement dirigé, par un escalier spécial,
dans un vestibule attenant au cabinet médical où
il est introduit d'urgence et avant son tour. Les
enfants, bien plus nombreux, qui n'appartiennent
pas à cette classe des contagieux ou des suspects
sont seuls admis dans la grande salle commune,
qui occupe un pavillon spécial, séparé de l'autre
par la largeur d'une cour. Et de plus, il y a encore
un service de contrôle pour les enfants de cette
salle commune. Une sœur est là qui veille, renou-
velant l'examen du surveillant, procédant, s'il y a
lieu, à une nouvelle élimination.

L'Assistance publique, sans même égaler l'installation modèle des dispensaires de la charité privée, ne peut-elle trouver une salle dans ses bâtiments, un surveillant dans son personnel administratif, un interne dans son personnel médical, pour organiser un service analogue de sélection. Quelle triste réponse à toutes les objurgations que celle qui consiste à ouvrir les mains et à retourner ses poches pour montrer que les unes et les autres sont vides. Sans argent certes, il n'est pas d'améliorations possibles. Mais devrait-on se lasser d'en demander ou d'en donner, lorsqu'il s'agit de la vie de milliers d'êtres humains.

Cette critique capitale étant faite, je me plais à signaler l'importance des services rendus à la population ouvrière par les consultations externes des hôpitaux d'enfants et par les dispensaires. Ce n'est pas le tout de dire à une mère pauvre que son enfant a telle ou telle maladie, il faut la mettre en état de le soigner, du moment qu'il doit être laissé en ses mains et que l'hôpital n'a pas de place pour lui.

La création des dispensaires à Paris est une des formes récentes de l'assistance. D'ailleurs, pour la France entière, le mouvement en faveur de l'œuvre des dispensaires ne s'est produit qu'à la suite de la circulaire de M. Constans, ministre de l'Intérieur;

je crois très intéressant de la reproduire intégralement, car elle définit nettement le caractère de l'institution :

Paris, le 25 janvier 1881.

Monsieur le Préfet,

Au moment où l'opinion et les pouvoirs publics se préoccupent des moyens d'améliorer la condition des enfants pauvres, et notamment de restreindre la mortalité qui les frappe, je crois devoir signaler à toute votre attention un mode d'assistance encore très peu connu chez nous, et appelé, j'en suis persuadé, à rendre à la population indigente ou peu aisée, les plus précieux services; je veux parler des dispensaires d'enfants malades.

L'objet de l'institution est de traiter les enfants dans un milieu approprié à cette destination, mais sans les hospitaliser; elle ne s'applique dès lors qu'au cas où le malade peut être, sans inconvénient, transporté au dispensaire, puis ramené dans sa famille. Même borné à ces limites, le champ d'action serait encore très considérable, à raison du grand nombre d'affections qui, tout en exigeant une médication suivie, n'obligent pas à garder la chambre.

On obtiendrait ainsi, tout d'abord, ce double résultat, de maintenir, autant que possible, l'enfant dans la famille, et de laisser libres à l'hôpital des lits pour les malades dont l'état comporte nécessairement l'hospitalisation. On gagnerait de la place sans agrandir les salles.

Les enfants encore allaités par leur mère ne peuvent, vous le savez, être traités à l'hôpital, qu'autant que celle-ci est elle-même hospitalisée; le nombre de ces lits de mèresnourrices est fort restreint, et, dans un grand nombre de cas, il est impossible à la mère de profiter de la faveur qui lui est offerte, d'abandonner ainsi son foyer en vue du traitement de son nourrisson.

Le dispensaire serait donc d'un puissant secours pour les jeunes enfants dans la période de l'allaitement, lesquels sont, par la force des choses, les déshérités de l'hôpital, et ont en même temps le plus besoin d'assistance médicale, puisqu'ils sont incomparablement plus exposés que les autres.

C'est une vérité incontestée que la médication préventive est, de toutes, la plus efficace; les chances de guérison augmentent ou diminuent dans des proportions considérables, selon que le mal est combattu à un moment plus ou moins rapproché de son début. Pour ne citer qu'un exemple, des soins médicaux, donnés à temps, ne pourraient-ils pas enrayer un grand nombre de ces affections gastro-intestinales, cause prépondérante de l'effrayante mortalité infantile ?

Le dispensaire serait également un bienfait pour les enfants plus âgés, atteints d'un commencement de ces maladies qui deviennent si facilement chroniques, quand elles sont négligées, et qui, lorsqu'elles ne compromettent pas l'existence, laissent souvent après elles de graves infirmités.

D'une manière générale, les hôpitaux ne disposent ni des locaux, ni des ressources nécessaires pour recevoir ces enfants pendant les longs mois que devrait durer leur traitement ; et, si l'on fait abstraction de quelques établissements spéciaux, tels que ceux de Berck-sur-Mer et de Forges, il est évident que le séjour prolongé dans un hospice sera loin de placer l'enfant dans les conditions les plus favorables à sa guérison.

Il faut, de plus, dans la limite du possible, éviter les rechutes, c'est-à-dire se conformer strictement aux règles de l'hygiène; les conseils familiers, pratiques, donnés chaque jour aux mères par les médecins du dispensaire, seraient un des meilleurs moyens de propager les notions élémentaires d'hygiène de l'enfance, dans les milieux où elles sont aujourd'hui presque universellement inconnues.

Enfin, Monsieur le Préfet, à un point de vue moral, digne de toute sollicitude, le traitement au dispensaire a, sur le traitement à l'hôpital, cette incontestable supériorité qu'il maintient l'enfant au foyer domestique, et qu'il prévient ainsi le relâchement des liens de famille, conséquence possible d'un éloignement prolongé du malade.

Dans l'ordre d'intérêts et de préoccupations charitables que je viens d'aborder, je suis heureux de constater tout le bien que font les consultations externes des hôpitaux, surtout dans le cas trop rare où elles sont accompagnées d'une distribution gratuite de médicaments; la création de dispensaires serait le développement de cette excellente institution : je viens d'énumérer les avantages multiples et considérables qui résulteraient d'une semblable extension de ce mode d'assistance.

La consultation n'est, le plus souvent, que l'indication du traitement à suivre; le but des dispensaires organisés pour répondre aux besoins ci-dessus mentionnés serait d'indiquer le traitement et de l'appliquer séance tenante au malade, dans la mesure du possible. Ces établissements seraient outillés de manière à ce que, dans un grand nombre de cas, l'action médicatrice pût être exercée sur place : pansements, orthopédie, hydrothérapie, électricité, etc. On administrerait, autant que faire se pourrait, les médicaments dans le dispensaire même, afin d'éviter les négligences et les erreurs susceptibles de se produire dans la famille; on ferait prendre aux malades, dans les mêmes conditions, les préparations toniques et reconstituantes; et même, quand la situation pécuniaire le permettrait, on distribuerait aux enfants des rations alimentaires qui, bien souvent, ont la valeur d'un médicament.

Ce n'est pas une conception théorique, Monsieur le Préfet, que je vous expose; le programme qui vient d'être esquissé a reçu une application féconde dans le dispensaire d'enfants malades qu'a fondé et que dirige, au Havre, M. le docteur Gibert; cette œuvre fait le plus grand honneur à celui qui l'a réalisée à l'aide de ses seules ressources. Le simple énoncé d'un chiffre suffit à prouver l'action salutaire de l'institution : dans le courant de l'année 1880, elle a procuré à près de 1,600 enfants le bienfait d'un traitement médical.

Le Ministre de l'intérieur,

CONSTANS.

Le programme tracé par le ministre est suivi à la lettre par les dispensaires particuliers qui rendent des services inappréciables. Pour m'en tenir au dispensaire de la Société philanthropique, dont j'ai montré plus haut le fonctionnement, pendant la dernière année on y a traité 2,137 enfants, et ce traitement a exigé 165,515 journées de présence. On y a distribué 21,350 potages et 2,440 bols de lait, donné 9,125 bains et 1,792 douches. En outre 7,239 enfants ont été l'objet de consultations gratuites et 3,006 vêtements ont été distribués. Le nombre des actions médicamenteuses a dépassé 178,000. Enfin l'importance de ce dispensaire est telle que la Société philanthropique, encouragée par ce premier essai, a résolu d'en fonder un second dans un quartier aussi pauvre que le premier.

Dans les hôpitaux d'enfants, on ne délivre à la suite de la consultation que des médicaments peu coûteux pour prévenir les abus, tristes abus consistant pour certaines femmes indignes du nom de mère à aller, chez un débitant troquer le remède d'un enfant contre une chopine de vin. On y fait les pansements comme dans les dispensaires et surtout on y prodigue les bains dont l'enfant sera toujours sûr de profiter; car le plus souvent il en a grand besoin, ne fût-ce que sous le rapport de la propreté.

Quand les mères sont nécessiteuses et qu'elles demandent la remise gratuite des médicaments, on les leur délivre à la maison de secours de leur quartier après enquête de l'administration centrale de l'Assistance publique. Les enfants ne sont apportés aux dispensaires des bureaux de bienfaisance, dans la plupart des cas, que lorsqu'il s'agit d'affections bénignes.

Je fais rentrer la vaccination dans le service externe d'assistance; elle n'est pas obligatoire de par la loi, elle l'est pourtant en fait de par tous les règlements intérieurs des crèches, des écoles, des asiles. On vaccine gratuitement dans toutes les mairies un jour par semaine, de même dans les hôpitaux, suivant un roulement établi. Les séances de vaccination ont lieu deux fois par semaine, le mardi et le samedi, à l'Académie de médecine, rue des Saints-Pères.

C'est presque toujours du vaccin humain qui est employé. Le Conseil municipal de Paris a repoussé la création d'un institut vaccinogène ayant pour objet la préparation du vaccin animal. L'Académie de médecine, dont le service de vaccination est très développé, qui charge des milliers de lancettes et de tubes destinés à toute la France et même aux colonies, a repris ce projet pour son compte en demandant au ministre de l'Intérieur, auquel les services d'hygiène viennent d'être rattachés, les crédits nécessaires à sa réalisation.

La vaccination ne rencontre pas de sérieuses résistances à Paris. On s'y heurte cependant encore au préjugé voulant que le printemps soit la seule

14

époque de l'année où l'on puisse sans danger vacciner un nourrisson. De telle sorte que les parents attendent quelquefois plusieurs mois avant de présenter leur enfant à la vaccination. Toute mère indigente qui fait vacciner son enfant, soit à l'Académie de médecine, soit dans une mairie, reçoit une prime, qui est doublée lorsque son enfant fournit du vaccin.

Passons maintenant au traitement interne des enfants malades. Dans dix hôpitaux on compte un service de *crèche*. C'est une salle avec lits et berceaux, dans laquelle on place les femmes malades accompagnées d'un nourrisson, ou au contraire les enfants malades en bas âge, avec lesquels la mère entre à l'hôpital.

Jusqu'en ces dernières années, on n'admettait à l'hôpital des Enfants malades et à l'hôpital Trousseau que les enfants âgés de plus de deux ans. C'était inique; le Conseil de surveillance abaissa cette limite à une année; dans la pratique il arrive que la nécessité force d'admettre des enfants de six à sept mois.

On a souvent constaté l'encombrement des hôpitaux à Paris; nulle part il n'est plus grand et plus affligeant que dans les hôpitaux d'enfants, où les services sont multiples. On y compte, parmi les

salles, trois grandes et doubles divisions : elles ont
des lits ou des berceaux suivant l'âge des malades,
elles appartiennent à des services de médecine ou
de chirurgie, de même qu'elles sont partagées entre
maladies chroniques et maladies aiguës, suivant la
nature des affections.

Fait inouï, invraisemblable, les contagieux ont
été pendant longtemps traités dans les mêmes salles
que les autres malades, de telle sorte que le docteur Archambault a pu dire avec une cruelle vérité :
« Aux Enfants malades, on meurt, non de l'affection pour laquelle on est entré, mais de celle qu'on
y contracte. » Depuis l'année 1870, un pas a été
fait en avant; on a créé des salles spéciales pour la
diphtérie, la rougeole, la variole, la scarlatine.
Toutefois ce progrès n'est pas aussi capital qu'il en
a l'air au premier abord. La proximité des salles
de contagieux et de malades ordinaires rend cette
mesure d'autant plus illusoire que les germes morbides sont véhiculés à travers tout l'hôpital par les
infirmiers.

Ce qu'il faut pour les deux hôpitaux de la rive
droite et de la rive gauche, c'est l'installation de
l'hospice des Enfants-Assistés, l'isolement complet,
en pavillons spéciaux, des contagieux. On a construit de ces pavillons à Trousseau et aux Enfants-

Malades pour la diphtérie; dans un an au plus il y en aura pour la rougeole et la scarlatine; quant aux varioleux, ils sont évacués dans l'hôpital temporaire élevé sur les glacis des fortifications à la porte d'Aubervilliers. Les pavillons existant déjà pour la diphtérie rendent des services inappréciables. Le croup est réellement à l'état endémique aujourd'hui à Paris. Oh! le triste spectacle qu'une visite à l'un de ces pavillons d'isolement! Longtemps on a ce noir tableau devant les yeux; longtemps retentissent aux oreilles les admirables vers de Victor Hugo :

> Un jour, nous avons tous de ces dates funèbres,
> Le croup, monstre hideux, épervier des ténèbres,
> Sur la blanche maison brusquement s'abattit,
> Horrible, et, se ruant sur le pauvre petit,
> Le saisit à la gorge. O noire maladie!
> De l'air par qui l'on vit sinistre perfidie!
> Qui n'a vu se débattre, hélas! ces doux enfants
> Qu'étreint le croup féroce en ses doigts étouffants?
> Ils luttent: l'ombre emplit lentement leurs yeux d'ange;
> Et de leur bouche froide il sort un râle étrange
> Et si mystérieux, qu'il semble qu'on entend
> Dans leur poitrine, où meurt le souffle haletant,
> L'affreux coq du tombeau chanter son aube obscure.

S'il y a pourtant quelque chose de consolant, c'est bien le dévouement sans bornes dont fait preuve le personnel infirmier et médical des hôpitaux pour combattre la terrible affection. Longue est la liste des victimes volontaires, se sacrifiant en pleine vigueur du corps et de l'esprit, en plein avenir, en pleine jeunesse, pour sauver l'existence problématique d'un enfant. Honneur à ces martyrs obscurs et glorieux à la fois de la science et de l'humanité !

Il existe en dernier lieu un service d'isolement spécial, dans les hôpitaux d'enfants, pour les teigneux. L'affection est tenace ; elle ferme aux enfants qui en sont atteints les portes de tous asiles ou écoles. Le meilleur système de traitement est celui qui a été mis en pratique à l'hôpital Saint-Louis. On y a créé une véritable école pour les garçons et les filles; les teigneux sont amenés le matin par leurs parents ; on leur donne les soins nécessaires, on les garde durant toute la journée, on leur fait prendre le repas de midi, on continue leur instruction primaire; ils sont rendus le soir aux parents, à l'heure du dîner. C'est un demi-pensionnat au lieu d'un internat et cela semble beaucoup plus rationnel; les teigneux, sauf leur affection spécifique, sont des enfants sains qu'il n'est pas bon d'immobiliser dans un hôpital pendant des mois, quand ce n'est pas durant des années.

14.

Avec les teigneux, nous en sommes arrivés aux maladies chroniques. Avant de clore ce chapitre, je ne puis omettre de signaler l'insuffisante protection offerte aux jeunes convalescents à leur sortie de l'hôpital. C'est à peine si l'Assistance publique dispose pour eux d'une cinquantaine de lits dans les établissements de Forges-les-Bains et de la Roche-Guyon, dont nous reparlerons au chapitre suivant.

Quelques œuvres particulières leur ouvrent leurs portes. Les garçons sont reçus à la maison de convalescence, rue de Sèvres, 67, où les bureaux de bienfaisance et l'Assistance publique mettent quelques enfants en pension. Pour les filles, on compte l'Œuvre de l'Enfant Jésus, rue Dombasle, et l'Œuvre des jeunes convalescentes, dont l'asile est à Epinay-sous-Sénart, près Brunoy, en Seine-et-Oise. Le côté charitable de ces œuvres est fortement mitigé par leur caractère religieux; il s'agit peut-être plus d'œuvres de première communion que d'œuvres de convalescence.

XVI

LES SANATORIA

La scrofule et la phtisie, ces produits de la misère physiologique qu'engendrent les grandes agglomérations, font à Paris des ravages trop sensibles, minant sourdement des générations entières. « La vie d'enfer que nous menons, cette vie de travail terrible et d'excès plus meurtriers, c'est sur les enfants qu'elle retombe, » a dit Michelet en annonçant dans *la Mer* les premières tentatives faites en Italie en faveur des enfants débiles; et le grand écrivain ajoute :

« On ne peut se dissimuler la profonde altéra-

tion dont sont visiblement atteintes nos races de
l'Occident. Les causes en sont nombreuses. La
plus frappante, c'est l'immensité, la rapidité crois-
sante de notre travail. Elle est forcée pour la plupart, imposée par le métier. Mais ceux même à
qui le métier ne commande pas ne se précipitent
pas moins. Je ne sais quelle ardeur d'aller de plus
en plus vite est maintenant dans le tempérament,
l'humeur, l'âcreté du sang. Tous les siècles furent
paresseux, stériles, si on les compare. Nos résultats sont immenses. Nous versons de notre cerveau un merveilleux fleuve de sciences, d'arts,
d'inventions, d'idées, de produits dont nous inon-
dons le globe, le présent, même l'avenir. Mais à
quel prix tout cela? Au prix d'une effusion épouvantable de force ou dépense cérébrale qui d'autant énerve la génération. Nos œuvres sont prodi-
gieuses et nos enfants misérables. »

Les enfants engendrés par la misère physiologique sont amenés en grand nombre aux consultations de la rue de Sèvres et de la rue de Charenton. On n'admet dans le service interne des hôpitaux que les scrofuleux qui présentent des lésions
graves nécessitant un traitement immédiat. Les
curables sont, aussitôt que possible, envoyés en
traitement à Forges-les-Bains ou à la Roche-

Guyon, en Seine-et-Oise, le plus grand nombre à Berck-sur-Mer, dans le Pas-de-Calais.

L'hôpital de Forges-les-Bains date d'une vingtaine d'années ; il contient un peu plus de deux cents lits ; au point de vue administratif, c'est une dépendance de l'hôpital des Enfants malades. La maison de convalescence de la Roche-Guyon, près de Bonnières, a été fondée en 1850 par le comte Georges de La Rochefoucauld et léguée par lui à l'Assistance publique en 1853. On y compte en moyenne quatre-vingts enfants dont la moitié sont des scrofuleux en traitement. Mais peut-on prêter une longue attention à ces deux établissements, quand on a si ample matière à traiter en parlant de l'hôpital maritime de Berck-sur-Mer, un des plus beaux joyaux de l'Assistance publique.

Comme l'a dit très justement le docteur Bergeron, qui a contribué pour sa bonne part à la réalisation de cette belle œuvre, la fondation de l'hôpital maritime n'a que le tort d'être trop récente. Si elle remontait à une époque plus ancienne, il y a longtemps qu'une légende l'aurait poétisée. Les débuts ont été modestes, mais comme ils ont été touchants !

Nous avons vu en parlant des Enfants-Assistés que l'Assistance publique entretenait un groupe d'agences dans les départements du Nord de la France. Le hasard avait fait que de 1857 à 1859, l'Assistance avait placé de jeunes scrofuleux dans l'arrondissement de Montreuil-sur-Mer, en un certain point du littoral du Pas-de-Calais. Le médecin de l'agence, le Dr Perrochaud, fut frappé de l'amélioration considérable qui se produisait dans l'état de ces enfants après quelque temps de séjour; il multiplia ses observations et attira enfin l'attention de l'administration centrale sur les bons effets que produisait l'air salin sur les jeunes enfants atteints de la scrofule.

Il obtint qu'on réunît dans la commune de Groffliers un certain nombre de petits scrofuleux qui furent confiés à une excellente femme, la veuve Duhamel. Le choix de cette localité n'était pas des plus heureux, car ce village est assez éloigné de la mer et la distance redouble quand il s'agit d'enfants qui ne peuvent se mouvoir qu'à grand'peine en s'aidant de béquilles. Comment arrivait-on à leur faire prendre des bains de mer? Un Anglais va nous l'apprendre. Voici la traduction, due au docteur Cazin, d'une touchante poésie que publiait le *London society, an illustrated magazine*, en septembre 1870 :

Il y avait une fois une vieille femme ; elle habitait près de la mer,

Et elle était une vieille femme bien bonne.

Elle prit des garçons et des filles qui étaient malades, pour son plaisir,

Et elle leur dit de chercher sur la plage après un trésor ;

Ils n'avaient pas la force d'aller si loin,

Sa brouette gaiement les roulait jusque-là ;

Ils pataugeaient, ils barbotaient, ils gambadaient, et puis

Sa brouette les ramenait tous de nouveau.

« Et quant à ce trésor, mes chers, leur disait-elle,

» Il sera trouvé bien sûr demain, s'il ne l'a pas été aujourd'hui,

» Le trésor des trésors, la richesse des richesses,

» Le joyau des joyaux, mes chéris, c'est la santé ! »

Et elle leur donna du bon bouillon avec bien du pain ;

Elle leur moucha à tous le nez et les mit coucher.

Rachitiques, scrofuleux, anémiques guérirent si bien à Groffliers, que l'Assistance publique résolut de poursuivre, sur les bords même de la mer, les expériences commencées. Près de Groffliers, se trouvait une plage immense, remarquablement unie, sans galets, sans ruisseaux charriant des détritus organiques rejetés ensuite sur la grève par le flux, sans falaises ni roches dangereuses, limitée par un cordon continu de dunes et de garennes, c'était Berck, une localité qui n'était distante que de six kilomètres de la station de

Verton, à proximité de Paris, par conséquent.

En 1859, l'Assistance publique prit position à Berck. La veuve Duhamel, très âgée déjà, voulut continuer son œuvre, mais ses forces la trahirent. Les enfants durent être remis aux soins d'une autre gardienne dévouée, une veuve aussi, Marianne Brillard, que les gens du pays n'appelaient que du nom de *Marianne toute-seule*. Cette femme dévouée ne vivait point cependant aussi isolément que son surnom semblait devoir l'indiquer. Elle s'était constituée la gardeuse de tous les enfants que l'absence de leurs parents partis en pêche, les hommes au large, les femmes à la côte, abandonnaient à eux-mêmes durant la plus grande partie du jour.

Pour se faire une idée de ce qu'était Berck à cette époque, il faut l'avoir visité en hiver, dans une saison où les baigneurs ont disparu, où les gens sont tapis chez eux. Il faut surtout avoir eu sous les yeux la vue du site désolé qu'offrait cette plage, alors qu'on n'y comptait, en fait d'habitations, qu'une pêcherie abandonnée et la petite maison de *Marianne toute-seule*.

Peu à peu la maison grandit, en même temps que le nombre des enfants augmenta. En 1881, on créa un premier hospice de cent lits dont la direction fut confiée au docteur Perrochaud. Puis les docteurs Bergeron et Marjolin, ayant mené à Paris une active campagne en faveur du traitement marin des scrofuleux, on décida, en 1867, la construction du grand hôpital actuel qui, indépendamment des services qu'il rend à la population parisienne, a fait la fortune de cette contrée jadis déserte et sauvage.

De nombreuses critiques ont été dirigées contre la construction de ce grand hôpital. Le comte d'Haussonville a particulièrement reproché à l'Assistance publique d'avoir cédé à la manie de toutes les administrations « qui aiment à faire *grand* et surtout à faire *beau*. » Le docteur Bergeron a répondu, en 1883, à ces critiques, du haut de la tribune de l'Académie de médecine.

L'administration de l'Assistance publique a-t-elle voulu *faire grand*, comme on l'a dit par ironie? Je ne sais; mais, à coup sûr, elle a voulu faire vaste, et elle a eu raison, puisque, en 1881, dix mille scrofuleux avaient déjà bénéficié de cette fondation. Avec l'argent qu'a coûté l'hôpital de Berck, a-t-on dit encore, que de *sanatoria* maritimes plus modestes, mais non moins utiles, n'aurait-on pas pu construire? Soit, mais au bénéfice de quels sujets? On ne saurait prétendre, apparemment, que la Ville de Paris aurait dû créer des *sanatoria* pour des scrofuleux étrangers au département de la Seine: aurait-on donc trouvé préférable que l'administration de l'Assistance publique employât les fonds dont elle disposait à disséminer sur plusieurs points de nos côtes de petits établissements modestes pour les seuls scrofuleux de Paris? Je ne le pense pas; car l'exécution d'un pareil plan eût entraîné des dépenses beaucoup plus considérables que la construction, l'entretien et l'administration d'un hôpital unique.

Ce qui a fait surgir les critiques dans l'esprit de tous les économistes qui ont visité Berck-sur-Mer, c'est la comparaison de l'hospice primitif existant encore aujourd'hui et du grand hospice maritime. Tous deux ont eu le même architecte. M. Lavezzari, qui a excellé dans deux modes de construction très différents. Le petit hôpital, provisoire dans l'esprit de ses constructeurs, a été édifié en 85 jours pendant l'année 1861. Il est impossible d'élever *en bois* des pavillons présentant plus de conditions d'économie et de solidité. Les frais de construction et d'aménagement pour cent lits, ont monté à 100,000 francs, tandis que c'est seulement au prix de 2,500,000 francs qu'il a été possible d'ouvrir le grand hôpital, où l'on compte 14 dortoirs de 36 lits chacun.

Je n'entreprendrai pas une description complète des bâtiments de l'un et de l'autre. Ayant séjourné, vers 1882, à l'hôpital maritime de Berck-sur-Mer, en compagnie de M. Charles Quentin, alors directeur de l'Assistance publique, j'ai conservé le meilleur souvenir de l'aménagement et du fonctionnement de cet établissement modèle. Les bâtiments dont il se compose forment un fer à cheval ouvert sur le large. Le comte d'Haussonville l'a très justement comparé à ces grands hôtels qu'on construit au bord de la mer, en Angleterre. On y rencontre, en effet, le même assemblage de la brique pour tout le gros œuvre et de la pierre pour les détails d'ornementation, les appuis de fenêtres, les perrons.

Intérieurement, et malgré la dénomination officielle de l'établissement, il ne semble pas qu'on soit dans un hôpital. Quand on visite les dortoirs, en l'absence des enfants, on se croirait dans un lycée modèle, un lycée comme on n'en connaissait pas autrefois sous le rapport de la propreté et du confortable. Nulle part, on ne trouve ce relent d'hôpital, cette odeur de médicaments qui flotte dans la plupart des établissement hospitaliers. Les pansements ne se font dans les dortoirs qu'en cas de nécessité absolue, quand un enfant ne peut pas quitter son lit.

Le plus possible, les enfants sont laissés au grand air de la mer, le véritable curatif. C'est un spectacle certainement pénible que de voir ces

centaines d'enfants épars sur la grève immense,
étalant aux yeux toutes les misères de l'humanité.
Mais aussi quelle pensée réconfortante ne vient-il
pas à l'esprit en constatant les merveilles de la
charité publique et privée amassées sur ce petit
coin de terre : d'abord, le grand hôpital, qui reçoit
les enfants de l'Assistance publique; en second
lieu, l'hôpital provisoire, ouvert aux enfants dont
les familles sont en état de payer un prix de pension ; puis l'hôpital Nathaniel de Rothschild, situé
à un kilomètre des deux autres, en faveur des
enfants israélites de Paris, au milieu desquels,
cependant, on peut voir parfois quelques petits
malades de religion catholique.

Enfin, à Groffliers, le berceau de ces œuvres
humanitaires, l'Assistance publique compte deux
vrais petits hôpitaux, dont l'installation économique est le meilleur modèle à proposer aux bienfaiteurs généreux que tenterait l'idée d'attacher
leur nom à l'œuvre de régénération commencée par
l'Assistance publique. De ces deux petits hôpitaux
l'un est consacré aux filles, et l'autre aux garçons.
Les enfants qu'on place en pension sont ou des
enfants assistés, ou des enfants moralement abandonnés, ou des pupilles de la ville de Paris. Un
instituteur et une institutrice sont attachés à ces

établissements ; c'est sous leur conduite que les enfants vont chaque jour en promenade. L'été, ils se rendent à la mer par escouades, pour prendre leurs bains ; une petite voiture attelée a remplacé la brouette dans laquelle la veuve Duhamel charriait autrefois les infirmes.

Quel feu de joie on pourrait faire chaque année avec toutes les béquilles devenues inutiles, à la suite du traitement subi dans les divers établissements charitables de Berck-sur-Mer ! Quel trophée on en composerait aussi en l'honneur de la science ! Il me semble que les enfants ne doivent pas les rejeter sans regret ; elles leur ont servi à creuser tant de trous dans le sable, à élever tant de fortifications que la mer emportait d'assaut ! Elles ont été un jouet pour eux autant qu'un soutien !

Il me serait facile de montrer les transformations opérées chez ces enfants pour toutes les formes de la scrofule. Le cadre de cet ouvrage m'oblige à renvoyer le lecteur au savant travail du docteur Cazin (1), que l'Académie de Médecine a couronné en 1883. Je me bornerai à signaler les usages ad-

(1) *De l'influence des bains de mer sur la scrofule des enfants*, par le Dr H. Cazin, médecin-chirurgien de l'hôpital maritime de Berck-sur-Mer.

ministratifs qui président à l'arrivée et au séjour des enfants à l'hôpital de Berck. On a vu précédemment qu'il y avait deux catégories parmi les petits malades : les indigents et les payants. Les uns et les autres doivent être agréés à la consultation d'un des deux hôpitaux d'enfants de Paris.

« Les envois à Berck commencent en mars et se continuent jusqu'en octobre; le deuxième mardi de chaque mois, une troupe d'enfants, guéris pour la plupart, quitte Berck et arrive le même jour à Paris; des filles de service s'en occupent pendant le voyage; un interne les accompagne pour le cas de maladie ou d'accident; ils sont examinés le lendemain matin par le médecin qui les a adressés, puis rendus à leur famille s'ils sont guéris, ou réintégrés à l'hôpital, s'il y a lieu de poursuivre un autre traitement. Le samedi suivant, un nombre de petits enfants, calculé d'après la vacance des lits de l'hôpital de Berck, est envoyé à cet hospice. Le lundi matin, le médecin de l'établissement examine les nouveaux venus et donne par écrit son opinion sur les pronostics de l'affection et de l'action probable de la thalassothérapie sur la maladie dont ils sont porteurs. Tous les mois, des tableaux correspondant, l'un à l'hôpital Trousseau, l'autre à l'hôpital des Enfants-Malades, indiquent l'état des petits malades, afin que les familles puissent, tous les premiers dimanches du mois, être renseignées sur l'état de ceux qui leur sont chers. Cette façon de faire simplifie considérablement la correspondance qui, sans cela, serait énorme. Les parents se présentent à l'hôpital d'où leur enfant est parti et prennent connaissance de son bulletin mensuel. Les parents viennent aussi assez souvent voir leurs enfants et obtiennent dans ce but, en exhibant le bulletin de présence de leur enfant à l'hôpital, demi-place de Paris à Verton et *vice versa*. Quand une opération est jugée urgente, autorisation en est toujours demandée à la famille, soit par lettre, soit par dépêche. »

L'action régénératrice de l'atmosphère maritime est telle qu'à Berck, où l'on ne reçoit que des scrofuleux et des rachitiques gravement atteints, la proportion des guérisons est de 81 pour 100. De tels résultats font saluer avec joie la création de l'*Œuvre nationale des hôpitaux marins*, fondée sous l'impulsion de M. Pallu, inspecteur des Enfants assistés de la Loire-Inférieure et du docteur Armaingaud, professeur à la Faculté de Médecine de Bordeaux, consacrée et dotée par les soins de M. Henri Monod, entre les mains expertes duquel a été placée l'administration hospitalière et hygiénique ressortissant au ministère de l'intérieur.

On est en droit d'attendre de merveilleux résultats de cette œuvre, encore à ses premiers pas, mais qui a débuté par un coup d'éclat. Je veux bien qu'elle ne soit pas spéciale à Paris ; il n'en est pas moins vrai que les petits Parisiens trouveront place dans les *sanatoria*, qu'elle créera, au nord, à l'ouest, au midi, suivant les circonstances. Or, comme le docteur Bergeron l'a indiqué dans les paroles que j'ai recueillies plus haut, la Ville de Paris ne peut songer à établir des hôpitaux tout le long des côtes de France ; mais ce qu'elle peut faire, c'est subventionner indirectement les œuvres privées en y plaçant des enfants moyennant un prix de pension, en les échelonnant le long des côtes, suivant la nature de leur maladie, suivant le climat qui convient à leur tempérament. La Ville de Paris ne cherche-t-elle pas d'ailleurs en ce moment à répartir de cette manière un certain nombre de malades entre les stations thermales !

N'oublions pas qu'il y a en France deux millions d'enfants de cinq à quatorze ans que rongent le lymphatisme, la scrofule, le rachitisme, voire même la tuberculose. Paris est intéressé à la guérison de ces non-valeurs sociales, car c'est vers lui que convergent toutes les douleurs, toutes

les souffrances, tous les espoirs aussi ; entre
la province et lui, il se produit une continuelle
endosmose. Je me suis attaché à le montrer
dans mes précédents volumes ; j'ai cherché dans
la mesure de mes faibles moyens à amoindrir
la mésintelligence, née de malentendus, qui
existe entre l'un et l'autre ; puissé-je arriver un
jour, la charité aidant, à atténuer cette méfiance
réciproque.

L'œuvre entreprise sous les auspices de M. Henri
Monod, est donc bien nationale. Dès longtemps,
l'Italie nous a donné l'exemple en fondant les vingt-
deux hôpitaux maritimes qu'on rencontre aujour-
d'hui sur son littoral. A Paris, le docteur de Pietra
Santa a prêché, en 1878, cette croisade hygiénique. Il est temps pour la France de marcher dans
la voie que les Italiens ont ouverte et que les Anglais ont également suivie avec un succès si
marqué !

Arcachon, cette plage où l'air marin se combine
si heureusement aux effluves balsamiques, voilà
l'étape première de l'œuvre, son germe, si je puis
dire ! Le docteur Armaingaud y a fondé un *sanatorium*, qui a eu d'humbles commencements. Cet
homme philanthrope a compris qu'il n'était pas
suffisant de faire appel à l'opinion, à la générosité

15.

publique, mais qu'il fallait payer d'exemple, en sub-
venant lui-même à l'entretien d'un certain nombre
d'enfants pauvres et débiles, parmi lesquels il s'est
trouvé quelques petits Parisiens. Après des résultats obtenus et des services rendus, M. Armaingaud
avait le ferme espoir de ne pas voir son œuvre
demeurer stérile ; il avait cette foi qui transporte
les montagnes.

Pour obtenir les fonds nécessaires à l'entretien
de cette première colonie d'enfants, M. Armaingaud, imitant en cela les journaux de médecine,
s'est avisé de couvrir d'annonces les dernières
pages des *Instructions sur l'hygiène de la famille*, dans lesquelles il résumait ses cours et ses
conférences. Les produits de cette publicité lui
ont fourni les moyens de mener à bien la tâche
qu'il avait assumée. A l'issue d'une réunion au
cours de laquelle il venait d'exposer le fonctionnement de son œuvre, un auditeur, M. Engrémy,
mit à sa disposition une somme importante, tandis qu'un médecin, le docteur Lalanne, lui offrait
pour le *sanatorium* rêvé un emplacement de deux
hectares sur le bord de la mer.

Cap-Breton ! Une œuvre proche, en faveur de
laquelle madame veuve Desjobert léguait douze
cent mille francs au département des Landes. Aux

termes de la loi, ce legs était caduc, cette fortune revenait à l'Etat ; celui-ci a renoncé à faire valoir ses droits, en raison du caractère de haute utilité sociale de l'œuvre qu'il s'agissait de créer..

Banyuls! Nous retrouvons ici le docteur Armaingaud. A la demande du préfet et du Conseil d'hygiène des Pyrénées-Orientales, il était venu faire une conférence ; elle eut un retentissement tel dans la région, que le préfet, M. Georges Lafargue, voulut créer un sanatorium dans son département. Il obtint dans ce but du Conseil général un crédit de deux cent mille francs. Le sanatorium de Banyuls appartient en propre aujourd'hui à l'*Œuvre nationale des hôpitaux marins* ; un traité de cession est intervenu dans ce but au mois d'août 1888.

Pen-Bron, sur l'Océan ! C'est l'œuvre d'un autre apôtre zélé de la charité, M. Pallu. Le sanatorium s'élève sur une presqu'île, en face le Croisic, où, à défaut de l'air balsamique d'Arcachon, on trouve la température égale que certains points des côtes françaises doivent à l'épanouissement du Gulf-Stream ; on y trouve aussi les eaux-mères salines, qui doublent la puissance et l'efficacité du traitement marin dans certaines formes de la scrofule.

Divers petits sanatoria existent sur la Méditerranée. Les enfants parisiens y auront bientôt le leur, destiné à recevoir les anémiques et les phtisiques pour lesquels la charité privée s'est enfin émue. L'Assistance publique, qui a tant fait pour les scrofuleux, n'a encore rien tenté pour les tuberculeux ; rien, ou tout au moins si peu de chose ! Dans les hôpitaux d'adultes, on ne donne un lit aux phtisiques que pour mourir ; comment pourrait-on admettre dans les hôpitaux d'enfants, où la place manque, même pour les maladies aiguës, les *candidats à la phtisie*, comme les a qualifiés le docteur Filleau ? D'ailleurs, est-ce l'air vicié d'un hôpital qu'il faut à ces êtres délicats ? L'Assistance publique sait bien que non ; ce qu'il leur faut, elle ne pourrait le leur donner qu'au prix de grands sacrifices, mais, comment s'y résoudre, alors qu'elle est tiraillée, à toute heure, de tous côtés, pour des besoins aussi urgents et coûteux les uns que les autres.

Où la charité publique est impuissante, c'est à la charité privée à faire preuve de son ingénieuse supériorité. Elle n'y a point failli. A Argelès, dans les Hautes-Pyrénées, à Villepinte en Seine-et-Oise, et bientôt à Ormesson dans le même département, à Saint-Raphaël, sur les bords de la Méditerranée, son action bienfaisante s'est exercée déjà, où elle va s'exercer.

À Argelès, c'est un médecin, le docteur Douillard, qui a fondé, en 1873, un asile pour les enfants pauvres, nés de parents poitrinaires et menacés de le devenir. Jusqu'ici les filles seules ont été admises ; on les reçoit vers 6 ans et on les garde jusqu'à 21 ans. Elles sont examinées à Paris avant leur admission ; elle passent l'hiver à Argelès et sont conduites l'été à Cauterets pour prendre les eaux. Outre l'instruction scolaire qui leur est donnée, elles s'occupent des travaux de jardinage, dans le but de fortifier leur santé. Le docteur Douillard est mort aujourd'hui ; son œuvre est soutenue par un comité de dames et par un conseil supérieur de médecins.

À Villepinte, l'œuvre est admirable. Maxime Du Camp a raconté comment les religieuses de Marie-Auxiliatrice, dont la maison principale est située, 25, rue de Maubeuge, ont été amenées à ouvrir à Livry d'abord, à Villepinte ensuite, un asile pour les jeunes filles phtisiques, où les unes vont chercher la guérison, où les autres vont attendre la mort. J'aurais le plus grand désir de promener mes lecteurs à travers le château et le parc de Villepinte, de leur montrer la vie de ces jeunes filles arrachées à l'haleine pestilentielle de Paris, pour un temps, quand ce n'est pas pour toujours. Mais je dois me souvenir que je ne m'occupe ici que des enfants et ne pas m'abandonner à l'entraînement.

A l'hospice de Villepinte, on trouve un quartier tout à fait isolé, ouvert aux enfants prédisposés à la phtisie. Il est né d'un concours particulier de circonstances. Attenant à l'hospice il y avait un bâtiment et une cour de ferme; on menaçait de les convertir en une féculerie dont le voisinage aurait vicié l'air pur nécessaire aux malades. L'œuvre n'hésita pas à les acheter et fit un pressant appel à ses souscripteurs. Une femme de bien, madame Hochon, fille d'Hector Lefuel, l'architecte du Louvre, y répondit, en souvenir de ses douleurs maternelles. Le bâtiment fut transformé en asile pour une quarantaine de fillettes; on les y garde jusqu'à ce qu'elles soient sauvées.

S'il n'existe pas de frontières pour la philanthropie, il ne doit y avoir en matière de charité ni esprit de parti, ni exclusivisme de religion. Villepinte est une œuvre catholique; il lui est cependant arrivé d'ouvrir ses portes à de jeunes protestantes. On y fait le bien, c'est tout ce que je veux savoir.

Ce qui m'a le plus touché dans le fonctionnement

de la *fondation Hochon-Lefuel*, c'est son côté maternel, ce sont les tendresses de toutes les femmes du monde, bienfaitrices de l'œuvre, pour les petites anémiques ou poitrinaires recueillies par leurs soins. On sait combien ces petites malades sont parfois nerveuses et susceptibles. Parmi elles, il y en a de conditions diverses, quoique toujours peu fortunées; les parents de quelques-unes, seraient bien en peine de les nipper convenablement, de façon à ce qu'elles aient chaud; comment s'y prendre pour leur donner des vêtements dont elles ont besoin, sans les froisser en ayant l'air vis-à-vis de leurs petites camarades de leur faire une aumône. La charité est ingénieuse; on remet aux enfants un colis qui a tout l'air d'arriver par chemin de fer; c'est sans doute un envoi des parents, et les petites malades de battre des mains en déballant les robes, les fichus, les tabliers, qui leur sont destinés?

Il meurt rarement d'enfants à Villepinte; le traitement reconstituant, les soins intelligents, l'air excellent triomphent toujours, pour ainsi dire, des dispositions anémiques, des tendances chlorotiques ou des germes tuberculeux. Mais enfin le cas est arrivé. Ainsi, voilà la mort entrée au milieu de ces enfants auxquelles on s'attache à ne

donner que des idées riantes, de petites fêtes excitant
leurs natures déprimées. Comment faire accepter
par ces cervelles enfantines ce départ de la petite
compagne, autrement que sous un appareil lugubre.
Alors on a pris le petit cadavre et on l'a vêtu de
rose, rendant la fillette aussi jolie que possible,
faisant envisager la mort à ces enfants comme un
sommeil, comme un repos.

A Villepinte, on ne reçoit que les fillettes ; un hospice analogue s'ouvrira bientôt pour les garçons.
Cette bonne nouvelle a été donnée par le docteur
Léon Petit, l'année dernière, au moment où le
congrès de la tuberculose, provoqué par le docteur Verneuil, allait prendre fin.

M. Léon Petit a annoncé que, grâce à la libéralité d'un donateur anonyme et au concours d'un
comité de dames charitables, on verrait s'ouvrir
aux portes de Paris, à Ormesson, et ensuite sur
les bords de la Méditerranée, au milieu d'une
forêt de sapins, deux établissements hospitaliers
destinés à combattre les germes de la terrible
phtisie.

Le donateur anonyme n'est autre que le mar-
quis d'Ormesson, qui, ayant eu le malheur de voir,
sous ses yeux même, évoluer la sinistre maladie,
s'est intéressé aux travaux des docteurs Filleau et

Léon Petit, à leurs recherches sur les sanatoria et hôpitaux anglais, à leur méthode préventive d'injections hypodermiques, basée sur les théories du docteur Décla.

Le château d'Ormesson, qui a fait l'objet de ce don princier, est situé près de Sucy-en-Brie, dans une contrée splendide. Le territoire où s'élevera le sanatorium maritime de la Méditerranée est voisin de Saint-Raphaël ; il est dû à le générosité des Dames de France. L'air maritime se combinant à l'air balsamique, comme à Arcachon, sera le complément de la cure commencée en Seine-et-Oise. Cette œuvre naît ; on ne peut en prévoir les développements futurs. Le mal est si grand qu'il est bien permis d'espérer que d'autres âmes charitables se prendront de pitié pour les *candidats à la phtisie*, qui pullulent dans les rues parisiennes. On peut tout espérer aussi du traitement innové par les docteurs Filleau et Léon Petit. La pensée de combattre la phtisie par les antiseptiques est bien dans les idées du jour. Une plaie du poumon ne peut-elle être traitée comme une plaie interne ? Il faut attendre pour le savoir.

Souhaitons que les résultats soient merveilleux ; le courant d'opinion en faveur des sanatoria y puisera une nouvelle force ; il faut que le grand public

se pénètre de la vérité de cet axiome posé par
Michelet : *Peu de maladies guérissent dans les
circonstances et les milieux où elles naissent et
qui les ont faites.*

XVII

LES INFIRMES

Les frères Saint-Jean-de-Dieu. — L'asile de Neuilly-sur-Seine. — La section Esquirol. — La méthode phonomimique. — L'école de Vaucluse. — Les enfants de Bicêtre. — Les nouveaux pavillons. — La déchéance des épileptiques. — L'éducation des idiots. — L'Institution des arriérés.

Les infirmes! C'est une dénomination générique que je place en tête de ce chapitre. Elle embrasse toutes les dégradations humaines, elle englobe toutes les monstruosités enfantées par le vice, par la misère, et souvent aussi par un de ces terribles caprices de la nature, en face desquels la science s'arrête déconcertée.

Scrofuleux incurables, rachitiques invétérés, ataxiques, bossus, hémiplégiques, pieds-bots, culs-de-jatte, ankylosés, hydrocéphales, épileptiques, hystériques, imbéciles, idiots, pervers, arriérés! Que d'échelons dans cette dégénérescence de l'être humain! Que de maladies physiques jointes à autant d'infirmités morales!

La charité publique et la charité privée luttent d'efforts aujourd'hui pour arriver à sauver le plus possible de ces malheureux, à les redresser physiquement et moralement, à leur assurer une place dans le grand mécanisme social, à diminuer dans des proportions sensibles le nombre des infortunés pour toujours à la charge de la société. Elles y arrivent, mais à quel prix ! L'argent n'est rien ici; tout l'or du monde ne saurait suffire à payer certains dévouements surhumains.

A côté des frères Saint-Jean-de-Dieu, auxquels leurs bienfaits incontestés ont concilié la sympathie même des adversaires déclarés des ordres religieux, on peut placer la figure de cette sainte laïque, comme un écrivain s'est plu à l'appeler, que le Président de la République est venu décorer, à la Salpêtrière, comme on décore un soldat sur le champ de bataille.

C'est en 1858 que les frères Saint-Jean-de-Dieu fondèrent l'*Asile des jeunes garçons incurables*, dans le village de Vaugirard, qui devait être annexé, une année plus tard, à Paris, et former une partie du quinzième arrondissement. L'asile occupe, entre la rue Lecourbe et la rue Blomet, un espace assez étendu. L'établissement se compose d'un bâtiment principal, flanqué d'un pavillon à chacune de ses extrémités. Les enfants y sont admis à l'âge de cinq ans au moins et de quatorze ans au plus. Dans les conditions d'admission il est dit qu'une modique pension sera payée à l'asile par les parents de l'enfant ou par ses bienfaiteurs, suivant leurs moyens.

En fait, il y a de nombreuses dérogations à ce principe, et beaucoup d'admissions gratuites. Les frères Saint-Jean-de-Dieu se montrent toujours pitoyables en présence de la situation de ces pauvres enfants, exclus de partout : de l'hôpital réservé aux maladies aiguës ou aux maladies chroniques susceptibles de guérison ; de l'hospice, ouvert aux seuls adultes ; de l'école, à cause de leurs infirmités repoussantes ou de leur situation intellectuelle ; de l'atelier, parce qu'ils sont longtemps incapables d'aucun travail sérieux.

L'hospice des incurables, à Ivry, ne peut recevoir de pensionnaires âgés de moins de vingt ans. C'est donc jusqu'à cet âge que l'asile de la rue Lecourbe doit garder les enfants auxquels il a ouvert ses portes. Ils n'y restent pas inactifs ; quand ils sont petits, les frères s'occupent de dégrossir leur intelligence, d'assouplir leurs membres torueux, d'établir, en quelque sorte, au moral et au physique, un équilibre dans ces natures déshéritées.

Quand ils deviennent grands, on s'efforce de leur apprendre un état; il y a des ateliers dans l'asile, on y fait de la couture d'habits, de la cordonnerie, de la brosserie; à ceux qui montrent les meilleures dispositions, on enseigne la musique vocale et la musique instrumentale; la première est un art d'agrément, mais la seconde peut être l'embryon d'un état social.

Au moment des fêtes populaires, le jour du 14 juillet, par exemple, on voit surgir, dans Paris, un nombre invraisemblable de musiciens. En cherchant à noter la physionomie de ces bals de carrefours, de ces guinguettes en plein air, j'ai rencontré plus d'un instrumentiste bizarre, dont le talent sonore était peut-être éclos dans l'asile de la rue Lecourbe; c'est une recherche que je me suis d'ailleurs proposé d'entreprendre dans une de mes prochaines études.

Heureux les infirmes qui parviennent à se constituer un moyen de gagner leur pain ou tout au moins d'alléger les charges de ceux qui accepteront, plus tard, par devoir, ou par charité, de les aider à vivre ! Bien peu arrivent à se faire admettre à l'hospice des incurables; quelques-uns sont repris par leurs familles; d'autres trouvent à être placés industriellement; enfin, ceux qui iraient à

la rue, à la mendicité, l'asile de la rue Lecourbe
les garde. On compte encore peu de ces anciens
pensionnaires restés à la charge de l'œuvre, mais
fatalement leur nombre s'accroîtra avec le temps ;
il est à espérer, toutefois, que cette nouvelle charge
ne paralysera pas les efforts charitables des frères
Saint-Jean-de-Dieu envers l'enfance malheureuse.
Il serait regrettable de voir l'asile de la rue Le-,
courbe se transformer de la sorte en un refuge
hospitalier.

Ce qui me pousse à formuler ce souhait, c'est
qu'il existe, à Neuilly-sur-Seine, avenue du Roule,
30, un asile fondé en 1853, en faveur des jeunes
filles pauvres, infirmes et incurables, comme celui
de la rue Lecourbe a été créé pour les jeunes
garçons. Elles y sont reçues de cinq à dix-huit
ans, et jusqu'à vingt-deux ans par exception. Une
fois admises, elles peuvent rester indéfiniment. Cet
établissement charitable compte deux cents lits
mis gratuitement à la disposition de ces infortunées,
mais, par suite du long séjour d'un grand nombre
de pensionnaires, c'est tout au plus s'il est possible au Conseil de l'œuvre de prononcer chaque
année une vingtaine d'admissions.

Dans la répartition des enfants infirmes et incurables, l'Assistance publique est la plus mal parta-

gée, car c'est à elle qu'on amène non les plus infirmes, mais les plus moralement atteints, les épileptiques, les imbéciles, les idiots, les gâteux, repoussés
de partout, même de l'asile des frères de Saint-Jean-
de-Dieu. Jusqu'en ces dernières années elle les
négligeait fort dans les deux écoles qui avaient
été créées à la Salpêtrière pour les filles, à Bicêtre
pour les garçons, après les essais d'éducation
tentés par le docteur Voisin. Le mal était moins
grand à la Salpêtrière, grâce au dévouement d'une
admirable femme, mademoiselle Nicolle, venue se
cloîtrer dans cet hospice, pour y donner le touchant exemple de la piété filiale poussée à ses
dernières limites, refusant de retourner au
monde après la mort de cette mère, à laquelle
elle avait tout sacrifié, poursuivant l'abnégation
jusqu'à consacrer le reste de ses jours au soulagement des plus malheureux qu'elle put trouver
autour d'elle, les enfants épileptiques, idiotes ou
imbéciles.

Elle commença et poursuivit d'abord son œuvre
obscurément. Il fallut, pour la faire connaître, en dépit de la modestie qu'elle affichait, que des écrivains,
des artistes, franchissent le seuil de la Salpêtrière.
Legrand du Saulle, ce savant à la vaste carrure,
ce médecin à l'humeur bonhomme, avait remarqué

l'heureuse influence exercée sur les hystériques, les épileptiques, les idiotes, par les plus légères distractions, tranchant sur leur vie monotone. Il avait érigé en système de leur donner des fêtes; le bal du mardi-gras est resté en usage dans la maison; bien longtemps à l'avance, les pauvres malades s'y préparent; longtemps après, elles en reparlent, et ce sont des périodes d'accalmie pendant lesquelles les crises se font plus rares, l'amélioration s'accentue.

Pour animer ces fêtes, pour leur donner un cachet particulier, pour justifier aux yeux même des malades les longs apprêts de la petite cérémonie, il fallait quelques invités, attirés par une curiosité bienveillante. Les invités partirent émus, les uns parlèrent, d'autres écrivirent; Paris sut enfin comment mademoiselle Nicolle s'était constituée une famille de ces êtres malheureux, repoussants et repoussés.

La plus grande joie qu'on lui ait faite, sans en excepter celle qu'elle a ressentie le jour où M. Carnot a attaché sur sa poitrine la croix de la Légion d'honneur, a été d'accorder à sa petite école une installation moins rudimentaire. *Section Esquirol*, c'est le nom qu'elle porte officiellement dans les divisions administratives de la Salpêtrière. Elle se

16

trouve tout au fond de l'hospice, occupant un grand terrain carré, bordé sur deux côtés de constructions à rez-de-chaussée unique; l'une des constructions renferme les dortoirs et le réfectoire; l'autre est divisée en trois parties, deux classes et un ouvroir. C'est une installation convenable, mais nullement modèle, si l'on songe à tout ce qui a été réalisé à Bicêtre pour les garçons.

Il ne faut pas nous arrêter ici au côté matériel, mais seulement aux résultats moraux obtenus dans l'éducation des arriérées, des imbéciles, des idiotes, dans l'amélioration des perverses. Des premières, les unes n'ont qu'une vie négative, croupissent dans l'indifférence de tout ce qui les entoure, n'arrivant à s'intéresser et à comprendre les moindres choses qu'au prix des efforts les plus opiniâtres. D'autres ont une existence animale, obéissant à des instincts, jouissant de leurs sens, mais incapables de lier la moindre association d'idées. Dès qu'un objet les frappe, on s'efforce de retenir leur attention; la moindre lueur d'intelligence est attentivement guettée; le plus petit effort est encouragé.

Il y a tant de catégories distinctes, au point de vue intellectuel, entre ces enfants, que l'éducation en commun est assez difficile à appliquer. Les filles, cependant, paraissent s'y prêter beaucoup mieux que les garçons. Le son, le geste, l'idée, combinés d'après la méthode phonomimique d'Augustin Grosselin, arrivent à triompher de l'imbécillité. A chacune des lettres de l'alphabet correspond un geste, ce geste accompagne un son, ce son représente une idée. La lettre *a*, c'est l'admiration, *o* l'horreur, *e* la fatigue, *é* l'appel, *i* le rire.

— Comment fait le cocher quand il fouette ses chevaux ?

— *U !* répondent en chœur les enfants, en faisant le simulacre de donner un coup de fouet.

Après la parole, il faut passer à l'écriture; il faut habituer les mains torses, les doigts ankylosés à tenir une plume et à s'en servir pour tracer des caractères. Mademoiselle Nicolle a imaginé un système très ingénieux. Elle remet à l'enfant une planche en forme d'ardoise, portant en creux les lettres simples de l'alphabet, les majuscules, les chiffres arabes, quelques lignes droites et quelques lignes courbes. L'enfant s'amuse très volontiers à suivre, au moyen d'un morceau de bois taillé en crayon, les sinuosités gravées sur la planche. Après avoir fait des centaines de fois cet exercice, tout mécanique, sa main a acquis assez de fermeté pour tenir un morceau de craie, dont elle barbouille le tableau noir en s'efforçant de copier un modèle.

Lorsque l'enfant sait assembler ses mots et qu'il sait les écrire, mademoiselle Nicolle continue les leçons de choses par une méthode intuitive très personnelle. A tous ceux qu'elle connaît, à tous ceux qui l'approchent, elle demande de ces petites chromo-lithographies que les industriels parisiens distribuent à leur clientèle dans un but de réclame. Les enfants s'intéressent beaucoup à ces images dont elles admirent l'or et les enluminures; l'instinct féminin s'éveillant déjà en elles, leurs préférences sont toutefois pour celles qui montrent des fillettes joliment attifées, ou des belles dames excentriquement parées. Chaque image est d'abord l'objet d'une leçon orale et individuelle. Par une série de questions, l'enfant arrive à dépeindre la forme, la nature, la couleur des sujets qu'elle représente; si la fillette sait écrire, elle résume ses réponses en une courte narration.

A côté des classes, il y a l'ouvroir; quelques enfants y font l'apprentissage d'un métier et arrivent à devenir d'assez habiles fleuristes. Toutes se livrent à la couture qui leur apprend à utiliser leurs doigts. J'ai dit plus haut, dans un chapitre précédent, comment il est possible aux maîtresses de maisons charitables de faire beaucoup de bien à

peu de frais, en tirant parti de tous ces déchets
d'étoffes, tous ces effets hors d'usage, jetés à la
boîte aux ordures ou enlevés par le marchand de
chiffons pour une somme dérisoire. Je veux bien
que beaucoup n'aient point le temps de chercher
un débouché bienfaisant à tous les rebuts de leur
toilette ou de leur ménage; qu'elles en fassent un
paquet à l'adresse de la Salpêtrière et ne se sou-,
cient point du reste. De deux paires de bas de laine,
les élèves de mademoiselle Nicolle sauront faire un
chaud petit jupon d'enfant pour l'hiver; des rognures
effilochées, cousues entre deux lambeaux de sati-
nette, leur serviront à former le couvre-pied d'un
berceau. Du même coup, il y aura beaucoup d'heureux, car ce n'est pas pour elles que les pauvres
enfants travaillent; leur ouvroir approvisionne
modestement le bureau de bienfaisance de l'arrondissement. Après les avoir fait parler, après leur
avoir montré à lire, à écrire, à orthographier, à
coudre, à travailler manuellement, on leur enseigne
la charité, l'amour du prochain, pour que ces êtres
si enclins à s'absorber dans l'égoïsme trouvent un
allègement de leurs maux dans la compassion à
l'égard des souffrances d'autrui.

Les garçons sont mieux partagés que les filles,
je l'ai dit. Deux écoles sont ouvertes pour les rece-

voir à l'asile de Vaucluse et à l'hospice de Bicêtre. Celle de Vaucluse a été ouverte à la suite d'une délibération prise en 1873 par le Conseil municipal, réalisant une conception déjà ancienne du Dr Billiod. Elle est installée dans un corps de bâtiment ayant servi de grange autrefois; les cent enfants qu'elle réunit y sont envoyés par la ville de Paris ou placés par leurs familles à titre de pensionnaires; on ne compte parmi eux ni gâteux, ni épileptiques, ni idiots, mais seulement des semi-imbéciles et des arriérés, que l'on essaie de régénérer au contact immédiat de la nature, en les faisant vivre autant que possible de la vie agricole.

À Bicêtre, où il y a près de quatre cents enfants, la tâche est plus ardue; l'école est heureusement modèle. La condition des enfants dans cet hospice était autrefois des plus tristes; ils végétaient dans une horrible promiscuité, avec les incurables et certaines catégories d'aliénés adultes. En 1879, le Dr Bourneville fut appelé à prendre la direction médicale de ce service; il vit que tout était encore à faire pour ces malheureux, et il résolut de tout faire.

Les locaux affectés à ces enfants étaient à cette époque dans un état de délabrement inimaginable. Il y avait, entre autres, une salle, servant de refuge

pendant le jour aux jeunes gâteux et de parloir les
jours de visite, qui était située sur un ancien puits
abandonné dont l'orifice n'était recouvert que d'un
simple plancher. Le Dr Bourneville, en même
temps que médecin, était conseiller municipal; il
n'eut pas de peine à intéresser ses collègues à la
situation barbare faite aux enfants confiés à ses
soins; sans recourir aux demi-mesures, toujours
préjudiciables, il résolut de bouleverser de fond en
comble une partie de l'ancien Bicêtre pour remplacer la maladrerie anathématisée par tous ceux qui
avaient eu l'occasion d'y voir croupir les enfants.

À l'angle sud-ouest de l'hospice de Bicêtre, il y
avait un vaste terrain dont une partie était com-
prise dans la zone militaire. Il obtint de la direction du génie au ministère de la guerre la faculté
d'y construire des bâtiments; le conseil municipal
lui ouvrit un crédit; les constructions surgirent
comme par enchantement, formant une succession
de pavillons, étagés sur le flanc du coteau d'où
Bicêtre domine la vallée de la Bièvre et la commune de Gentilly. Les pavillons sont séparés par
de petits jardins et reliés par des galeries couvertes,
en pente douce; ils étaient simples au moment de
leur construction; on s'occupe maintenant de les
doubler.

Si l'œil ne rencontrait le toit de la *Sûreté*, cette division où l'on enferme dans la cage fameuse les fous homicides, rien ne rappellerait Bicêtre. La vue s'étend sur un paysage ravissant, d'un côté; de l'autre, c'est le panorama de la plus grande partie de la rive gauche de Paris. Puis, lorsque le regard se reporte sur les constructions, c'est pour en admirer les proportions légères, l'aspect riant en été, quand elles sont bordées de parterres de fleurs dessinant des figures géométriques. Même dans l'ornementation horticole, on s'est attaché à être utile, à frapper perpétuellement les yeux des enfants; tout doit concourir à leur éducation si pénible. Les fusains, les ifs sont taillés en cones, en polyèdres, en hexagones; chaque arbuste est étiqueté; aux parterres de fleurs se mêlent des plants de légumes comprenant quelques spécimens de toutes les espèces maraîchères. Ce sont des leçons de choses qui ne seraient pas à dédaigner dans la meilleure des écoles pour les enfants les plus sains de corps et d'esprit.

Cette section, qui portera si justement plus tard le nom de *section Bourneville*, se divise en quatre parties : les grands, les petits, les gâteux, les malades. Les pavillons sont identiques pour tous, exclusivement construits en briques et en fer, avec

de larges baies vitrées inondant les salles intérieures
d'air et de lumière. Je ne m'étendrai point sur l'installation; il faudrait m'arrêter à trop de menus
détails marqués au coin de la même entente pratique et de la même sollicitude. Je dirai cependant
un mot de l'aménagement des pavillons servant aux
classes et aux ateliers. Chacun d'eux est une ruche
dont les alvéoles sont formées par des cloisons
vitrées, de telle sorte que rien ne vient arrêter le
regard, entraver la surveillance qui doit être cons-
tante sur ces irresponsables et ces maniaques. Une
cellule est attenante à chaque classe et chaque atelier; quand un épileptique tombe en attaque, ses
gardiens se hâtent de l'y transporter, le laissant
couché sur un matelas, jusqu'à ce que la crise soit
passée.

Les *grands* sont placés sous la surveillance de
gardiens et d'instituteurs; ils sont partagés en deux
groupes : l'un va à l'atelier dans la matinée, tandis
que l'autre se rend à l'étude; dans l'après-midi,
c'est le contraire. On compte sept ateliers actuellement dans la section, pour la menuiserie, la serrurerie, la vannerie, le rempaillage, la couture, la
cordonnerie et la brosserie. Les enfants travaillent
exclusivement pour l'hospice, et ce n'est point la
besogne qui manque dans cet énorme amas de

bâtisses, où vit une population de plus de 3,300 individus. Ils usent d'ailleurs eux-mêmes tant d'effets
et de souliers, que les tailleurs et les cordonniers
suffisent bien juste à la besogne.

Quand un enfant valide arrive à Bicêtre, on le
promène à travers les ateliers, il choisit ensuite
l'occupation qu'il préfère. Les épileptiques m'ont
semblé opter pour la menuiserie et la serrurerie;
les semi-imbéciles m'ont paru s'occuper fort utilement à la vannerie, au rempaillage, à la brosserie;
les paralytiques, les hémiplégiques, les hydrocéphales, arrivent à être des tailleurs et des cordonniers très présentables. Les idiots sont un peu
répartis entre toutes ces professions; quelques-uns
sont assez habiles manuellement, mais il faut
compter avec leurs lubies; il y a des jours où il est
impossible de leur faire tenir un outil, une plume
ou un livre.

Avec les idiots, tout progrès réalisé est définitivement acquis; il n'y a pas à craindre de retour en
arrière. C'est malheureusement tout le contraire
avec les épileptiques. Des enfants arrivés en pleine
intelligence à l'hospice finissent par tomber dans
l'idiotie sous l'influence réitérée des attaques. On a
une triste preuve de cette déchéance en compul-
sant les dossiers des élèves, que chacun se cons-

titue lui-même en quelque sorte. Ce dossier est un simple cahier sur lequel l'enfant écrit à diverses époques de son séjour dans la section. S'il s'agit d'un imbécile, on trouve à la première page des gribouillages informes, qui prennent corps au fur et à mesure que l'on feuillette le cahier et arrivent à avoir une forme intelligible, quelquefois même satisfaisante.

S'il s'agit d'un épileptique, et surtout d'un enfant apporté trop tard à l'hospice, après que la première période de curabilité s'est écoulée, on trouve d'abord des progrès marqués ; l'écriture est ferme, nette, bien moulée ; la dictée ne compte que peu de fautes ; les problèmes ont été résolus. Peu à peu le déclin se manifeste, l'écriture devient tremblante, l'orthographe cesse d'être correcte, la solution des problèmes manque. Tel enfant à qui l'instituteur de Bicêtre était arrivé à faire passer son certificat d'études, est déchu au point de savoir à peine tenir une plume.

A chaque cahier se trouvent annexées des photographies de l'enfant pendant ses différentes phases ; on est douloureusement impressionné en voyant la corrélation entre la décrépitude physique et la déchéance morale. Plus l'enfant est pris jeune, plus il a de chances d'amélioration, sinon de guérison.

Les *petits* épileptiques, imbéciles et idiots, sont confiés à des femmes, dont les soins sont plus vigilants, plus patients, plus maternels que ceux des infirmiers les plus dévoués. Par petits, il faut entendre non pas seulement les moins âgés, mais ceux aussi dont le développement physique a été frappé d'un arrêt subit, qui sont restés des enfants par le corps et par l'intelligence. J'ai vu là des garçons de vingt ans, dont le corps émacié était celui d'enfants d'une douzaine d'années.

Autant d'enfants, autant de modes d'éducation différents à mettre en pratique. Il faut poursuivre parallèlement un double but, en s'attachant à la fois au redressement physique et au relèvement intellectuel de ces êtres. Pour ceux qui sont simplement paralytiques ou mal conformés, on a installé à côté des classes un petit gymnase couvert, qui ne compte, en fait d'agrès, que de minces échelles de cordes à échelons de bois, auxquels les enfants s'accrochent pour accomplir une série de mouvements appropriés à leurs infirmités. Le long des murs de la salle pendent des poignées attachées à des étendeurs, ressorts à boudin très flexibles, au moyen desquels les enfants se soutiennent pour opérer la flexion des genoux.

Ce n'est qu'après longtemps qu'on peut arriver

à soumettre les idiots à des exercices aussi élémentaires. La notion des choses extérieures leur
échappe à tel point que c'est un grand progrès
que de pouvoir leur faire distinguer une boule
grosse comme le poing d'une autre petite comme
une noisette. Ce résultat acquis, on le perfectionne
en augmentant le nombre des boules, jusqu'à ce
qu'il reconnaissent sans se tromper toutes les dimensions intermédiaires. Des corps sphériques
on passe aux corps cubiques, puis aux couleurs
qu'on leur apprend à distinguer ; enfin, on en
arrive aux lettres de l'alphabet. Elles sont figurées
sur un tableau de carton, en grande taille, les
voyelles en rouge, les consonnes en noir ; l'enfant
doit chercher à placer sur la lettre correspondante
de ce tableau un morceau de bois découpé qui la
reproduit.

En même temps on veille à les familiariser avec
les objets usuels. Des boîtes à compartiments renferment à cet effet les denrées et les produits les
plus divers : du sel, des haricots, des lentilles,
des clous, du café, etc.

— Qu'est-ce que cela ? demande une surveil-
lante à un idiot, en lui désignant une case.

— Du blé.

— A quoi sert le blé ?... qu'est-ce qu'on en fait ?

— La farine?

— Montrez-moi la farine.

L'idiot désigne dans une case ; on lui fait dire ensuite que la farine sert à fabriquer le pain dont il prend un morceau dans un autre compartiment. Ce sont ces petits exemples qui montrent le mieux l'admirable patience dont il faut user dans l'éducation de ces malheureux.

Ce que les surveillants et les surveillantes ne perdent jamais de vue, c'est que les enfants confiés à leurs soins sont avant tout des malades, qu'il faut traiter avec ménagement, dont il faut réformer les manies avec une douceur qui cependant n'exclut pas la fermeté. Presque tous sont voraces, se jetant avec avidité sur les aliments laissés à leur portée. Chaque jour l'économat de l'hospice envoie à leurs éducateurs quelques légumes frais, choux, carottes, pommes de terre, salades, destinés aux leçons de choses ; il est bien rare qu'avant la fin de la journée ils n'aient pas été volés et dévorés en cachette par quelque glouton. Pour les indomptés qui se rendent coupables d'actes graves d'insubordination, il y a un quartier cellulaire, où toutes les mesures sont prises pour assurer la surveillance la plus minutieuse.

Avant d'user de mesures restrictives, on cherche

avant tout à agir moralement. Les enfants ne sont
pas prisonniers dans leur section ; l'espace s'ouvre
devant eux ; il leur serait même facile de s'échapper
soit de l'asile, soit des rangs de leurs camarades
quand on les mène en promenade au dehors, à
travers la campagne. Ils n'y songent point, et quand
d'aventure une évasion se produit, le malheureux
ne tarde pas à rentrer au bercail en véritable enfant
prodigue, trop heureux de retrouver la vie tran-
quille et large à laquelle il était habitué dans cet
asile miséricordieux.

La dernière catégorie, celle des gâteux, n'a
rien qui puisse nous arrêter, si ce n'est son installation parfaite. Chacun de ses dortoirs reste
pendant trois mois inoccupé afin de permettre une
complète aération. Chaque lit est séparé du voisin
par une fenêtre ; le dallage des salles permet d'en
opérer chaque jour le lavage à grande eau. Le
service de propreté a d'ailleurs reçu une grande
extension dans tous les pavillons. Il y a une salle
d'hydrothérapie complète, une salle de bains avec
baignoires, une autre pour les bains de pieds ;
enfin je mentionnerai le système des *vidoirs*, ces
lieu d'aisance collectifs où quatre fois par jour, on
conduit les imbéciles et les idiots et où on leur
donne les soins individuels que leur état nécessite.

Si je suis rentré dans de longs détails sur le fonctionnement de l'école de Bicêtre, c'est que c'est une œuvre encore mal connue, qui donne de merveilleux résultats et qui en promet de plus beaux encore, s'il est possible. Quand les enfants en sortent, c'est pour passer aux *vieillards*, c'est-à-dire dans les sections d'adultes. Ils trouvent à s'y utiliser manuellement, mais je ne cache point que je préférerais voir l'Assistance publique chercher à les rendre à la vie sociale en partie tout au moins. Quelques essais ont déjà été tentés, ils ont donné de bons résultats. J'ai vu un grand garçon placé au dehors chez un menuisier ; il gagnait trois francs par jour, retournant le soir à l'hospice, après sa journée de travail. Peut-être arrivera-t-on à généraliser ces placements individuels mixtes ; c'est un souhait que je forme.

Avant de clore ce chapitre, je ne puis omettre de signaler l'*Institution des enfants arriérés* fondée non loin de Bicêtre, à Gentilly, par M. Otto Baetge, où les enfants de familles riches sont l'objet de soins éclairés et reçoivent, par des méthodes analogues à celles que j'ai fait connaître, l'instruction qu'ils sont susceptibles d'acquérir.

A Bicêtre, comme à Gentilly, les exercices physiques sont en grand honneur. Je ne sais pas

d'école qui soit mieux montée en jeux de toutes
sortes que la section du docteur Bourneville. Les
quilles, le tonneau, le crocket, le passe-boules,
les balançoires, restent en permanence dans la
cour de récréation. Les plus ingambes forment
une escouade de gymnastique, assez sérieuse pour
avoir été admise à concourir avec de véritables
sociétés. Les plus intelligents ont été réunis pour
composer une petite troupe théâtrale, dont les représentations ont lieu de temps à autre, le dimanche,
intra muros. Les mieux doués enfin formeront une
fanfare à laquelle il manque à l'heure actuelle
plutôt des instruments que des instrumentistes.
S'il y a quelque part, dans Bicêtre, une porte au-
dessus de laquelle on puisse écrire la formule de
désespérance que Dante a placé au frontispice de
son enfer, il faut chercher ailleurs ; ce n'est point
au seuil de cette section.

XVIII

LES SOURDS-MUETS

L'enfance du sourd-muet. — Son premier éducateur. — La
méthode intuitive. — Nouvelle application de la phonomimie.
— Un coup d'œil historique. — L'Institution nationale des
sourds-muets. — L'école Péreire. — Le procédé d'éducation
par la parole. — Les bègues.

Les méthodes que nous avons vu employer pour
l'éducation des imbéciles et des idiots ont plus
d'un point de ressemblance avec celles qu'on met
en œuvre pour faire éclore et pour développer l'intelligence des enfants sourds-muets. Au surplus,
parmi les incurables des frères Saint-Jean de Dieu,
parmi les déshérités de Bicêtre, on trouve toujours
quelques sourds-muets et surtout quelques aveugles. Dans le premier établissement, ils ne sont
admis que par charité; le second ouvre ses portes
aux enfants qui sont repoussés de toutes les écoles
spéciales en raison de leur déchéance morale, qui,

jointe à leurs infirmités physiques, en fait des êtres purement végétatifs.

Dans les premiers temps de son existence, le sourd-muet est un enfant comme les autres. Rien ne vient déceler sa redoutable infirmité; il fait entendre des vagissements, il semble percevoir les bruits insolites qui vibrent autour de lui; il rit, il pleure, en un mot rien ne vient éclairer ses parents sur son infortune, jusqu'au jour où ceux-ci, lassés de chercher vainement à le faire parler, finissent par soupçonner la cruelle vérité. Tôt ou tard l'évidence arrive à éclater.

L'infériorité du sourd-muet sur l'entendant-parlant ne commence qu'à ce moment. Au point de vue de l'intelligence, les deux enfants sont égaux; il est exagéré de prétendre que, dans le silence, l'activité cérébrale s'exalte chez le sourd-muet en présence des choses extérieures; il est non moins faux de vouloir lui assigner un rang inférieur dans l'échelle des êtres. Il convient cependant d'ajouter que, sur l'ensemble des sourds-muets, un certain nombre, le quart peut-être, sont devenus tels à la suite d'un ébranlement physique éprouvé, soit pendant la période fœtale, soit après la naissance par suite d'une de ces nombreuses maladies qui déciment la première enfance. Qui peut affirmer que la surdité n'est dans ce cas qu'un simple accident local, n'ayant aucune liaison physiologique avec l'état du reste du corps et particulièrement du cerveau?

Le premier éducateur du sourd-muet est la mère. Ne pouvant se faire à l'idée que son enfant n'entend point ses paroles, elle lui parle machinalement, et instinctivement elle accompagne ses mots d'un jeu de physionomie expressif et d'un geste indicateur. Dès lors, l'enfant s'habitue à établir des corrélations entre certains mouvements du visage ou des membres et certains actes matériels, voire même quelques idées abstraites, lui donnant les premières notions du bien et du mal.

« Le sens de l'ouïe, dit M. de Gérando, ne nous apporte qu'un très petit nombre de connaissances directes et positives sur les objets extérieurs; c'est le sens de la vue qui presque toujours nous révèle leur présence, leur distance, leur situation, leur mouvement, leurs dimensions, leurs proportions, leurs propriétés principales. » C'est précisément pourquoi, toutes les écoles, et je prends ici ce mot dans l'acception la plus large, sont d'accord sur la nécessité de meubler l'esprit du sourd-muet au moyen de la méthode intuitive qui consiste à mettre les faits eux-mêmes, les choses réelles sous les yeux de l'enfant.

Le dessin, employé jadis par quelques éducateurs de sourds-muets, ne doit pas être un moyen
d'intuition, parce qu'il est de nature à donner à
l'enfant une série d'idées fausses. Qu'on place devant ses yeux deux dessins représentant, l'un un
éléphant et l'autre un mouton; il y aura beaucoup
de chances pour qu'il s'imagine que le mouton est
sinon plus gros au moins de même taille que le
pachyderme. Qu'on le conduise au contraire au
Jardin des Plantes et qu'on lui montre l'un et
l'autre animal; le dessin aura alors une significa-
tion réelle pour lui, parce qu'il sera un excellent
moyen de rappel pour la pensée.

L'enfant sourd-muet se compose donc, dans les
premiers temps de sa vie, une langue naturelle, qui
lui permet d'entrer en relations avec son entourage
intime, au moyen d'une mimique appropriée aux
idées encore rudimentaires qu'il veut exprimer.
Augustin Grosselin, l'inventeur de la phonomimie,
cette méthode d'enseignement par la voix et par le
geste que j'ai déjà signalée en parlant de l'école
des arriérées et des idiotes à la Salpêtrière, a voulu
aller plus loin. Sous ses auspices, une Société s'est
fondée en 1866 pour favoriser l'instruction des
sourds-muets dans les écoles maternelles et les
écoles primaires, c'est-à-dire au milieu même des

enfants entendants-parlants. Pour comprendre ce système, il est indispensable de donner une idée succincte de ce langage gesticulé.

Le but de la phonomimie, dans l'esprit de son inventeur, est de venir en aide au travail de la mémoire, et de personnifier les éléments vocaux, de manière à donner à l'enseignement un attrait propre à fixer l'attention de jeunes enfants. Chaque son est en outre représenté par un ou plusieurs gestes suivant l'unicité ou la complexité de sa composition. Voici une simple phrase : *Le chat m'a griffé*. La phonomimie la traduit ainsi par geste ! *l* est représenté par un geste horizontal de la main, imitant l'eau qui coule ; *e*, la main se pose sur la poitrine pour signifier la fatigue ; *ch*, un doigt placé sur la bouche comme pour recommander le silence ; *a*, comme plus haut, le *t* n'ayant aucune valeur dans la prononciation, n'en a pas davantage dans la mimique. Je continue à traduire : *m* se figure par le poing fermé à la hauteur de la hanche. Pourquoi ? parce que dans l'alphabet d'Augustin Grosselin ce geste représente l'action de traire la vache qui fait *mmm*, quand elle mugit. Il reste le mot *griffé* : pour le *g*, la main se porte à la gorge, indiquant l'étranglement ; *r* se figure par un cercle tracé dans le vide pour rappeler la

roue qui tourne et le bruit que fait la voiture en
roulant sur le pavé; *i*, nous avons vu précédemment que c'était le rire; *f* se traduit par le geste du
chat mécontent qui montre ses griffes et gronde *fff*;
enfin l'*é* correspond à un signe d'appel.

Par cet exemple que j'ai pris un peu au hasard,
on voit tout ce que cette méthode a de conven-
tionnel. J'ai dit que pour les idiots, les simples
d'esprit, elle donnait de bons résultats; je suis fondé
à croire qu'il doit en être de même avec les tout jeunes enfants dont elle soutient l'attention collective.
Au reste, il y a à Paris bon nombre d'écoles maternelles qui l'emploient et s'en trouvent bien. Il reste
à savoir si ce moyen, accessoire quand il s'agit
d'entendants-parlants, peut se transformer en système primordial à l'usage des sourds-muets. La
question a été maintes fois portée devant les Congrès d'instituteurs spéciaux et a toujours été résolue
par la négative.

Je ne crois donc point devoir insister sur les
efforts généreusement faits par M. E. Grosselin pour
répandre la méthode de son père. Il faut lui savoir
gré de s'être préoccupé du sort de malheureux
enfants que l'Institution nationale de la rue Saint-
Jacques ne peut accueillir aux termes de son règlement, qu'à partir de l'âge de vingt ans. Il est évi-

dent que les parents ne peuvent la plupart du temps s'occuper du matin au soir de leur enfant. Ils sont obligés de vaquer à leurs travaux journaliers; l'enfant sourd-muet est donc condamné à rester à la maison dans l'inaction sinon matérielle au moins intellectuelle. Dans de telles conditions, il vaut beaucoup mieux l'envoyer se dégourdir au milieu d'entendants-parlants; il est certain qu'il serait préférable de voir ouvrir par la ville de Paris, dans un certain nombre d'écoles communales, des classes spéciales permettant de donner aux petits sourds-muets, d'après des méthodes rationnelles, l'instruction primaire à laquelle la loi les astreint.

L'enseignement est donné aux sourds-muets à Paris par l'Institution nationale qui ne reçoit que des garçons, les filles étant envoyées, depuis 1859, à l'établissement analogue existant à Bordeaux. Il y a en outre, dans le département de la Seine, deux écoles privées, l'une à Bourg-la-Reine, tenue par les religieuses du Calvaire, et l'autre à Rueil, dirigée par M. Magnat, ancien directeur de l'école Péreire, et recevant de nombreux boursiers de la ville de Paris.

L'abbé de l'Épée, dont la statue, œuvre d'un sourd-muet, M. Félix Martin, se dresse dans la cour d'honneur de l'Institution de la rue Saint-

Jacques, ne fut pas le premier éducateur des sourds-muets, comme on le croit communément. Je suis obligé de m'arrêter ici à ces détails historiques, sans lesquels il ne serait point possible de rendre intelligibles les différents procédés d'éducation. Le premier exemple qu'on relate d'un sourd-muet ayant acquis une certaine connaissance, remonte à plus de douze cents ans. C'est Jean de Reverley, archevêque d'Yorck, qui parvint à faire parler un sourd au moyen du langage articulé.

Au seizième siècle, deux contemporains se firent connaître par leur art d'instruire les sourds-muets, ce furent deux religieux espagnols, l'un, Pierre de Ponce se servait de la parole, l'autre nommé Bonnet enseignait par la mimique. Je passe les exemples encore connus, pour en arriver au dix-huitième siècle. En même temps que l'abbé de l'Epée se signalait dans l'enseignement des malheureux enfants qu'il avait recueillis, un Saxon, Samuel Heinicke, et un israélite portugais, Rodriguez Pereire, faisaient parler les sourds, ce dernier à Paris même, en pleine Académie des sciences.

Ainsi, depuis une assez haute antiquité, on a toujours eu des exemples de l'éducation des sourds-muets, et cela au moyen de l'articulation. La gloire de l'abbé de l'Epée est d'avoir érigé en

méthode ce qui n'était, chez ses prédécesseurs,
qu'une œuvre purement individuelle ; c'est aussi
de ne s'être point borné à doter le sourd-muet d'un
instrument de communication, mais d'avoir cherché à développer son intelligence dans tout le
domaine qui lui était accessible.

« L'unique moyen de rendre les sourds-muets
totalement à la société, est de leur apprendre à
entendre des yeux et à s'exprimer de vive voix.
Nous y réussissons en grande partie avec nos
sourds-muets, quoique nous ne vivions pas avec eux
et qu'ils ne viennent à nos leçons que deux fois
par semaine. Il n'est rien (absolument rien) qu'ils
ne puissent écrire sous la dictée et sans leur
faire aucun signe. » Voilà ce qu'a dit l'abbé de
l'Epée et il a ajouté : « C'est ce qu'il s'agit de perfectionner ; on y arriverait infailliblement s'il y
avait des maisons d'éducation consacrées à cette
œuvre. »

Celle qu'il avait fondée à Paris, fut dotée en
1778 par Louis XVI et devint établissement national en 1791 par un vote de la Convention. On y
continua les traditions de la méthode qu'il avait
innovée, c'est-à-dire que la base de l'enseignement
fut la mimique, à laquelle il avait eu recours de
préférence à la parole comme donnant des résultats

plus immédiats, si l'on songe qu'il ne pouvait consacrer qu'un temps relativement minime à son
œuvre charitable.

Les trois procédés en usage pour l'éducation des
sourds-muets sont : la mimique qu'il ne faut pas
confondre avec la dactylologie, alphabet manuel
d'un secours médiocre pour les sourds-muets en
dehors des relations avec les entendants-parlants ;
le second procédé est l'écriture ; le troisième est la
parole. A l'Institution nationale, bien qu'on s'ef-
forçât de conserver l'usage de la langue aux
enfants qui avaient parlé et entendu pendant les
premières années de leur vie, l'enseignement avait
lieu jusqu'en ces dernières années au moyen de la
mimique et de l'écriture.

En France, on ne comptait que deux écoles, à
Saint-Hippolyte-du-Fort et à Villeneuve-les-Avi-
gnon, où l'on enseignât au moyen de l'articulation.
A Paris, la riche famille Péreire se montrait très
désireuse de retrouver la trace de la méthode de
son aïeul, mais celui-ci en avait emporté le secret
dans la tombe, par dépit, dit-on, de n'avoir point
vu son mérite assez hautement prisé. A défaut de
la méthode de l'ancêtre, les Péreire résolurent de
reprendre la voie qu'il avait suivie et fondèrent,
dans l'avenue de Villiers, l'école que dirigea M. Ma-

gnat jusqu'au moment de s'établir à Rueil pour
son propre compte.

A l'étranger, cependant, en Allemagne surtout,
puis en Belgique, en Hollande, l'enseignement par
l'articulation, combinée ou non avec la mimique
et l'écriture, avait fait de grands progrès. En
1872, il y eut un congrès à Venise ; les instituteurs
italiens décidèrent l'introduction de la méthode
orale dans toutes leurs écoles, à l'exemple de celle
de Côme et de Sienne. En 1880, nouveau congrès
à Milan ; cette fois, ce fut la France qui suivit le
mouvement ; dès 1881, tout l'enseignement fut
bouleversé dans les écoles officielles et la plupart
des établissements privés.

Bien que, jusqu'à cette époque, la mimique fut
restée le grand moyen d'éducation en usage à l'Institution nationale, on y comptait cependant dès
longtemps un cours spécial, où les signes étaient
interdits et remplacés par la parole et l'écriture.
L'origine de ce cours remonte à 1839; c'est une
fondation du docteur Itard qui légua sa fortune à
l'établissement, dont il avait été, durant fort longtemps, le médecin en chef, sous la condition que
les revenus seraient affectés à l'entretien de cinq
élèves choisis parmi les plus intelligents, pendant
une période complémentaire de trois années et

avec cette restriction que la mimique serait bannie
des cours professés à leur usage.

La durée du séjour des enfants à l'Institution
était alors de six années. Plus tard, cette durée fut
portée à sept ans ; on vient de réconnaître récemment que ce n'était pas trop de huit années
d'études pour arriver, dans la mesure du possible,
à rendre le sourd-muet à la société au moyen de
la méthode orale. Par suite, l'âge d'admission des
enfants a pu être abaissé ; c'est à neuf ans qu'on
les reçoit maintenant et jusqu'à douze ans. Autrefois, les élèves, à leur entrée, devaient être âgés
de dix ans au moins et de quatorze au plus. Sur
les deux cents enfants que compte l'Institution, la
plupart sont des boursiers de l'Etat, de la Ville de
Paris, des départements, des communes ou des
administrations charitables. La vie intérieure de
l'Institution ne diffère de celle des grands inter-
nats, des collèges et des lycées, que par l'organisation du travail manuel. Il m'a semblé que
cette partie très importante de l'éducation du
sourd-muet avait été longtemps sacrifiée ; ce n'est
pas le tout d'avoir des ateliers de menuiserie, de
typographie, de lithographie, de sculpture sur
bois, de cordonnerie, il faut savoir diriger d'une
façon pratique l'apprentissage des élèves. Le di-

recteur actuel, M. Javal, a opéré à ce sujet des
réformes utiles, de nature à produire de bons résultats. Au lieu d'être régis par des entrepreneurs
ne songeant qu'à exploiter la main d'œuvre, les
différents ateliers sont pourvus de contre-maîtres
intelligents, n'ayant d'autre but que de développer
l'habileté professionnelle des enfants placés sous
leurs ordres.

J'ai vu fabriquer, dans ces ateliers transformés,
tant par les menuisiers que par les sculpteurs sur
bois, les différentes pièces d'un grand corps de
bibliothèque, qui figurera à l'Exposition universelle de 1889 et donnera la mesure des résultats
obtenus par cette nouvelle méthode. Je me suis
aussi beaucoup intéressé aux travaux d'horticulture qui se font dans la maison ; c'est une spécia-
lité de l'Institution que de fournir de bons jardiniers. A l'atelier comme à l'étude, il n'est fait usage
que de la parole pour les ordres à donner ou les
interrogations à poser aux élèves. C'est au son du
tambour que les exercices ont lieu dans l'établissement, que tous les signaux se donnent pour le
lever et le coucher, la récréation, l'entrée, la sortie des classes. Les sourds n'entendent pas, il est
vrai, les vibrations sonores de la caisse ; en
revanche, ils les sentent, éprouvant dans l'épi-

gastre un tressaillement assez sensible pour les avertir qu'il est l'heure de se livrer à telle ou telle occupation.

Je ne m'étendrai point ici sur l'enseignement professionnel des élèves; pendant quatre années on ne leur fait faire que de menus travaux manuels destinés à les familiariser avec les outils; les quatre autres années sont celles du véritable apprentissage. Les métiers les plus propres aux sourds-muets sont ceux qu'il peuvent exercer à la ville comme à la campagne, en atelier ou isolément, par conséquent ceux de menuisier, de cordonnier, et aussi de tailleur et de peintre en bâtiment, deux professions qui leur seront données bientôt.

J'en arrive à l'instruction proprement dite des sourds-muets. Est-il besoin d'insister sur les difficultés de toute nature qu'elle présente? Ce n'est point sans de longs et patients efforts qu'on arrive à les faire lire sur les lèvres de leurs interlocuteurs et à leur faire articuler des sons. Plus que les autres enfants, le sourds-muet est distrait par les choses extérieures. Ce qu'on s'attache à développer en lui, c'est la faculté d'observation, l'acuité du regard fixé en un point déterminé. On range sur une table des petits chiens en caoutchouc d'espèces et de couleurs différentes ; ces jouets sont placés dans un ordre déterminé ; quand l'enfant a bien examiné, on lui fait tourner le dos à la table, on intervertit le placement de quelques-uns des objets et on lui demande ensuite de rétablir l'ordre primitif. Plus tard, on lui fait répéter une série de mouvements que le professeur exécute au moyen des doigts avec une vitesse de plus en plus grande.

Ces exercices n'ont pas d'autre objet que de forcer son attention et d'arriver peu à peu à faire usage de la parole greffée sur la méthode intuitive. Le maître soulève l'enfant assis à sa place en lui disant : *debout* ; puis il le fait rasseoir en lui pesant sur les épaules et en prononçant le mot *assis*. Après avoir répété cet exercice durant un certain temps, l'enfant est arrivé à saisir la corrélation existant entre le mouvement des lèvres et l'acte qu'on lui commande. De la même manière, on lui enseigne son propre nom et celui de ses camarades. Le professeur procède toujours par voie impérative ou interrogative. C'est seulement après avoir obtenu des résultats appréciables dans la lecture labiale qu'on cherche à faire émettre des sons aux sourds-muets.

Il faut tout d'abord leur apprendre à faire usage de leur souffle. Chez quelques enfants l'haleine est si faible, qu'ils ne peuvent arriver à éteindre une bougie; c'est un des premiers exercices auxquels on les soumet en augmentant peu à peu la distance de la flamme. Pour leur apprendre à régler le jeu de leurs poumons, on fait usage d'un long morceau de bois portant une rainure, comme ces petits rails servant à déplacer les lits; on pose une bille à l'une de ses extrémités et l'on fixe un point qu'elle doit atteindre et ne pas dépasser après avoir été lancée par un souffle. Je n'ai pas besoin de dire combien ces exercices sont de nature à développer la poitrine des enfants et à la fortifier.

Les premiers sons s'obtiennent par imitation de la position des lèvres, de la langue et de la mâchoire. Pour les rectifier, le professeur montre à l'enfant le mouvement de sa propre respiration lui faisant placer la main sur sa poitrine; il lui fait saisir par le même procédé les modulations de son larynx ou la résonnance qui s'établit dans le crâne par l'émission de certaines voyelles. Quand l'enfant sait articuler, on lui apprend à réunir ses syllabes; enfin l'écriture est appelée à l'aide du maître, mais comme un procédé d'enregistrement des résultats acquis et non comme un procédé d'instruction.

Le grand avantage de cette méthode est d'ap-

prendre aux sourds-muets à penser et à construire
leurs phrases dans le même ordre que les entendants-parlants; la mimique en effet a, si je puis
dire, un accent spécial à côté duquel le parler
nègre est une langue fort académique. C'est ce qui
a fait bannir la mimique de l'Institution nationale
des sourds-muets, au moins dans l'enseignement,
car elle continue et continuera toujours à être em-
ployée par les élèves dans leurs relations entre
eux ; c'est leur argot.

Des résultats surprenants sont obtenus par la
méthode orale, mais il faut bien dire cependant
qu'ils ne sont pas tous aussi généralement satis-
faisants. Il y a des élèves qui ne peuvent jamais
parvenir à articuler un son convenablement et
d'autres qui ont une réelle impossibilité à exécuter
la lecture labiale. Chez ceux même qui montrent le
plus de dispositions, le plus de facilités pour ces
deux exercices, la lecture n'est facile que sur les
lèvres des personnes qui leur sont familières, la
parole reste brève, tantôt uniforme et tantôt chan-
tonnante, fréquemment désagréable et pénible
pour ceux qui l'entendent. C'est d'un sourd-muet
cette jolie image : « La parole qui s'adresse
uniquement aux yeux peut être comparée à une
fleur délicate placée dans les mains d'un aveugle,

qui en respire le parfum, qui peut jusqu'à un certain point en apprécier la forme par le toucher, mais à qui échappent les gracieux détails de couleur, la délicatesse des nuances. »

Au système actuellement en usage à l'Institution des sourds-muets, système dit de *rotation*, consistant à donner à l'élève, dès le début de son éducation, un maître destiné à le suivre pendant tout le temps de son séjour, je préférerais voir substituer, au bout de quelques années d'études, un classement entre les élèves, de façon à grouper ceux qui montrent les mêmes aptitudes, pour éviter la perte de temps résultant infailliblement de l'inutilité de l'application de certains procédés à tels ou tels enfants.

Très convaincu pour ma part de l'excellence de la méthode orale qui, alors même qu'elle mettrait simplement le sourd-muet en possession d'un formulaire usuel, lui rendrait un inappréciable service, je crois que l'exclusivisme est un défaut et qu'il faut varier la méthode suivant les dispositions des enfants à éduquer. D'ailleurs, je me plais à dire qu'un très intéressant essai vient d'être tenté dans ce sens à l'Institution de la rue Saint-Jacques. Parmi les élèves nouvellement entrés, on a fait un choix de cinq ou six, chez lesquels un examen médical approfondi a démontré qu'il restait un vestige de l'ouïe. On cherche à développer ce rudiment auditif pour permettre à l'enfant de penser avec des mots en place de signes ou d'images. On s'efforce de faire arriver la notion du son jusqu'au cerveau au moyen de cornets acoustiques aboutissant à celle des oreilles qui perçoit encore des bruits vagues ; on apprend aussi à l'enfant à se parler à lui-même au moyen du même procédé. J'augure de bons résultats des efforts poursuivis dans cette voie et j'en attends une transformation plus complète de l'enseignement général.

Je ne terminerai pas sans noter l'application aux sourds-muets du procédé employé par mademoiselle Nicole à la Salpêtrière pour développer les facultés imaginatives de ses enfants au moyen de chromo-lithographies. Il y a cependant une grande distinction à faire entre les résultats obtenus avec les deux catégories d'élèves. Les arriérés et les imbéciles se contentent de décrire l'image qu'ils ont sous les yeux, en quelque sorte comme une nature morte ; les sourds-muets au contraire s'animent en face de l'objet représenté ; ils ne s'en tiennent pas à la forme et à la couleur, mais ils prêtent aux personnages des idées et des sentiments qui sont parfois d'une grâce naïve et touchante et qui révèlent un développement moral très avancé.

En 1867, on a annexé à l'Institution nationale un cours d'orthophonie pour le redressement vocal du bégaiement et de tous les vices de la parole, d'après la méthode du Dr Colombat. Je ne puis entrer dans de longues considérations à ce sujet. Je me bornerai à signaler le cours orthophonique professé deux fois par semaine à la mairie du IVe arrondissement pour les classes nécessiteuses. On compte en outre dans le XVIe arrondissement, à Passy, une institution de bègues, avec internat et externat où la durée moyenne des cours est de vingt jours.

Enfin, outre la Société créée par Augustin Grosselin pour la propagation de la phonomimie et de l'éducation des sourds-muets avec les entendants-parlants, deux Sociétés s'occupent du patronage et de l'assistance des sourds-muets. Il y en a même une troisième qui s'est fondée plus spécialement pour célébrer chaque année la fête de l'abbé de l'Epée. C'est à 1834 déjà que remonte cette pieuse coutume; un banquet réunit les convives au Palais-Royal pendant le mois de novembre, le jour anniversaire de la naissance du philanthrope. J'ai eu l'occasion d'assister, il y a quelques années, à l'une de ces

fêtes de famille, je me souviens qu'on y a porté
de nombreux toasts et que j'ai été vivement impressionné par la mimique expressive et réellement très imagée de quelques-uns des orateurs.

XIX

LES AVEUGLES

Connexités entre les sourds-muets et les aveugles. — En quoi
leur éducation se différencie. — Les frères Saint-Jean de
Dieu et les sœurs aveugles de Saint-Paul. — L'école Braille.
— L'écriture anaglyptographique. — L'enseignement primaire, professionnel et musical. — Imprimeries et journaux
d'aveugles. — Les copistes spéciaux.

La mémoire de l'abbé de l'Épée n'est pas en-
tourée de plus de vénération par les sourds-muets
que celle de Valentin Haüy par les aveugles. Si
la statue de l'un s'élève en bronze à l'entrée de
l'Institution de la rue Saint-Jacques, celle de
l'autre se dresse en marbre dans la cour d'honneur
du magnifique établissement du boulevard des
Invalides.

La condition de l'aveugle offre de grandes ana-
logies avec celle du sourd-muet. L'histoire de leur
éducation charitable est la même. L'abbé de l'Épée
enseignait chez lui deux fois par semaine les en-

fants qu'il avait recueillis ; Valentin Haüy recruta
en 1784 son premier élève sous le porche de
l'église Saint-Germain des Prés où il se livrait à la
mendicité. Les deux philanthropes eurent à vaincre
les mêmes difficultés ; les deux écoles qu'ils fondèrent furent transformées la même année, en 1791,
en établissements nationaux.

Cette connexité s'est continuée jusqu'à nos
jours ; il faut cependant reconnaître que la question de l'aveugle a fait à notre époque de plus
grands progrès que celle du sourd-muet. C'est
peut-être qu'il y a longtemps déjà que tous les procédés d'éducation ont été trouvés et perfectionnés
pour le premier, tandis que pour le second on sort
à peine de la période des essais et des tâtonnements.

Deux cliniques pour les maladies du larynx et
de l'oreille existent depuis longtemps en annexe à
l'Institution des sourds-muets. Ce n'est que de décembre 1880 que date la Clinique nationale des
Quinze-Vingts. Elle admet à sa consultation et hospitalise dans ses chambres tous les indigents que
les médecins supposent curables. La durée
moyenne du traitement interne est de dix jours ;
quant aux consultations externes, les enfants y
sont apportés en grand nombre pour toutes les

formes de l'ophthalmie. Il est impossible de savoir exactement à combien d'entre eux ce service médical a rendu ou a conservé la vue ; j'estime que les guérisons sont fréquentes.

Sans entrer dans un parallèle entre l'éducation du sourd-muet et celle de l'aveugle, il n'est pas inutile d'indiquer tout au moins en quoi elles se différencient. Le sourd-muet use de la vue qui est un instrument synthétique ; l'aveugle a recours au toucher dont le propre est d'être analytique. Dès lors, il faut amener le sourd-muet à l'analyse, et l'aveugle à la synthèse. Nous avons vu comment la méthode intuitive s'appliquait au premier ; ses résultats sont également bons avec le second. Le sourd-muet voit l'objet, il en constate l'usage, les qualités et les propriétés avant d'en connaître la dénomination ; c'est exactement le contraire pour l'aveugle à qui on explique ce que c'est qu'une surface plane, avant de lui faire toucher une glace.

Il est encore une remarque très curieuse à ajouter au sujet des procédés d'éducation. Nous avons dit que pour le sourd-muet le premier procédé, en dehors de la mimique, a été l'écriture, à laquelle est venu se substituer l'enseignement oral. Tout le contraire a eu lieu pour l'aveugle ; la base de son enseignement a été longtemps la

18.

parole que l'écriture a remplacée complètement depuis vingt années. Le livre et le poinçon, voilà les deux outils intellectuels de l'enfant aveugle aujourd'hui.

Les asiles spéciaux qui manquent aux sourds-muets en bas âge, ne font pas défaut aux aveugles. Les frères Saint Jean de Dieu, dont nous nous sommes occupés dans un précédent chapitre, reçoivent quelques garçons, dans leur établissement de la rue Lecourbe, mais seulement depuis 1875. Bien avant cette époque, dès l'année 1851, l'œuvre des sœurs aveugles de Saint-Paul s'était fondée à Paris pour accueillir, dès l'âge de quatre ans, les petites infirmes.

En regard de ces œuvres congréganistes, on peut en placer deux autres dues à l'initiative des laïques. Depuis 1862, une dame charitable, mademoiselle Boisselier, a établi dans son domicile, 50, rue de Belleville, un externat gratuit pour les enfants aveugles des deux sexes, à qui elle donne les premiers éléments d'instruction. La seconde création, commune également aux filles et aux garçons, est plus récente : c'est l'école *Braille*, fondée, comme la clinique d'ophthalmologie, à l'instigation de M. Péphau, directeur des Quinze-Vingts.

Mais, tandis que la Clinique est une création de l'État, l'école Braille est départementale ; c'est toutefois à la générosité privée qu'elle doit d'exister aujourd'hui. Ce fut d'abord une école enfantine ouverte à grand peine à Maisons-Alfort ; l'œuvre était utile, elle prospéra et il fallut la transporter à Paris, rue de Bagnolet, pour lui donner de l'extension. Cet agrandissement est encore insuffisant ; très prochainement, les soixante-douze enfants qu'elle compte, seront transférés à Saint-Mandé, où leur nombre s'accroîtra bien certainement.

Ce qui explique le grand développement que cette école a pris en si peu d'années, c'est qu'elle répond à un besoin immédiat, c'est qu'elle a comblé, à Paris du moins, une lacune dans l'enseignement public de ces infirmes. Plus tôt leur éducation primaire est commencée, plus haut il est possible de les conduire intellectuellement. L'Institution nationale ne reçoit ses élèves que de dix à treize ans ; elle garde les musiciens pendant huit années et limite à cinq ans la durée du séjour des élèves qui exercent une profession manuelle. Il faut que ce temps d'études soit consacré à autre chose qu'un enseignement primaire. Or c'est précisément grâce à des écoles départementales, ou régionales, comme l'école Braille, qu'on arrivera à faire de l'Institution des jeunes aveugles un établissement d'enseignement supérieur, ouvert aux seuls élèves ayant témoigné de leur aptitude à recevoir une culture intellectuelle plus élevée ou une éducation musicale approfondie.

Avant d'entrer dans quelques explications au sujet du fonctionnement de l'école départementale, je ne puis me dispenser de dire ce qu'a été Louis Braille, dont le nom a été choisi pour la dénomination de l'école. Braille était originaire d'un petit village de Seine-et-Marne, Coupvray, à 35 kilomètres de Paris, où un monument lui a été érigé en 1887 par les aveugles reconnaissants.

Il était fils d'un bourrelier ; à l'âge de trois ans, en 1812, se trouvant dans l'atelier paternel, il se saisit d'une serpette pour entailler une courroie de cuir ; malheureusement l'instrument glissa et vint crever l'œil de l'enfant. Il était borgne ; il ne tarda pas à être aveugle, par suite de l'inflammation qui gagna l'œil qu'on s'efforçait de lui conserver. Braille entra comme élève à l'Institution, en 1819 ; il n'en sortit plus, se vouant à l'instruction des pensionnaires de l'établissement et au soulagement de ses frères en infortune.

C'est lui qui les dota d'un système d'écriture

pratique. Déjà le hasard avait suggéré à Valentin Haüy l'idée de faire lire les aveugles avec leurs doigts au moyen de caractères romains fortement repoussés dans le papier de façon à former saillie. Braille, s'inspirant d'un système d'écriture, dite *écriture nocturne*, inventée par un officier d'artillerie du nom de Charles Barbier, arriva à combiner l'alphabet que je crois utile de reproduire içi pour en donner une idée nette à mes lecteurs.

Le signe générateur de cet alphabet se compose de six points placés deux par deux sur trois lignes horizontales. A l'aide de ces six points, tracés dans dans le papier au moyen d'un ingénieux appareil, l'aveugle peut non seulement représenter toutes les lettres, avec ou sans accents, mettre la ponctuation, placer les chiffres, les signes algébriques, mais encore écrire la musique et le plain-chant, faire même de la sténographie.

Cet alphabet est merveilleusement méthodique. Il se prête à tant de combinaisons qu'on s'en sert même pour marquer les cartes à jouer à l'usage des aveugles. C'est une opération qui s'exécute dans les ateliers des frères Saint Jean de Dieu, auxquels nous aurons d'ailleurs à revenir. C'est encore à Louis Braille que les aveugles sont redevables de cette distraction. On ne pouvait trouver

ÉCRITURE DES AVEUGLES
Procédé L. BRAILLE

LETTRES

a   b   c   d   e   f   g   h   i   j

k   l   m   n   o   p   q   r   s   t

u   v   x   y   z   ç   é   à   è   ù

â   ê   î   ô   û   ë   ï   ü   œ   w

,   ;   :   .   ?   !   ( )   «   »   .

apostrophe ou abréviatif   —   ;   ô ou §   æ   numérique   majuscule

CHIFFRES ET SIGNES DE MATHÉMATIQUES

1   2   3   4   5   6   7   8   9   0

:   ::   +   —   ×   /   =   >   <   √

Les gros points représentent les caractères en relief dans l'écriture anaglyptographique, les petits points ne servent qu'à indiquer la position relative des points dans le groupe de six.

un nom plus digne de patronner l'école d'aveugles
du département de la Seine.

J'ai dit que les aveugles avaient le toucher analytique et qu'on s'efforçait de le leur rendre synthétique. Je n'en prendrai que deux exemples, en
m'arrêtant à l'enseignement de l'histoire et de la
géographie, tel que je l'ai vu professer aux enfants
de l'école Braille.

La carte, une carte de France, par exemple, est
figurée par un morceau de linoleum découpé et
fixé sur une planche de bois, de manière à produire un relief. Des bandes étroites de cuir forment les limites des provinces; des lanières, encore
plus minces, dessinent les contours des départements; des fils de cuivre, de grosseurs diverses,
indiquent le cours des fleuves, des rivières et de
leurs affluents; les lignes de partage des eaux, les
chaînes de montagnes sont tracées au moyen de
clous à têtes étroites et allongées. Les chefs-lieux
de département sont marqués par des clous à tête
ronde; les chefs-lieux d'arrondissement, par des
têtes rondes plus petites; les ports de mer, par des
chevilles; les ports militaires, par des chevilles
également, mais à tête de velours; enfin, à un
centimètre environ de la carte, des fils de fer courent; sur terre, ils indiquent les lignes de chemin

de fer ; sur mer, les grandes voies de navigation.

Le point de départ de l'enfant pour ses recherches, quand une question lui est posée, est toujours Paris. On lui enseigne à reconnaître d'abord
les grandes divisions territoriales ou naturelles, on
restreint peu à peu le champ de l'observation tac-
tile. On arrive à pouvoir lui mettre entre les mains
une carte dont les morceaux sont découpés en
bois, comme ces jeux de patience fabriqués pour
les enfants clairvoyants. Les morceaux ont beau
être mélangés, l'aveugle reconnaît chaque pays,
chaque province, chaque département à ses
contours ; sans tâtonnements, il reconstitue la
carte.

Pour l'histoire, on fait usage d'un système analogue. Les graphiques sont très à la mode depuis
quelques années ; en statistique, cette manière de
faire parler les chiffres est utile et intéressante.
Elle a été appliquée à l'histoire par quelques péda-
gogues ; c'est un de ces graphiques dont on se
sert à l'école Braille ; on a simplement rendu saillantes les lignes dont il se compose. On en compte
trois : l'une droite et placée en diagonale, est sé-
parée de distance en distance par des boutons
représentant les siècles ; cette première ligne est
appelée la *ligne de malheur*. Une autre ligne

sinueuse tantôt s'éloigne et tantôt se rapproche de
la précédente, suivant les époques éclatantes ou
les périodes néfastes de l'histoire de France ; c'est
la ligne des faits, le long de laquelle des étoiles
figurent les changements de règne et des pointes
de diverses sortes rappellent les traités, les mariages, les épisodes saillants qui ont marqué
chaque siècle. En dessous de la ligne de malheur,
une seconde ligne sinueuse indique les agrandis-
sements successifs du territoire.

Donner l'instruction aux aveugles, ce n'est
qu'une partie de l'assistance qui leur est due ; il
faut encore mettre ces enfants en état sinon de
gagner absolument leur vie, au moins de suffire
à une partie de leurs besoins ; c'est à quoi s'emploient toutes les écoles qui les reçoivent. Je dois
constater à ce sujet deux courants d'opinions :
à l'école Braille, le travail manuel est en grand
honneur ; on le considère comme l'unique moyen,
sauf en ce qui concerne quelques sujets privi-
légiés, d'alléger le sort de l'aveugle ; à l'Institution
nationale des Jeunes aveugles, on regarde la carrière musicale et ses dérivés, comme l'unique
planche de salut des élèves. Je crois que la vérité
est entre ces deux opinions différentes. Elles n'auraient peut-être pas lieu de se produire en se con-

tredisant, si les deux écoles, au lieu d'avoir tendance à se juxtaposer, se contentaient de se compléter.

Le but à atteindre est très net ; il s'agit de ne pas dévier. Si j'entre ici dans le vif de la question, c'est que précisément l'éducation des aveugles m'a paru être en ce moment dans une phase critique. L'école primaire des aveugles est sérieusement constituée dans le département de la Seine ; il faut qu'il en soit de même en province par régions. Jusqu'à treize ans, l'enfant restera dans cette école ; il y apprendra tout ce qui constitue une bonne instruction élémentaire ; ses doigts s'y délieront par l'exercice de travaux manuels et par l'apprentissage de quelque métier, le familiarisant avec les outils ; il y acquerra les premiers éléments de la musique, de façon à provoquer en ui, le cas échéant, la vocation musicale, ou tout au moins pour fournir à son intelligence l'idée du beau sous la forme qui lui est accessible.

A treize ans, il faut que l'enfant, suivant ses aptitudes, trouve deux chemins devant lui : celui qui mène à l'Institution nationale pour s'y consacrer à la musique, ou celui de l'école professionnelle. Ce dernier est encore à tracer. Voilà la voie que j'indique à M. Péphau, que je sais tourmenté du désir d'achever son œuvre et d'assurer l'avenir de ses jeunes aveugles.

Il faut que l'école Braille reste toujours l'école primaire, où les enfants sont reçus de six à treize ans. C'est à côté d'elle, et surtout en dehors d'elle, que je voudrais voir créer l'école professionnelle qui jouerait pour le travail manuel le même rôle que l'Institution nationale pour l'enseignement musical. Je voudrais en outre que cette école professionnelle ne fût point spéciale au département de la Seine, mais qu'elle ouvrît ses portes à tous les jeunes aveugles français envoyés par leurs départements.

Je crois que par ce moyen il serait possible de faire faire un grand pas à la question des aveugles. Ce qu'a à redouter l'aveugle adulte, c'est le chômage. Isolé, il ne peut rien au point de vue du travail manuel; on hésite à lui confier de l'ouvrage ou à l'admettre en atelier avec des voyants. Étant groupés, au contraire, les aveugles indigents arriveraient par le travail en commun, rationnellement organisé, à diminuer dans de notables proportions la charge que leur entretien fait supporter à l'État, aux départements et aux communes. M. Péphau rêve d'un phalanstère pour les anciens élèves de l'école Braille. C'est une fondation analogue qui a été réalisée, en 1886, par la *Société de placement et de secours* des anciens élèves de l'Institution nationale de Paris.

Sur l'initiative de son président, M. Émile Martin, directeur, elle a ouvert à Illiers, près de Chartres, une maison de travail pour les ouvrières aveugles, anciennes élèves de l'Institution. L'atelier, avec internat, ne réunit encore que douze ouvrières ; elles sont logées et nourries par la Société, à la condition qu'elles puissent, avec leur travail, gagner au moins le quart de leur nourriture ; l'ouvrage est fourni et vendu par les soins de la Société. L'ouvrière touche la moitié du produit de son travail et s'habille à ses frais.

Le nombre des métiers propres à être exercés par l'aveugle est assez restreint : la fileterie, la chaussonnerie, la sparterie, la vannerie, le rempaillage, le tricot, le crochet, la brosserie, les couronnes de perles. Combien y en a-t-il dans cette nomenclature qui n'aient pas été tués par la prison ou par la machine ? A cette liste, j'allais ajouter l'imprimerie, mais le levage de la lettre en caractères Braille n'a d'utilité que dans les ateliers mêmes où il s'opère. On en compte trois à Paris, l'un à l'Institution nationale, les deux autres à l'Œuvre des sœurs aveugles de Saint-Paul, rue

Denfert-Rochereau, et chez les frères Saint-Jean de Dieu, rue Lecourbe.

La première imprimerie édite les volumes nécessaire à l'éducation des élèves de la maison. L'économat de l'Institution met en outre en vente tous livres, cartes, musique et instruments pouvant être utiles aux aveugles. Je signalerai à ce sujet le musée *Valentin Haüy*, ouvert au public le mardi de chaque semaine de quatre heures à cinq heures, 22 rue Rousselet. C'est un aveugle, M. Guilbeau, qui a eu la pensée excellente de réunir tous les objets spécialement construits à l'intention de l'aveugle. Il faut que les pères de famille, qui ont des enfants atteints de cécité, en apprennent le chemin. Ils y trouveront l'indication de tout ce qui est de nature à instruire, à distraire, voire même à aider usuellement les pauvres petits, dans leur vie infortunée.

Les sœurs aveugles, cette congrégation unique, qui éduque les petites infirmes et les hospitalise même pendant toute leur vie dans la maison, si elles veulent y rester, donnent l'instruction manuelle et musicale à leurs élèves. Leur atelier typographique imprime le seul journal d'aveugles existant encore en France. Le *Louis Braille* a été fondé en 1883 par M. Maurice de la Sizeranne, dont je ne crains pas d'associer le nom dès aujourd'hui à celui des aveugles bienfaisants qui auront le mieux mérité de l'humanité. Le *Louis Braille*, imprimé en relief, est complété par le *Valentin Haüy* (1), imprimé en noir à l'usage des éducateurs et des familles des aveugles. Depuis le mois de janvier 1886, M. de la Sizeranne a complété son œuvre ; il a songé aux aveugles pauvres et a ouvert pour eux la *bibliothèque Braille*, bibliothèque circulante de livres et de musique.

Les frères Saint-Jean-de-Dieu enfin, à côté de leur imprimerie, ont organisé un bureau de copie, pour suppléer à l'insuffisance des copistes, spéciaux aux aveugles, exerçant la profession d'ailleurs assez lucrative de noter en signes Braille les morceaux de musique. A l'atelier de la rue Lecourbe, on transcrit indifféremment paroles et musique de noir en points et de points en noir. Les feuillets sont réunis par de jeunes relieurs infirmes, de façon à composer plaquettes ou volumes.

Si je ne me suis pas arrêté longuement ici sur le fonctionnement de la splendide institution du boulevard des Invalides, c'est très intentionnellement. Son enseignement est presque tout entier

(1) Le siège de ces deux publications se trouve à Paris, 14, avenue de Villars.

consacré à la musique ; son orchestre est réputé ;
il est vrai qu'aux visites hebdomadaires du mercredi, pendant lesquelles le public a accès dans
l'établissement, on montre un certain nombre
d'objets très joliment faits par les jeunes filles
aveugles au crochet ou au tricot; ce ne sont là que
des travaux accessoires. Il y a à étudier l'Institution
des jeunes aveugles sous son véritable jour ; ce serait sortir de la question de la protection de l'enfance que de faire rentrer cette étude dans notre
cadre actuel. Toutefois, je ne puis passer sous silence les résultats matériellement obtenus. M. Emile
Martin a recherché, pour une statistique à fournir
au ministère de l'intérieur, ce qu'étaient devenus
205 élèves, sortis de l'Institution pendant la période
décennale de 1878 à 1888.

D'après cette statistique, sur 205 anciens élèves,
87 étaient professeurs de musique ou organistes ;
on comptait 7 instituteurs ou institutrices, 53 ac-
cordeurs de pianos, 34 ouvriers et ouvrières exerçant des métiers divers. En défalquant 17 anciens
élèves ayant une position aisée et vivant dans leur
famille sans avoir cherché à exercer une profession,
il n'en restait que 7 sur 205, n'ayant pas trouvé à
exercer au dehors les connaissances qu'ils avaient
acquises à l'Institution. Si cette statistique est réel-

lement exacte, elle est consolante. Mais n'est-elle
point l'effet d'un de ces mirages de la statistique
que j'ai maintes fois relevé? En dix ans, il arrive
tant de choses; comment suivre exactement la
trace d'un tel nombre d'individus! Ne nous mon-
trons pas trop optimistes à l'égard du sort de l'a-
veugle, c'est le plus sûr moyen de ne pas l'abandonner à lui-même, c'est-à-dire à l'isolement, au
découragement, au pessimisme.

XX

LA CORRECTION

La perversité de naissance. — Les parents impuissants, indifférents ou indignes. — Les petits vagabonds. — Le nombre
des arrestations. — L'article 66 du Code pénal. — Influence
contradictoire du régime cellulaire. — La récidive des mineurs. — La conscience.

Nous venons de voir combien de maladies, d'infirmités, attristent l'enfance ; ce lamentable tableau
n'est cependant pas encore complet. Il ne suffit
point à la société de combattre, par tous les moyens
en son pouvoir, les prédispositions morbides qui
font dégénérer la race, qui peuplent de non-valeurs
les hôpitaux et les hospices, qui l'obligent à s'im-
poser de lourdes charges ; il lui faut encore se dé-
fendre préventivement contre tous les individus
que l'influence des mauvais instincts ou la fatalité
des circonstances poussent à renforcer l'armée du
crime.

Lorsque l'enfant, dès son plus jeune âge, té-

19

moigne de sa précocité vicieuse, lorsqu'il se montre vagabond ou voleur, c'est qu'il est affligé de *perversité*, une maladie mentale dont les cas ne sont point rares à la Salpêtrière et à Bicêtre. Dans ces hospices, on traite les petits pervers comme des malades et non des révoltés ; on cultive en eux les bons instincts, dont la moisson arrive à un moment donné à triompher de l'ivraie natale. La perversité demande un traitement suivi, méthodique, scientifique même ; si ce traitement est remplacé par des moyens de coercition, ou si l'on tarde à l'appliquer aux jeunes enfants, le mal fait son œuvre ; ils deviennent des incorrigibles, je dirais presque des irresponsables.

Mais, en dehors de la perversité de naissance, très restreinte par rapport au nombre des délits et des crimes, il y a une foule de causes, poussant à la rue les filles et les garçons, les entraînant au vagabondage, à la mendicité, au vol et à la prostitution. Les principales proviennent du fait des parents, impuissants, indifférents ou indignes, telles sont les trois catégories dans lesquelles on peut les ranger.

Les uns sont impuissants, vis-à-vis de leurs enfants, parce qu'ils n'ont pas su les élever, parce qu'ils leur ont passé toutes leurs fantaisies, parce qu'ils ont excusé toutes leurs fautes, parce qu'ils n'ont pas su faire un bon usage de l'autorité paternelle. Par faiblesse, combien de mères se font les complices de leurs enfants dévoyés pour détourner la colère du chef de la famille. Tant que celui-ci est vivant, le respect, ou la crainte qu'il inspire, maintient l'enfant dans une certaine contrainte. Dès qu'il est mort, la mère expie cruellement sa complaisance coupable. L'ingratitude est naturelle à l'enfance, et La Fontaine n'a pas eu tort de dire que cet âge est sans pitié.

L'impuissance des parents résulte encore de leur indigence et de leurs charges de famille. L'impossibilité de veiller sur les enfants aboutit aux mêmes résultats que la nécessité cruelle de les abandonner à eux-mêmes. L'indifférence est aussi proche de l'impuissance que de l'indignité. Il y a des parents qui disparaissent un beau matin des garnis dans lesquels ils mènent leur existence accidentée, en laissant là leurs enfants, sans prendre la peine de les abandonner régulièrement, ce qui leur assurerait tout au moins le vivre et le couvert.

D'autres disent : *Bon voyage !* à l'enfant qui les quitte, pour aller, sans savoir où, traîner la vie de misère.

J'ai fait cette remarque, dans une précédente

étude, qu'un très grand nombre de filles mineures ne tombaient à la prostitution que pour fuir le nouveau ménage de leur père ou de leur mère, veuf ou veuve, remariés. Un soir, après une dispute, elles sont parties à l'aventure ; par un coup de tête, sans que personne songe à les retenir, sans qu'un appel provoque en elles une réaction salutaire, un regret de paroles amères échappées, un acte de soumission. Je répète que ces cas de scission des enfants avec leur famille sont très nombreux ; ils doivent être, à mon sens, encore plus fréquents pour les garçons que pour les filles.

Enfin, il y a les parents indignes, ceux qui maltraitent, et ceux qui exploitent. Ce sont eux qu'il faut pourchasser sans pitié. Le père ou la mère qui se fait le bourreau de son enfant, est toujours d'une moralité exécrable, s'adonnant à la débauche sous toutes ses formes, ne se contentant pas de martyriser le corps du petit, mais souillant encore à plaisir son imagination. Et cependant, je montrerai tout à l'heure qu'il y a des enfants chez lesquels l'honnêteté native est si forte que rien ne peut parvenir à l'ébranler, ni coups, ni mauvais exemples.

Quant aux parents qui exploitent leurs enfants, ce sont à mes yeux les derniers des êtres humains. La mendicité aboutit presque fatalement à la prostitution pour les filles, au vol pour les garçons, quelquefois aux deux pour les uns comme pour les autres. Ce n'est pas ici le lieu d'approfondir les horreurs de cette exploitation. Je veux que ce livre puisse rester entre les mains de toutes les mères de famille.

Pour une des causes que je viens d'indiquer, voilà donc l'enfant à la rue, hors de la famille, qui lui doit, suivant la nature et suivant la loi, asile, nourriture, éducation, protection. Que va faire la société pour lui? La pitié et l'intérêt lui dictent son devoir; il faut qu'elle se substitue à la famille absente, qu'elle l'arrache au milieu dans lequel il est prêt à perdre toute notion du bien et du mal, toute idée du tien et du mien.

Que peut faire en effet le jeune vagabond pour subsister, sinon mendier ou voler? Pour passer la nuit, il s'abritera sous un pont, le long des voies couvertes aux Halles, ou bien dans une maison en construction. Tôt ou tard, il sera mis en arrestation, pour flagrant délit de vagabondage, de mendicité, d'escroquerie ou de vol. Quelques-uns viennent d'eux-mêmes frapper à la porte du poste de police, comme ce gamin dont je me plais à raconter la consolante odyssée.

Son père était veuf, sans domicile fixe, ne se dé-
cidant jamais à gagner un garni tant qu'il trouvait
encore ouverte la boutique d'un marchand de vin.
L'enfant avait douze ans; il était obligé de suivre
son père dans ses pérégrinations à travers les dé-
bits de boissons; parfois il risquait une observation quand il avait sommeil et qu'il était las;
l'ivrogne lui répondait par des coups. Un jour,
tout un plan de conduite germa dans sa cervelle
pour échapper à l'existence dont il souffrait. Il
s'employa à toutes les petites besognes qu'il put
imaginer. Sou à sou, il amassa une somme de
cinq francs; alors, il se rendit à un bureau de placement, paya son inscription et se mit en quête
d'une place. Il en trouva une à Belleville chez un
boucher, qui accepta de le prendre pour faire les
courses. Il était au pair, c'est-à-dire qu'il ne recevait que la nourriture et le logement. Mais, à force
de battre le pavé, ses souliers ne tardèrent pas à
s'éculer lamentablement; ses habits eux-mêmes
étaient dans un état pitoyable; le boucher exigea
une tenue plus convenable. Comment faire? L'enfant, qui ne gagnait rien, s'adressa à son père;
celui-ci refusa de lui fournir quoi que ce soit;
bref, le boucher le mit à la porte. Plutôt que de
vagabonder, l'enfant alla demander asile dans un

poste de police. Par les soins de l'Assistance publique, il est devenu un excellent sujet et un parfait ouvrier.

Les gardiens de la paix, dont les postes sont d'une insuffisance si notoire, se montrent généralement paternels à l'égard des petits vagabonds qu'ils ont été appelés à arrêter ou à recueillir. Souvent ils leur évitent la promiscuité dangereuse des *violons*, où les âges, sinon les sexes, sont confondus si malheureusement. En hiver surtout, ils leur font place à côté d'eux auprès du poêle, où ils les laissent dormir sur un lit de camp, en attendant le passage du *panier à salade*. Ce n'est qu'une tolérance de leur part, je voudrais que ce fût l'exécution d'un ordre de la préfecture ; il y a nécessité absolue d'éviter à ces enfants, en toute occasion, le contact des individus perdus sans espoir de retour.

La voiture cellulaire est une autre cause de promiscuité ; pour ménager la place, les enfants restent parfois dans le couloir central, au contact de femmes de mauvaise vie ; il y a bien un gardien pour la surveillance, mais cette surveillance est-elle très réelle ? Au dépôt, la situation change. Jusqu'en 1879, les enfants étaient laissés en commun ; ce système n'était pas pour leur déplaire,

parait-il. Les garçons n'avaient aucun rapport
avec les adultes, mais il n'en était pas de même des
filles, qu'on plaçait en compagnie des femmes arrêtées pour délit de droit commun, dont on prenait,
il est vrai, le soin d'exclure les proxénètes et les
filles publiques. Le séjour du dépôt avait tant de
charmes pour certains enfants, qu'il les poussait à
la récidive, rien que dans l'espoir d'y revenir.

Le régime cellulaire, rigoureusement appliqué
aujourd'hui aux mineurs des deux sexes, âgés de
moins de seize ans, a changé cela. Sans rechercher
comment les choses se passaient autrefois, je m'en
tiendrai à la pratique actuelle, en vigueur depuis
janvier 1888. Deux quartiers cellulaires ont été
créés, l'un au dépôt même, pour les garçons;
l'autre à la Conciergerie, pour les filles. On ne les
y fait séjourner que le temps strictement nécessaire pour qu'une décision intervienne à leur
égard.

Les pièces relatives à chaque enfant arrêté sont
transmises d'urgence au deuxième bureau de la
première division de la Préfecture de police, qui
fait aussitôt prévenir la famille. On constate souvent alors que l'enfant a donné un faux nom, une
fausse adresse, qu'il a inventé des histoires extraor-
dinaires pour se rendre intéressant ou pour dé-

pister les recherches des agents à son sujet. Voici
le tableau des arrestations opérées en cinq années,
qui ont motivé les enquêtes de ce bureau :

ANNÉES	AU-DESSOUS DE 16 ANS	DE 16 ANS A 21 ANS	TOTAUX
1883	2.009	13.242	15 251
1884	1.780	11.589	13 369
1885	1.836	8.779	10.615
1886	1.823	8.852	10.675
1887	2.203	7 899	10.102
	9.651	50.361	60.012

Ce tableau permet de juger le labeur énorme
qui incombe aux fonctionnaires de ce service. Le
chef du bureau remet aux parents les enfants
qu'ils réclament, si rien de grave ne leur est reproché; il en fait élargir quelques autres pour
lesquels il trouve un répondant, soit que l'Assistance publique consente à s'en charger, soit qu'une
Société charitable en accepte le patronage. Les
voleurs ou les mendiants en récidive sont déférés
au *petit parquet*, dont les magistrats opèrent un
nouveau triage sur les mêmes bases. Ce n'est qu'a-
près avoir déjà subi cinq, dix, quinze arrestations,
que l'enfant se voit enfin traduit en police correctionnelle.

L'embarras du tribunal est grand dans beaucoup de cas. Les magistrats savent très bien que si ce gamin de douze ou quatorze ans a volé, c'est qu'il y a été entraîné par de plus malins que lui, de plus pervertis, de plus dangereux, par de véritables meneurs, en un mot, qui, au nombre d'un millier environ sur le pavé de Paris, forment le noyau de toutes les bandes de jeunes malfaiteurs, vivant tant bien que mal à l'aide du vol *à la tire*. Ceux-là glissent entre les mains de la police; ils ne vagabondent point au sens matériel du mot; ils ne vivent directement de rapines que lorsqu'ils y sont poussés par la nécessité, c'est-à-dire lorsqu'ils ne peuvent profiter du produit des méfaits de leurs compagnons.

Il est certain que l'accusé a agi sans discernement. Dès lors, il tombe sous le coup de l'article 66 du code pénal, ordonnant de l'acquitter, mais ajoutant que l'enfant sera remis à ses parents ou conduit dans une maison de correction, pour y être détenu un nombre d'années qui n'excédera pas sa majorité. Le remettre à ses parents paraît difficile. Le fait seul de sa comparution en police correctionnelle donne à supposer que sa famille ne veut plus s'en occuper ou qu'il y a danger à faire droit à sa réclamation. Parfois, sous l'influence de l'émotion de l'audience, des parents honorables se laissent toucher et réclament le petit prévenu. Parfois encore, le tribunal renvoie son jugement à huitaine pour permettre à des bienfaiteurs compatissants de s'entremettre en vue d'obtenir le placement de l'enfant. Mais, souvent aussi, le juge doit appliquer l'article 66 dans toute sa rigueur, et cela, en apparence tout au moins, dans l'intérêt même de l'enfant.

Celui-ci ne reste jamais plus de vingt-quatre heures au dépôt de la Préfecture de police. De toutes façons il est, ou remis en liberté, ou transféré à la Petite-Roquette ; je n'entreprendrai point l'histoire détaillée de cette maison d'éducation correctionnelle ; cependant il est nécessaire d'en noter les principales phases avant d'examiner sa situation actuelle.

Quand on commença à élever ses bâtiments, en 1825, on voulait créer une prison pour les femmes. Lorsqu'elle fut achevée, en 1836, le Préfet de police, M. Delessert, en changea la destination. Il fit de la Petite-Roquette le type des établissements correctionnels cellulaires ; peut-être même y avait-il un peu d'outrance dans l'excellence du régime auquel il soumettait les enfants à éduquer. M. Dellessert resta préfet de police jusqu'en 1848 ; son œuvre, qui avait constitué un progrès sérieux pour l'époque, commença à péricliter, quand se produisit, en 1850, le grand mouvement d'opinion en faveur des colonies pénitentiaires agricoles, qu'on s'attendait à voir se fonder, dans toutes les parties de la France, sur le modèle de la colonie de Mettray.

Depuis 1879, ce n'est plus d'éducation correctionnelle, cellulaire ou agricole, qu'il s'agit, mais d'éducation préventive. La Petite-Roquette n'est donc pas en voie de reconquérir la faveur de l'opinion publique. La disposition qu'affectent ses bâtiments est connue : c'est une vaste construction hexagonale, dont chacun des angles internes est réuni au centre par un corps de logis distinct; le bâtiment central est une rotonde à gradins cellulaires, servant tout à la fois de chapelle, d'école et de salle des conférences.

A part un quartier des *contrevenants*, où les cochers purgent les peines prononcées contre eux par le tribunal de simple police, la Petite-Roquette est la prison des jeunes garçons mineurs. Les filles, en quittant la Conciergerie, sont transférées à la colonie de Fouilleuse, en Seine-et-Oise; elle existe depuis encore trop peu de temps pour qu'il soit possible d'en juger exactement les résultats. Comme installation et discipline, la colonie est moidèle; tout ce qu'on pourrait critiquer, c'est sa proximité, fàcheuse peut-être, du Mont-Valérien.

Les pensionnaires de la Petite-Roquette se divisent en de nombreuses catégories. Les deux premières sont établies par l'âge, suivant qu'ils ont plus ou moins de seize ans. Pour les jeunes détenus, prévenus et accusés, la Petite-Roquette est une maison d'arrêt et de justice; c'est une maison de détention pour les condamnés à moins de six mois; c'est une maison de correction pour les enfants enfermés par décision du tribunal et sur la réquisition de l'autorité paternelle. Quant aux enfants condamnés à plus de six mois, ils n'y séjournent que jusqu'à leur envoi dans une colonie agricole.

J'ai visité à diverses époques la Petite-Roquette, j'en ai toujours emporté la même impression désolante. Comment ne pas s'émouvoir en trouvant, enfermés dans des cellules, des enfants qui, parfois, n'ont pas plus de huit à neuf ans. Ce sont des petits vagabonds, ils ont mendié, ils ont volé; mais le moyen pour eux de faire autrement, à moins de se laisser mourir de faim au coin d'une rue? Et alors, pour les punir d'un méfait dont ils sont inconscients, la justice les frappe de la peine la plus cruelle dont elle puisse disposer, de la réclusion ! La mise en cellule produit deux effets très diffé-

rents sur les jeunes enfants détenus à la Petite-
Roquette par voie judiciaire ou par mesure correctionnelle. Pour les uns, et c'est le très petit nombre,
la leçon est rude, elle porte des fruits immédiats.
Les autres, au contraire, après un court abatte-
ment, arrivent à s'accommoder du régime auquel on
les astreint, ils se familiarisent avec la prison ; plus
tard ils ne craindront plus d'y retourner. Il suffit
de passer à la section des adultes, c'est-à-dire des
mineurs ayant plus de seize ans, pour en avoir la
triste conviction. En pénétrant dans les cellules,
nous en trouverions la moitié au moins occupées
par des récidivistes de dix-sept à dix-neuf ans,
ayant déjà passé cinq ou six fois par cette prison.
Et si nous traversions la place, pour aller en face,
à la Grande Roquette, le dépôt des condamnés,
si nous faisions le recensement de la population
qu'elle renferme, la constatation serait que 70 0/0
de son personnel criminel a été élevé, par intermit-
tence, entre les murs de la Petite-Roquette. Les
gardiens de cette dernière prison ne peuvent pas
ouvrir un journal sans y trouver, au chapitre des
faits divers, le récit des exploits de quelques-uns
de leurs anciens pensionnaires.

D'ailleurs, il suffit d'examiner l'allure de ces
condamnés de seize à vingt ans, enfermés à la

Roquette. Ils sont en lutte ouverte déclarée avec la société, et ils ne s'en cachent point. Il ne faut pas les presser longuement pour qu'ils en fassent l'aveu. Un matin, j'assistais à la mise en liberté de l'un d'eux. C'était un garçon de dix-huit ans, à la figure pleine et réjouie, interné pour la sixième fois à la Petite-Roquette. Sa libération proche le rendait particulièrement expansif.

— Qu'est-ce que vous voulez que je devienne? disait-il avec une jovialité communicative; j'ai six condamnations, dix ans d'interdiction de séjour; je n'ai pas de famille, pas d'état, pas d'argent... Alors, quoi?

Puis, faisant sauter dans sa main une pièce de vingt francs, qu'on lui venait remettre, il ajouta :

— J'ai travaillé ici pendant six mois... Voilà ce que ça rapporte, juste de quoi faire un bon déjeuner!

Quelques mois plus tard, il enregistrait sa septième condamnation et revenait à la Petite-Roquette, pour s'être fait pincer au moment où il dévalisait le logement d'un marchand de vins. Une autre fois, se trouvant encore pris à l'improviste, il tuera pour assurer son vol. Je lui ai demandé son nom, je l'ai noté; je le reverrai aux assises, un soir, et peut-être aussi un matin, à l'aube, sur la

place de la Roquette, entre le prêtre et le bourreau.

Le système cellulaire, tel qu'il est appliqué, est
monstrueusement inutile, du moment que nulle tentative n'est faite pour réformer ces jeunes êtres
qu'on laisse se dévoyer et se corrompre à plaisir.
On se borne à les occuper tantôt manuellement,
tantôt intellectuellement. Le travail manuel consiste à enfiler des perles, à faire des chaînes, opérations très rudimentaires ne nécessitant aucune
habileté, ne constituant pas un métier en réalité.

Il y a un instituteur dans la prison. L'aménagement cellulaire de la rotonde centrale lui permet de donner des leçons collectives aux jeunes
détenus. J'ai feuilleté quelques cahiers d'élèves;
certains témoignent d'une bonne instruction primaire. J'ai pourtant grand peur que l'organisation
de cet enseignement soit aussi négative, au point
de vue des résultats, que celle du travail manuel.
J'aurais voulu trouver dans ces cahiers des modèles d'écriture, des sujets de dictée ou de narration choisis de façon à impressionner ces cerveaux
encore malléables, quelques maximes fortement
frappées, quelques beaux traits historiques, quelques exemples éclatants de dévouement ou de
désintéressement.

Au lieu de cela, qu'ai-je trouvé? La liste des députés de la Seine avec l'indication des options et l'enregistrement de la démission d'Henri Rochefort; la nomenclature des vingt principaux membres de l'Union des gauches; celle des généraux; celle des animaux; le cahier où j'ai relevé de si étranges choses était encore bien incomplet, mais évidemment tout l'annuaire national a dû y passer. Cette constatation m'a attristé parce que l'instituteur est, à mes yeux, un agent de moralisation excellent, préférable en bien des cas à l'aumônier, pour des raisons qui n'ont rien de métaphysique, mais qui s'appuient sur l'examen des conditions dans lesquelles les enfants ont vécu jusque-là. Si peu que ce soit, ces enfants ont fréquenté l'école; l'instituteur a personnifié à leurs yeux le principe d'autorité, non point dans ce qu'il a de brutal, mais avec cette supériorité que donnent le savoir et le mérite. Le prêtre a pour lui son caractère religieux; il serait plus juste de dire qu'il l'a contre lui, car les esprits de ces enfants sont prévenus à son égard; tous les sermons, toutes les exhortations collectives ou individuelles, n'y feront rien. « La cellule prêche encore mieux que lui, » disait un enfant au vénérable abbé Crozes, en faisant allusion à un prédicateur éloquent.

20

Or, la cellule provoque chez ces jeunes détenus des regrets, mais non des remords; elle les assouplit temporairement, elle ne les redresse pas moralement. Je sais que la tâche est ardue, mais elle n'est pas impossible à entreprendre. J'ai eu la sensation très nette de cela, en assistant à un concert organisé, au mois de juin 1885, pour les enfants de cette prison. L'idée de cette *fête cellulaire* était bizarre; je n'ai jamais rien vu de plus navrant que le spectacle de la gaîté suscitée en un tel lieu par la trivialité des monologues ou des chansonnettes comiques. Mais il y eut un moment d'émotion profonde et sincère, quand du haut de la galerie circulaire de la rotonde, dominant toutes les têtes des petits spectateurs, Taillade, en grand artiste, se mit à réciter la *Conscience*, de Victor Hugo. Je regardais l'auditoire placé dans les casiers cellulaires, il était haletant; des gouttes de sueur perlaient sur certains fronts, des larmes roulaient sur certaines joues. Lorsque Taillade eut achevé, il eut un instant de silence, fait de stupeur; une grande minute s'écoula avant que les jeunes auditeurs reprissent possession d'eux-mêmes pour saluer l'artiste de leurs bravos.

Et la nuit suivante, au lieu de profiter de l'absence des gardiens pour frapper les murs et se

mettre en communication avec les voisins, plus d'un
est resté songeur, se sentant frémir en revoyant
Taillade, le bras étendu, en l'entendant redire :

L'œil était dans la tombe et regardait Caïn.

XXI

LA PRÉSERVATION

Les sociétés de patronage des jeunes détenus. — Nécessité de tourner la loi. — Le début d'une œuvre. — La correction officieuse. — Encore les parents indignes. — Le mieux est l'ennemi du bien. — La déchéance paternelle. — Droits nouveaux conférés aux bienfaiteurs et aux établissements charitables.

En même temps que se produisait au commencement du siècle le premier mouvement en faveur de l'éducation correctionnelle des jeunes détenus, deux sociétés se fondaient pour les patronner après leur libération. L'une date de 1833, elle est spéciale aux garçons; la création de l'autre remonte à 1838, sa protection s'étend sur les filles. Elles ont aujourd'hui cinquante ans passés d'existence, et, pendant ce demi-siècle, elles ont rendu des services signalés au département de la Seine, auquel se restreint leur action. Toutes deux tendent au

même but, bien qu'elles suivent des voies différentes.

La Société de patronage des garçons se charge
de tous les jeunes délinquants que l'autorité judiciaire ou administrative veut lui confier. En combien de cas, la magistrature a été heureuse de
recourir à elle quand il s'agissait d'arracher de
pauvres enfants des mains de parents indignes.
Nous allons voir dans le courant de ce chapitre
quelle triste chose est la puissance paternelle dont
il est fait un mauvais usage. Une loi permettant de
la frapper de déchéance est sur le chantier parle-
mentaire depuis dix ans. Puisse-t-elle enfin recevoir la consécration d'un vote définitif! Mais, du
moment que la puissance paternelle est sanction-
née par la loi, les magistrats sont tenus de la respecter. Qu'arrive-t-il toutefois assez fréquemment?
C'est que, ne pouvant et ne voulant violer la loi,
ils s'arrangent pour la tourner; de deux maux ils
choisissent le moindre.

L'enfant a commis une peccadille; s'il est remis
en la possession de ses indignes parents, il pro-
gressera dans le mal et reviendra sous l'inculpa-
tion d'un délit plus grave; alors le magistrat grossit
la faute de l'enfant; il fait semblant de croire
qu'elle dénote les pires instincts et il frappe dure-

20.

ment le petit être, d'une mise en correction prolongée, pendant laquelle les parents perdront tout
droit sur lui. Rien de plus légal et rien de plus
humain, car le juge décide en même temps que
l'enfant sera laissé en liberté provisoire et confié
aux soins de la Société de patronage. Celle-ci lui
trouve un placement, le met en apprentissage et
veille dès lors sur lui de la façon la plus paternelle.

Le siège de la Société, 9 rue de Mézières, est
une maison de famille, où les enfants se réunissent
tous les dimanches. On y donne également asile
aux patronnés malades ou sans ouvrage qui n'ont
personne pour les recevoir. Chaque enfant est en
possession d'un trousseau que lui fournit la Société
et qu'elle entretient. Le dimanche, on fait quitter à
chacun d'eux les vêtements qu'il a portés durant la
semaine, et on les lui rend huit jours après, rapié-
cés et nettoyés, de façon à leur assurer toujours
une tenue convenable. Des récompenses sont régulièrement distribuées aux plus méritants, à ceux
dont les patrons se montrent les mieux satisfaits,
à ceux qui suivent avec assiduité les cours de lecture, d'écriture, de musique vocale et de gymnastique, institués à leur intention.

Le patronage des jeunes filles s'exerce tout diffé-
remment. Cette œuvre possède dans le sixième,

arrondissement, au coin de la rue de Vaugirard et de la rue de Rennes, un véritable couvent où les jeunes détenues peuvent obtenir l'autorisation de subir leur peine. Pendant tout le temps que dure leur détention, elles restent sous la garde des sœurs de Marie-Joseph, qui les emploient à des travaux de couture et les dressent aux soins du ménage; on cherche d'ailleurs à en faire plutôt des domestiques que des ouvrières. Quand on a pourvu à leur placement ou qu'elles sont rentrées dans leur famille, la Société continue à exercer sa surveillance sur elles. La porte de la maison s'ouvre toujours pour celles qui se trouvent momentanément sans ouvrage.

La Société de patronage des jeunes détenues et libérées du département de la Seine ne fait point seulement œuvre de réhabilitation, mais aussi de préservation; elle se charge d'amender les petites vicieuses que leurs familles placent dans la maison de réforme moyennant une modique pension. C'est une tâche à laquelle se dévouent également les sœurs de Saint-Vincent de Paul qui dirigent le petit ouvroir de la rue du Cherche-Midi, fondé en 1849 par une pauvre ouvrière, Léocadie Lavarde dont l'Académie française a récompensé en 1877 le zèle charitable. M. Alexandre Dumas qui eut à lui décerner en séance publique le prix Montyon, juste récompense de sa longue carrière bienfaisante, a raconté éloquemment comment cette femme avait consacré sa vie entière aux petites filles pauvres, orphelines ou délaissées, chez lesquelles se manifestent de précoces dispositions au vice, et qui, à cause de cela même, ne sont pas reçues dans les ouvroirs ou les orphelinats ordinaires.

Les enquêtes auxquelles se livre chaque année l'Académie française pour l'attribution de ses prix de vertu mettent au jour les admirables exemples de courage, de persévérance, d'abnégation, de sacrifice qu'on retrouve à la fondation d'un grand nombre d'œuvres philanthropiques. C'est à elles que nous devons le beau livre de M. Maxime du Camp sur la charité privée à Paris. Veut-on voir une de ces œuvres à son modeste début? L'anné dernière, M. Sully-Prudhomme avait à faire l'éloge d'une autre héroïne de la charité, mademoiselle Marie-Pauline Rault, une digne émule de Léocadie Lavarde. Après avoir rappelé comment elle était venue à Paris pour veiller sur une jeune sœur, après avoir parlé du dévouement avec lequel elle s'était longtemps consacrée à la régénération morale des malheureuses filles libérées de la maison de Saint-Lazare, M. Sully-Prudhomme en arrive au « chef-d'œuvre de son active bienfaisance. »

Qui de nous, dit-il, n'a été obsédé par la mendicité silencieuse ou machinalement plaintive de ces petites filles déguenillées offrant une fleur au passant, dont l'aumône est parfois plus périlleuse encore pour elles que les mauvais traitements de parents exigeants et barbares?

Mademoiselle Rault s'est donné pour mission de recueillir ces malheureuses et de les sauver. Elle y a réussi, depuis deux ans, pour une dizaine d'entre elles, dont la plus jeune a sept ans et l'aînée quinze. Elle leur enseigne d'abord l'oubli de leur passé en feignant de l'oublier elle-même, et, dans son logement exigu de la rue Servandoni, leur donne le viatique du travail et de l'éducation. Elle leur apprend sa modeste industrie, la confection des parapluies, et elle est obligée de prendre sur son sommeil pour restituer à cette industrie peu lucrative le temps consacré aux leçons et à l'apprentissage.

Considérez l'extrême difficulté de son entreprise. Elle ne compte que sur ses propres ressources; elle a sacrifié ses économies, jusqu'à son dernier titre de rente, vendu pour ne pas repousser une enfant suppliante qui s'était, pendant une nuit entière, étendue, sous la pluie, en travers de sa porte. Elle couche par terre; elle a cédé son lit et trouvé le secret de faire la classe à ses dix écolières sur une seule petite table pour tout mobilier scolaire.

Quelle fête ce fut, un jour, pour ces pauvres fillettes, d'avoir pu, en amassant des sous gagnés à faire des commissions, offrir à celle qu'elles appellent leur mère le régal extraordinaire d'un litre de lait! Vous pouvez juger, à cette débauche, ce que doit être l'habituel menu des repas. On vit, pourtant; et la menace la plus redoutable, pour cette famille improvisée, ce n'est pas celle de la faim : c'est la réclamation toujours imminente des vrais parents, car ils n'ont pas tous renoncé à l'exploitation fructueuse de leurs enfants. Ils épient l'heure où ils feront valoir leurs droits avec le plus d'avantage, et mademoiselle Rault doit souvent leur payer la rançon de sa charité, trop heureuse quand elle ne se voit pas arracher brutalement son élève au moment où elle achevait de la conquérir à la vie honnête et laborieuse.

Que deviendra l'œuvre de mademoiselle Rault, commencée dans des conditions si touchantes, dans des proportions si modestes? Elle risque de s'éteindre avec elle, mais elle peut aussi bénéficier d'un de ces élans de la compassion parisienne, qui engendre des merveilles, qui transforme en or tout ce qu'elle touche. Alors, sur cette rive gauche de la Seine où mademoiselle Rault est allée habiter, où l'action de la bienfaisance s'est si particulièrement concentrée, on verra un nouvel asile s'élever pour les jeunes filles, à côté du refuge de Notre-Dame de Charité, de la maison du Bon Pasteur, et de tant d'autres établissements analogues, dont la liste, figurant au *Manuel des œuvres*, est trop longue pour que je puisse en faire le dénombrement.

Je m'arrêterai pourtant à deux de ces établissements : le refuge de Notre-Dame de Charité, œuvre catholique dirigée par les dames de Saint-Michel et l'institution protestante des dames Diaconesses.

Le refuge date du commencement du siècle dernier ; ses portes s'ouvrent rue Saint-Jacques, au nº 193, dans le Vᵉ arrondissement, c'est-à-dire en plein quartier latin. Ses murs abritent environ trois cents enfants ou jeunes filles de la classe ouvrière, amenées par leurs parents, dont la plupart sont à la charge de l'œuvre. Le travail étant considéré comme le meilleur moyen de moralisation, on les occupe à des travaux de couture ; les plus habiles sont employées au repassage des chemises pour le compte de grandes maisons de commerce d'exportation.

'L'Institution des Diaconesses se trouve au nº 95 de la rue de Reuilly. C'est un établissement complexe : il comprend une infirmerie pour les adultes, une école gratuite pour les enfants pauvres du quartier, et un refuge, appelé *la correction*, pour les mineures protestantes. Je signale plus particulièrement ces deux établissements parce qu'ils m'ont semblé être les types de ceux dans lesquels *la correction officieuse* s'exerce en dehors de l'action légale. Lorsque des parents ne peuvent venir à bout des mauvais penchants de leurs enfants, ils viennent frapper à la porte de ces maisons de réforme, sans recourir au tribunal pour obtenir l'internement de filles insoumises. Il convient de reconnaître que cette correction officieuse donne généralement de bien meilleurs résultats que la correction judiciaire, simplement parce qu'elle est beaucoup plus prolongée. J'en trouve un curieux exemple dans l'annexe au rapport présenté, en 1882, par M. Théophile Roussel, au Sénat, à la suite de la grande enquête ordonnée sur les orphelinats et autres établissements de charité consacrés à l'enfance.

M. Théophile Roussel raconte qu'au cours d'une visite à l'Institution des dames Diaconesses, on lui montra une belle jeune fille de seize ans, d'un dehors extrêmement sympathique. Cette jeune fille avait été amenée quinze mois auparavant par sa mère. Les motifs allégués pour le placement étaient la mauvaise conduite de la mineure et l'impossibilité de la surveiller. Les dames Diaconesses reçurent en effet la preuve que la conduite de la jeune fille avait été réellement très répréhensible, mais elles acquirent presque aussitôt la certitude que le motif déterminant pour la mère avait été le désir de soustraire son enfant aux entreprises de l'homme avec lequel elle vivait alors maritalement.

Quelques semaines avant la visite de M. Théophile Roussel à l'établissement, la mère était venue la reprendre, en prétextant qu'un bon emploi lui était offert par un de ses cousins. Peu de jours après cette sortie, un soir, par une pluie battante, la jeune fille, en pleurs et trempée jusqu'aux os, se présentait à ses anciennes maîtresses, les suppliant de lui donner encore asile et de ne pas la livrer à sa mère qui voulait en faire l'objet d'un odieux marché. Pour attester la véracité de son récit, elle demandait qu'on se rendît auprès de sa grand-mère, dont elle donnait l'adresse. Cette femme déclara que l'histoire du cousin était un leurre et que les plaintes de sa petite-fille se trouvaient malheureusement trop fondées. La directrice s'empressa de consulter le juge de paix du XIIᵉ arrondissement, qui, tout en reconnaissant, comme elle, qu'il n'existait pas de moyen juridique de repousser les revendications de la mère, encore investie de la puissance paternelle, fut d'avis toutefois d'opposer un refus à cette revendication jusqu'à contrainte légale de rendre l'enfant.

La mère ne tarda pas à se présenter à l'Institution pour réclamer sa fille. On lui opposa un refus catégorique et motivé. Alors elle se livra à des scènes violentes dans la rue, cherchant à ameuter les voisins, criant à la séquestration, mais ne parvenant à émouvoir personne avec ses doléances, car l'établissement jouit d'une bonne renommée dans le voisinage et rend des services réels à la population de l'arrondissement grâce à son école gratuite. Que fit la mère en fin de compte? Elle s'adressa au Procureur de la République, et au moment où ce récit était fait à M. Théophile Roussel, les dames Diaconesses venaient d'apprendre que la justice, malgré sa répugnance, ne tarderait pas à arracher la mineure à l'asile qui la protégeait provisoirement.

C'est évidemment l'épilogue qu'a eu cette pénible histoire. Un fait beaucoup plus récent et beaucoup plus douloureux ne laisse pas de doute à cet égard. Une femme Z... est condamnée en 1888 pour excitation de mineure à la débauche; c'est sa propre fille, âgée d'une douzaine d'années, qu'elle aurait offert à des passants dans un jardin public de Paris. Tandis qu'elle subit sa peine, le Parquet confie l'enfant à l'Assistance publique; à peine est-elle remise en liberté qu'elle se présente avenue Victoria pour réclamer la fillette; on la lui refuse; elle fait du scandale et l'administration impuissante ne tarde pas à être contrainte de rendre sa fille à cette mère dénaturée, conformément aux dispositions des articles 372, 374 et 141 du Code civil.

J'ai montré plus haut comment le parquet arrivait à rendre efficaces les bons offices de a Société

de patronage des jeunes détenus, en frappant les
enfants arrêtés et confiés à ses soins d'une correction prolongée, suivie de mise en liberté provisoire,
de façon à élever une barrière légale entre les
enfants dévoyés et leurs parents indignes. Voici
un fait que je trouve relaté dans le dernier rapport
adressé au préfet de la Seine par le directeur de
l'Assistance publique et qui montre bien que cette
précaution est loin d'être inutile.

Une fillette de dix ans, arrêtée pour mendicité,
est mise par le Parquet à la disposition de l'Assistance publique et placée en province par les soins
de cette administration, dans le service des Enfants
moralement abandonnés dont nous allons nous
occuper au chapitre suivant. L'enquête fait ressortir
l'indignité des parents qui chassaient cette enfant
pour la contraindre à mendier. Le père a subi cinq
condamnations pour banqueroute frauduleuse, vols
et escroqueries. Huit mois après l'immatriculation
de l'enfant, un jugement du tribunal correctionnel
de la Seine acquitte la petite mendiante en raison
de son jeune âge, mais ordonne sa mise en préservation, jusqu'à l'âge de seize ans. Le Procureur de
la République, mû par un sentiment généreux,
considérant qu'en raison de son placement l'enfant
est en voie d'être sauvée, qu'il est humain de lui

épargner une tare dans son passé, se saisit de l'affaire ; il fait valoir auprès de l'Assistance publique
quel grand intérêt il y aurait pour l'avenir de l'enfant à mettre opposition au jugement ; il fait remarquer que bien que le directeur de l'Assistance
publique n'ait pas la tutelle de la fillette, l'opposition formée en son nom serait admise par le tribunal. Bref il n'a aucune peine à convaincre l'administration ; le jugement ne tarde pas à être infirmé
et l'enfant reste purement et simplement sous le
patronage de l'Assistance publique. Qu'arrive-t-il
bientôt? C'est que le père vient réclamer sa fille et
qu'il n'y a plus nul moyen de faire obstacle à sa
demande. Toujours les articles 372, 374 et 141 du
Code civil.

N'eut-il pas mieux valu laisser subsister le premier jugement, qui au moins enlevait jusqu'à seize
ans l'enfant à ses parents indignes! s'écrie le
Dr Peyron. Ce qui vaudrait encore mieux que les
finasseries juridiques, ce serait le vote de la loi
instituant le principe de la déchéance paternelle de
ces parents indignes, les pires ennemis de l'enfance, car ils sont l'obstacle jusqu'ici invincible de
tout retour au bien en cas d'égarement prématuré.

Sans entrer dans l'examen de tous les articles de
cette loi, telle qu'elle a été amendée en dernier

lieu au conseil supérieur de l'Assistance publique, après avoir passé par le Sénat, par la Chancellerie et par le Conseil d'État, je crois cependant utile d'en indiquer l'esprit et les deux grandes divisions. Elle comprend en effet deux titres : le premier traite de la puissance paternelle, de l'organisation de la tutelle, une fois la déchéance prononcée, enfin de la restitution éventuelle de la puissance paternelle. Le titre II a pour but de permettre aux établissements publics ou privés qui recueillent gratuitement des enfants d'obtenir du tribunal les droits de tutelle nécessaires à la garde et à l'éducation de ceux-ci et de faire disparaître ainsi un des principaux obstacles qui empêchent les particuliers et les établissements charitables d'accepter la charge d'enfants que leurs parents leur retirent ensuite, avant que l'éducation ait pu porter tous ses fruits.

Le point capital, dans le titre Ier, c'est l'organisation de la tutelle, en cas de la déchéance paternelle. A qui reviendra-t-elle? La loi donne la priorité à la tutelle de droit commun, puis à la tutelle officieuse élargie, débarrassée de ses anciennes restrictions ; à défaut de l'une ou de l'autre, la tutelle est dévolue aux commissions hospitalières dans les départements et à Paris au directeur de l'administration générale de l'Assistance

publique. Comme on le voit, la tutelle directe est
refusée aux établissements privés, je dirais presque
par raison d'État comme l'a fait valoir avec beaucoup de force le rapporteur, M. Brueyre, au sein
du Conseil supérieur de l'Assistance publique.

Cependant, tout en leur réservant la tutelle, la loi
projetée reconnaît aux commissions hospitalières
et au directeur de l'Assistance publique de Paris
la faculté de remettre des mineurs à d'autres établissements et même à des particuliers. Ces sortes
de placement, dits *sous réserve de tutelle*, sont
en usage depuis fort longtemps dans le département de la Seine et donnent les meilleurs résultats. Ce système est de tous points excellent pour
bien des raisons. Il assure d'abord aux enfants une
continuité précieuse de protection ; les pupilles ne
risquent pas de se trouver sans ressources, et sans
appui à la mort de leurs bienfaiteurs. Il est non
moins avantageux pour les bienfaiteurs, établissements ou particuliers qui ont recueilli l'enfant ;
tout en leur laissant la liberté la plus absolue dans
l'éducation de cet enfant, il leur enlève les charges
parfois pesantes de la tutelle, gérant les biens, sou-
tenant les procès, opposant aux tentatives de revendication ou de chantage des parents indignes
une force autrement considérable que celle dont

ils peuvent disposer. Enfin s'il arrive que l'établissement ou le protecteur ne puisse ou ne veuille plus conserver l'enfant, l'Assistance publique est là pour lui assurer un nouveau placement, et c'est une grande quiétude pour l'un comme pour l'autre.

Il est à remarquer d'ailleurs que la plupart des établissements charitables ne se soucient nullement d'accepter la lourde responsabilité d'une tutelle légale ; ce que tous au contraire demandent avec insistance, c'est que la loi reconnaisse la validité des contrats qu'ils passent avec les familles en se chargeant de l'éducation d'enfants pauvres. Le titre II du projet de loi leur donne à ce sujet toute satisfaction, en instituant une sorte de délégation temporaire de la puissance paternelle à leur profit. La protection qu'il organise porte sur deux catégories d'enfants : 1° ceux dont les parents se reconnaissant dans l'impossibilité de les élever demandent à l'Assistance publique ou à des orphelinats de s'en charger ; 2° ceux qui ont été recueillis dans un but charitable, sans l'intervention des parents, par des particuliers ou des établissements publics ou privés.

En ce qui concerne les premiers, la bienfaisance est laissée toute facultative. Il n'y a contrat de dessaisissement au sujet de l'enfant que lorsque le père ou la mère a fait choix d'un établissement public ou privé et que cet établissement, de son côté, a consenti à se charger de l'enfant. Quant aux petits vagabonds, mendiants ou voleurs dont nous avons montré la triste condition au chapitre précédent, les personnes ou les établissements charitables qui les auront recueillis, devront en faire la déclaration dans les trois jours au commissaire de police ; il y a en effet des abus de toute nature qu'il faut conjurer : proxénétisme, exploitation industrielle des enfants, prosélytisme, détournement de mineurs, etc ; il faut aussi opérer la recherche des parents momentanément disparus.

C'est ensuite au tribunal à juger s'il y a lieu de prononcer la déchéance paternelle ou de s'en tenir à sanctionner le dessaisissement de l'enfant, n'entraînant d'autres droits que ceux de garde, d'éducation et de correction, de gestion de pécule, de consentement à l'engagement militaire.

Des modifications de forme seront peut-être apportées au moment de la discussion par la Chambre et par le Sénat ; l'esprit de la loi n'en demeurera pas moins tel que je viens de l'indiquer, car il y a une nécessité urgente, absolue, à aboutir. Tous les éducateurs de l'enfance pauvre ou moralement abandonnée attendent avec une légitime impatience qu'un moyen légal leur permette de s'opposer à ces retraits prématurés qui paralysent les efforts de leur bienfaisance, qui rendent leurs sacrifices inutiles, qui replongent l'enfant dans un milieu corrupteur, alors qu'il n'est pas encore suffisamment armé pour résister à l'entraînement des passions mauvaises. C'est une ère nouvelle qui doit s'ouvrir pour la charité.

XXII

LES MORALEMENT ABANDONNÉS

Les travaux de la Société générale des prisons. — Deux plans de réalisation. — L'âge et les causes d'admission. — La diversité des placements. — Les enfants vicieux. — Les écoles de réforme. — Les écoles professionnelles. — Le système du doit et de l'avoir. — Toujours les parents indignes. — La Société générale de protection et l'Union française pour la défense et la tutelle des enfants abandonnés, délaissés ou maltraités.

Le mouvement d'opinion d'où est sortie la loi instituant la déchéance paternelle, remonte à 1879. M. le pasteur Robin, comme conclusion de très intéressantes études sur les *Industrial Schools* et les *Reformatories* en Angleterre et en Amérique, venait de créer *la Société d'éducation et de patronage des enfants protestants insoumis* et l'école industrielle de la rue Clavel fondée sur le modèle des institutions préventives de l'étranger. Les travaux de M. Robin furent mis à l'ordre du jour de la Société générale des prisons, société privée qui tire une importance toute spéciale de la situation de ses membres, hauts fonctionnaires, magistrats, économistes, hommes politiques en vue.

La société chargea M. Roussel, dont le nom se retrouve en tête de toutes les lois relatives à la protection de l'enfance, de lui présenter un rapport dont les conclusions aboutirent au projet qui ne tarda pas à être déposé sur le bureau du Sénat. La question une fois soulevée, avait vivement intéressé le monde des économistes et des philanthropes. Presque simultanément, deux tentatives de réalisation des réformes projetées allaient se produire. Le 19 septembre 1879, M. Georges Boujean adressait à l'opinion publique un appel en faveur de « cent mille enfants âgés de moins de seize ans et qui, abandonnés de leurs parents ou vivant dans un milieu vicieux ou criminel, forment, disait-il, ce qu'on a justement appelé la pépinière des bagnes et des maisons centrales. »

Au même moment, M. Brueyre, chef de la division des Enfants assistés, qui avait été délégué par le directeur de l'Assistance publique, alors M. Michel Moring, pour prendre part aux travaux de la Société générale des prisons, exposait à une commission administrative un projet consistant à utiliser la belle organisation du service des enfants assistés, pour recueillir les enfants *moralement abandonnés*. M. Brueyre soutenait que lorsque l'enfant, laissé par ses parents sans gîte, sans vêtements, sans moyens de subsistance, sans éducation morale, serait pourvu par les soins de l'administration de tout ce qui lui avait manqué jusque-là, il s'améliorerait de lui-même. Il ajoutait que lorsque cet enfant serait doté d'un métier, soumis à un système d'encouragement de toute nature, que ses salaires, après prélèvement de la dépense de son entretien, seraient placés à la caisse d'épargne, alors on le verrait devenir peu à peu un bon sujet, pour être plus tard un honnête ouvrier et un excellent citoyen.

Ainsi la solution du problème de la protection de l'enfance abandonnée, maltraitée ou délaissée se posait de deux façons bien différentes. M. Bonjean s'adressait à la charité privée, aux grands agriculteurs particulièrement, et parvenait à intéresser le public à l'œuvre qu'il voulait fonder. M. Brueyre, de son côté, trouvait un chaleureux accueil auprès du docteur Thulié qui, adoptant le plan que j'ai indiqué, accepta d'en être le promoteur au sein du Conseil général de la Seine. En décembre 1879, le Conseil général, toujours disposé à prêter la main aux améliorations bienfaisantes qui lui sont signalées, adopta le principe de la création d'un service des enfants moralement abandonnés. La tentative était généreuse, mais elle était aussi périlleuse. Les premières études furent menées par M. Michel Moring, que la mort ne tarda pas à emporter; ce fut son successeur, M. Charles Quentin, qui eut en 1880 à jeter les bases de l'organisation du nouveau service. Le succès fut grand dès l'origine; M. Charles Quentin était très répandu dans le monde politique et dans la presse à cette époque, il mit à profit toutes relations, toutes influences pour rendre populaire l'œuvre dont il était appelé à diriger les débuts. Je me plais à reconnaître le dévouement et l'entrain que M. Charles Quentin a apporté dans cette tâche; sa rondeur toute paternelle a laissé une vive impression que j'ai retrouvée dans toutes les catégories d'enfants sur lesquelles l'Assistance publique est appelée à veiller.

Je ne reviendrai pas sur l'origine et les antécédents des enfants que l'Assistance publique est amenée à recueillir. On a trouvé pour eux une définition légale dans les travaux parlementaires de la Chambre et du Sénat : « L'enfant moralement abandonné est le mineur de seize ans, que

ses parents, pour des causes dépendant ou non de
leur volonté, laissent dans un état habituel de mendicité, de vagabondage ou de prostitution. » D'un
relevé établi par les soins de l'Assistance publique
et portant sur les causes ayant déterminé les quinze
cents premières admissions, il résulte le tableau
suivant :

	AU-DESSOUS DE 12 ANS	AU-DESSUS DE 12 ANS	TOTAL
A. Enfants vicieux ou vagabonds...........	69	270	339
B. Enfants de parents indigents..........	353	225	578
C. Enfants de parents décédés ou disparus........	202	287	489
D. Enfants de parents indignes................	44	50	94
	668	832	1.500

Ce relevé, entre autres choses, montre que s'il
y a, à Paris, des parents indignes, il convient de
n'en pas exagérer le nombre. Les enfants de
parents indigents, décédés ou disparus forment les
deux tiers des admissions. Je dois ajouter cependant qu'on n'enregistre plus aujourd'hui au nombre
des moralement abandonnés les enfants orphelins.

L'âge d'admission des enfants, au-dessus et au-dessous de douze ans, est un facteur important dont il faut tenir compte. En principe, au moment de la création, il avait été décidé de n'admettre les enfants qu'à l'âge où ils peuvent apprendre une profession, c'est-à-dire vers la treizième année, mais il n'avait pas été édicté de règles fixes, en raison des circonstances particulières qui pouvaient militer en faveur d'exceptions urgentes. Il arriva ce qui était facile à prévoir, c'est que beaucoup de familles virent là un moyen économique d'élever leurs enfants. L'Assistance publique fut assaillie de demandes et de recommandations parfois toutes puissantes; certains parents réclamaient l'admission au nombre des moralement abandonnés d'enfants ayant parfois deux ou trois ans tout au plus. Le directeur de l'Assistance publique, le docteur Peyron, pour couper court à ces abus, pour éviter le relâchement des liens de famille, qui résulterait évidemment des facilités trop grandes accordées aux parents pour l'élevage gratuit de leurs enfants, a fait adopter par le Conseil général de la Seine le terme de six ans comme limite d'âge *minima* pour l'admission. Il préconise en outre la création d'une commission spéciale chargée de statuer sur l'immatriculation des enfants dans le service.

L'âge des enfants joue également un grand rôle dans les considérations qui président à leur placement. Lorsque les enfants sont tout jeunes, il est très facile de les acclimater à la campagne, de les livrer à la vie et aux travaux agricoles. S'ils ont dépassé au contraire l'âge de douze ans, il faut renoncer à les éloigner des grandes villes, des centres industriels ; une force attractive, plus puissante que tous les raisonnements, les ramènera au lieu où s'est écoulée leur première enfance. Ce n'est point seulement l'Assistance publique qui a constaté la nécessité d'établir cette distinction. Quand fut votée la loi de 1850, affectant les jeunes détenus aux colonies pénitentiaires agricoles, on se flattait d'amener un apaisement dans ces natures vicieuses ou révoltées au moyen de l'existence calme et laborieuse des populations rurales ; on s'imaginait qu'il suffisait d'un contact prolongé avec la terre pour les retenir à la campagne, pour leur inspirer l'amour de la propriété légitimement acquise.

Il a fallu en rabattre ; constatant l'inanité de leurs espérances, les directeurs de ces colonies comprirent qu'il ne faut pas donner à l'enfant, parvenu au seuil de l'adolescence, un état autre que celui auquel le destinent son origine et les habitudes de sa famille. Ils organisèrent dès lors des ateliers industriels pour les enfants des villes avec un tel entrain que l'autorité administrative crut devoir leur enjoindre, par une circulaire du 17 avril 1861, de ne pas appliquer à l'industrie plus de 15 pour 100 de la population des jeunes détenus d'un établissement. Cette proportion a toujours été fortement dépassée; la colonie de Mettray, par exemple, compte dans son effectif 50 pour 100 de jeunes Parisiens; or tous sont appliqués à des métiers qui peuvent s'exercer dans les villes ou à leur proximité, comme la culture maraîchère et le jardinage.

La dernière distinction à établir entre les enfants résulte de leur sexe. Le chiffre des admissions des filles est toujours de beaucoup inférieur à celui des garçons. Ceci n'a rien d'étonnant, si l'on veut bien songer au nombre considérable d'orphelinats et d'œuvres de toutes sortes qui les reçoivent; d'autre part, les parents hésitent plus à se séparer d'une fille que d'un garçon, non point pour l'intérêt qu'ils peuvent prendre à sa moralité, mais en raison des services qu'ils en tirent. Il y a un fait très remarquable à signaler à ce sujet, c'est que la jeune fille, qui aura tant de peine à gagner sa vie plus tard, au moyen de son travail, est beaucoup plus facile à élever que le jeune garçon; ses dépenses sont moins fortes et de très bonne heure son aiguille peut lui fournir l'occasion d'alléger les charges de son éducation.

Le placement des enfants moralement abandonnés n'a lieu qu'après un séjour d'une ou deux semaines à l'hospice dépositaire de la rue Denfert-Rochereau, pendant lesquelles on les tient en observation. C'est seulement après avoir noté minutieusement l'état de leur santé, leur situation morale, leurs aptitudes, qu'on procède à leur immatriculation. Ce stage permet d'écarter ceux dont les infirmités, ou les vices trop profondément enracinés, ne permettent pas de se charger.

La place des infirmes est à l'hospice; celle des vicieux est à la maison de correction, à défaut de la maison de réforme. Cette question des enfants vicieux mérite de nous arrêter tout particulièrement. Il semble étrange au premier abord de constater qu'ils soient repoussés par l'Assistance publique. La réflexion ne tarde pas à montrer que cette mesure fâcheuse est motivée par de nombreuses raisons. L'Assistance publique n'a en effet jusqu'à ce jour aucun moyen possible de les amender. Parmi ses enfants assistés, il s'en trouve d'indisciplinés et de vicieux; comme elle en a la tutelle légale, elle peut disposer de tous les droits que cette situation lui confère. Il n'en est pas de même, quand il s'agit d'un enfant moralement abandonné.

Le met-on en apprentissage dans une localité de la province? Sa mauvaise conduite ne tarde pas à être un objet de scandale pour toute la population et cette défaveur rejaillit sur tous les autres enfants, en vertu de l'adage : *Ab uno judice omnes*. A moins de le rendre purement et simplement à ses parents, il faut employer d'autres procédés d'éducation que le travail libre pour élever un tel enfant; il faut user de coercition, et, puisqu'il n'existe pas d'établissements de réforme judicieusement organisés, frapper à la porte de la maison de correction. L'Assistance publique s'adresse à la justice et le président du tribunal civil lui répond « qu'il ne croit pas pouvoir appliquer aux enfants dits moralement abandonnés, les mesures de correction réservées aux enfants assistés placés légalement sous la tutelle administrative. » En conséquence, il refuse de délivrer les ordonnances nécessaires.

Un moment, l'Assistance publique avait cru trouver un remède à cette situation. Elle avait envoyé à l'île de Porquerolles un certain nombre de sujets indisciplinés pris dans les deux services des enfants assistés et des enfants moralement abandonnés. Cet essai fut malheureux, parce que cette petite colonie, située sur un îlot de la Méditerranée, échappait au contrôle et à l'action de l'Assistance publique. Il est certain que quelques enfants avaient été victimes de sévices graves à Porquerolles, mais il faut avouer que l'importance de cette affaire a été grossie d'une façon déplorable. Les mauvais garnements apportèrent une exagération évidente dans leurs reproches à l'égard des gardiens; ils bénéficièrent en fin de compte d'un de ces accès de sensiblerie qui s'emparent fréquemment du public. On eut une preuve convaincante du peu d'intérêt dont ils étaient dignes, quand on les eut retirés de Porquerolles et replacés ailleurs; ils marquèrent partout leur passage en semant l'indiscipline et l'insubordination.

Indépendamment de Porquerolles, l'Assistance publique plaçait des enfants en préservation jusqu'en 1887 dans les trois établissements de Mettray, de Cîteaux et de Saint-Genest-Lerpt, à cinq kilomètres de Saint-Étienne, dans la Loire. En ce qui concerne Mettray, le Conseil général de la Seine, se basant sur des sévices analogues à ceux de Porquerolles, décida le retrait des enfants. A Citeaux, ce fut la direction de l'établissement qui renonça à se charger des enfants parisiens. Une épidémie de variole amena finalement l'évacuation de la maison paternelle de Saint-Genest.

L'Assistance publique n'entretient plus quelques enfants que dans la colonie-école de Bologne, dans la Haute-Marne. Mais ce placement n'est que temporaire, car, pour obvier aux inconvénients résultant du refus opposé par la justice à toutes les demandes de mise en correction, l'Assistance publique songe à créer une école de réforme pour les garçons, comme une école semblable a déjà été fondée pour les filles dans le domaine d'Yzeure (Allier.)

Cet établissement est situé à quinze cents mètres environ de Moulins; il reçoit les filles vicieuses, libertines ou indisciplinées des deux services. Le régime est doux, peut-être même est-il trop doux. S'il faut en croire en effet un récent rapport d'inspection, d'excellentes et honnêtes filles auraient demandé à être envoyées pendant quelques mois à Yzeure pour y apprendre la couture et pour y passer un peu de bon temps. C'est spécialement en ce qui concerne les enfants assistés que l'inconvénient de cette correction trop paternelle se fait sentir; leur départ de l'établisse-

ment leur laisse une véritable impression de regret
et leur fait trouver que le travail de fille de ferme,
leur condition ordinaire, est bien dur en comparaison de celui auquel elles étaient astreintes dans
l'école de réforme.

Dans cette même commune d'Yzeure, l'Assistance publique a ouvert un dépôt pour les jeunes
garçons; c'est évidemment l'embryon d'un établissement plus important. Les enfants y reçoivent
des leçons de menuiserie et de cordonnerie; leur
régime est tout militaire. Un dépôt analogue, où
l'on fait de la serrurerie, existe dans l'Aube, près
de Troyes. Je juge inutile d'insister sur cette partie encore incomplète de l'œuvre de l'Assistance
publique, et je passe au placement ordinaire des
enfants du service.

Ces placements, qui portent sur plus de trois
mille enfants, sont de deux sortes. Les uns sont
individuels, c'est-à-dire que l'enfant est confié à
un petit patron, industriel ou commerçant, suivant
les conditions ordinaires de l'apprentissage. Les
autres sont des placements par groupes, annexés
à une usine ou une manufacture de quelque importance. Dans l'un comme dans l'autre cas, l'enfant est appelé à faire l'apprentissage de la vie.
Il subit le contre-coup des crises et des chômages,

il est en un mot assimilé à un véritable ouvrier.

J'ai visité un assez grand nombre de ces placements d'enfants par groupes ; de tous j'ai emporté
une excellente impression. Leur caractère varie
suivant la nature des industries : verrerie, cordonnerie, chapellerie, serrurerie, bonneterie, faïence-
rie, mosaïques, pour les garçons ; passementerie,
broderie, tissage, filature, jouets, pâtes alimentaires, pour les filles. D'une façon générale, il faut
noter que les placements individuels sont généralement supérieurs aux placements en groupes
pour les garçons. A l'égard des filles, c'est le contraire ; elles sont beaucoup plus malléables par
groupes qu'isolément, sans parler des dangers possibles auxquels ce mode de placement les soustrait.

Dans les petits placements, ne comprenant que
quelques apprentis, le côté familial est parfois véritablement touchant ; les enfants vivent du même
genre d'existence que le patron auquel ils sont
confiés. A mesure que le nombre s'élève, la nécessité d'introduire l'ordre et la régularité se fait plus
fortement sentir ; aussi le groupement prend-il le
caractère d'une école industrielle ; dans quelques
usines les enfants portent le dimanche un costume
d'uniforme ; ils sont organisés en sociétés musi-
cales ou en sociétés de gymnastique.

Quatre groupements portent jusqu'ici le titre d'écoles professionnelles; les deux premières appartiennent en propre à l'Assistance publique; elles ont été créées grâce aux libéralités de quelques personnes généreuses. M. Bruyère peut se féliciter d'avoir attiré à ce service des dons fort importants, comme ceux du baron de Sarter, du baron de Reinach et de M. Edouard Kohn. La première école fondée est une école de jardinage et d'horticulture, à Villepreux, en Seine-et-Oise. La seconde est également située près de Paris, à Montévrain; elle porte le nom d'école d'Alembert et est consacrée à l'ébénisterie; en dernier lieu, on y a annexé une imprimerie d'où sortent aujourd'hui une bonne partie des documents officiels de l'Assistance publique.

Les deux dernières écoles professionnelles ont été créées avec le concours d'industriels. A Alençon, c'est encore une imprimerie qui a été ouverte pour les garçons; à Bois-Colombes, trente jeunes filles font l'apprentissage des fleurs fines. Il convient d'ajouter que les écoles diffèrent des groupements ordinaires en ce qu'elles sont plutôt destinées à former des contremaîtres que de simples ouvriers. D'ailleurs, quel que soit le système de placement, de mise en apprentissage, l'Assistance publique ne laisse point faire bande à part à ses enfants ; elle saisit toutes les occasions qui se présentent de les mêler sympathiquement à la population du pays dans lequel ils sont appelés à vivre.

Chaque enfant placé dans le service des moralement abandonnés a un compte individuel avec *doit* et *avoir*. L'Assistance publique prend à sa charge tous les frais généraux d'instruction ou de maladie. C'est l'enfant lui-même qui solde le reste de ses dépenses ; on inscrit à son débit tous ses frais d'entretien et de nourriture ; le compte créditeur est formé du montant de ses salaires. Pendant les premiers temps de la mise en apprentissage, le doit l'emporte sur l'avoir, la différence est avancée par l'industriel qui occupe l'enfant. Mais, après une période dont la durée varie suivant la nature de l'industrie et l'habileté de l'enfant, la balance finit par s'établir ; puis, c'est l'actif qui l'emporte sur le passif. En moyenne, au bout de trois ans d'apprentissage, non seulement l'enfant a payé toutes les avances faites pour lui, mais il lui reste encore un petit pécule qui s'accroît de mois en mois et arrive à lui constituer à sa majorité une somme assez rondelette. Beaucoup d'enfants recueillent ainsi une moyenne de cinq cents

22

francs, mais il en est qui parviennent à économiser jusqu'à trois mille francs.

Ces enfants deviennent ordinairement d'excellents sujets, après avoir passé par une phase très critique. Je ne serais pas éloigné de croire, comme certains médecins aliénistes, que pendant deux années tous les enfants sont fous, de treize à dix-sept ans, à un moment où l'adolescence opère en eux sa transformation physique. Rien ne viendrait paralyser l'action de l'Assistance publique sans l'ingérence des parents qui amène souvent des résultats néfastes. Au cours d'un voyage d'inspection pendant lequel il m'a été donné d'accompagner un haut fonctionnaire de l'Assistance publique, j'ai eu à relever bien des traits touchants d'enfants économisant sur leurs plaisirs pour envoyer chaque mois une petite somme à leur famille. Il n'y a rien à dire à cela, mais il n'en est pas de même lorsque les parents entrent en correspondance avec leurs enfants dans un but de cupidité.

Ah! quelles lettres touchantes ils savent leur écrire, à ces petits que leur indignité a poussés à la rue, comme ils savent parler du vide que l'absence de l'enfant a laissé à leur foyer, comme ils arrivent à leur faire souhaiter ardemment leur retour à Paris! Quelques-uns cependant n'y vont pas avec tant de ménagements ; si leur enfant, par exemple, a été confié à l'Assistance publique pendant qu'ils purgeaient une peine en prison, ils lèvent les bras au ciel :

— Moi ! abandonner mon enfant ! Ah, par exemple !...

Tout cet étalage de beaux sentiments tend à un seul but : s'emparer du livret de caisse d'épargne du jeune apprenti, quitte à ramener l'enfant quelques semaines après dans les bureaux de l'avenue Victoria, en déclarant que décidément, après réflexion faite, il valait mieux le laisser où il était précédemment.

Je crois avoir suffisamment indiqué l'esprit d'après lequel fonctionne ce service de l'Assistance publique. La nécessité de ne pas obérer le département de la Seine, très pauvre si l'on considère ses charges et les ressources personnelles de la Ville de Paris, a amené une perfection de rouages qui excite une légitime admiration. Si je devais entrer dans le détail du fonctionnement de la *Société générale de protection pour l'enfance abandonnée ou coupable*, œuvre de M. Bonjean, j'aurais bien des redites à faire. A ses débuts, elle se proposait moins d'agir pour son propre compte que de vivifier tous les établissements déjà exis-

tants en faveur de l'enfance et de patronner, ceux
qui se créeraient encore. C'est un rôle qui me pa-
rait avoir été repris par l'*Union française* pour
la défense et la tutelle des enfants abandonnés, délaissés ou maltraités, dont la fondation toute
récente est due à l'appel généreux adressé au
public par mesdames de Barrau et Kergomar.

En cette question de l'enfance, le champ est si
vaste, le terrain encore si inculte, que toutes les
activités peuvent se développer sans crainte de se
paralyser mutuellement. Peut-être verrons-nous
l'*Union française*, à l'exemple de l'*Union des
refuges* de Londres, instituer un « Boy's beadle »
le bedeau des enfants, qui s'en va par les rues
ramassant les jeunes vagabonds et les petites
mendiantes qu'une législation prévoyante permet
de transformer en bons ouvriers et en honnêtes
femmes. C'est cette législation que nous attendons.

XXIII

L'ÉCOLE

L'école maternelle et l'école primaire. — Les classes de garde.
— Les commissions scolaires. — Les caisses des écoles. —
Les cantines scolaires. — La caisse des pupilles. — Classes de
vacances. — Voyages et colonies scolaires. — L'inspection
médicale.

En suivant l'enfant à l'école, je n'ai nulle idée
de faire incursion dans le domaine pédagogique.
L'école joue un triple rôle aujourd'hui dans la vie
de l'enfant; elle le façonne intellectuellement; elle
le préserve moralement; elle lui vient en aide matériellement. L'école nous apparaît ici comme une
des bases de la protection assurée à l'enfance.

Nous avons montré de quelle façon l'enfant
était surveillé pendant sa mise en nourrice, nous
avons vu au moyen de quels secours d'importantes
sociétés particulières et l'Assistance publique favo-
risaient l'allaitement maternel, nous avons enfin con-

22.

duit le lecteur à la crèche, où, pendant l'absence
de sa mère, l'enfant trouve les soins continus que
nécessite encore son jeune âge ; après la crèche,
quand il atteint l'âge de deux ans, c'est l'école
maternelle qui lui ouvre ses portes. Il y puise
les premiers principes d'éducation morale ; il y
apprend l'ordre, la régularité, la discipline.
Quand il en sort à 7 ans, il est tout préparé
pour l'école primaire, qui le garde jusqu'à treize
ans ; ensuite vient la mise en apprentissage.

On voit ainsi que l'enfant n'a pas le temps d'être
livré à lui-même. S'il vagabonde, c'est que ses mauvais instincts le poussent à déserter l'école ou que
ses parents sont coupables à son égard de négligence, si ce n'est d'indignité. Ces derniers ne peuvent alléguer en effet la nécessité d'abandonner
l'enfant à lui-même en raison des travaux qui les
retiennent au dehors, ils ne peuvent se rejeter sur
leur indigence, puisque l'école est gratuite et que
l'enfant a tout à gagner, comme nous le verrons,
à sa fréquentation. Il n'y avait qu'une lacune dans
cette organisation scolaire, elle vient d'être com-
blée par le Conseil municipal. Certains parents
étant absents de 7 heures du matin à 7 heures
du soir, et l'école communale n'ouvrant ses
portes qu'à 8 heures du matin pour les fermer à

4 heures du soir, d'un autre côté, que faire d'un nombre assez considérable d'enfants pour les empêcher de vagabonder au lieu de revenir au domicile de leurs parents ? En 1886, le Conseil municipal a engagé les municipalités des vingt arrondissements à créer pour eux des classes de garde dans quelques écoles. Ce vœu n'a point reçu partout une égale réalisation, mais les essais tentés ont été si concluants, ils ont révélé des besoins si urgents que le Conseil municipal a résolu de généraliser l'organisation de ces garderies, au moyen d'un accroissement progressif.

C'est spécialement de 4 heures à 7 heures du soir qu'il s'agit de conserver à l'école ces enfants. Qu'on ne crie pas au surmenage ! Il ne s'agit point de faire continuer aux enfants le travail du jour ; on se borne à les garder, ne leur faisant consacrer à l'étude que le temps qu'ils auraient passé chez eux à faire les devoirs prescrits par leurs instituteurs pour le lendemain ; le reste du temps doit être employé par des jeux et des exercices corporels. Lorsque l'organisation de ces garderies sera complète, je suis fondé à croire que les résultats obtenus auront une sérieuse influence sur les chiffres des arrestations d'enfants voleurs ou vagabonds tels qu'ils résultent des relevés statistiques de la Préfecture de police.

C'est en effet à la sortie de classe, au cours des flâneries sur les boulevards extérieurs, que beaucoup d'enfants contractent les liaisons détestables qui arrivent à leur faire déserter l'école et à commettre leurs premiers délits. Un membre du Conseil municipal, M. Lavy, a très justement proposé de donner aux gardiens de la paix le droit de constater le flagrant délit, lorsqu'ils trouveraient des enfants vagabondant dans les rues aux heures de classe. S'il y a quelque inconvénient à charger les gardiens de la paix de cette mission, on pourrait tout au moins conférer un droit analogue aux membres des commissions scolaires chargées de veiller à la stricte observance de la loi de 1882.

Ces commissions ne constatent jusqu'ici que la fréquentation irrégulière des enfants inscrits dans les écoles publiques ou privées. Cependant, en établissant une comparaison entre le nombre de tous les enfants de Paris en âge de scolarité et le nombre des inscrits dans les diverses écoles, on trouve qu'il y a en moyenne 15,000 enfants de 6 à 13 ans soustraits par les familles à l'application de la loi rendant obligatoire l'enseignement primaire. Les commissions scolaires, en attendant qu'on étende leur action pour arriver à la recherche

de ces insoumis, se sont déjà préoccupées d'atténuer cette situation fâcheuse. Grâce à elles, dans
quelques arrondissements, les bureaux de bienfaisance font de l'envoi à l'école des enfants une des
conditions pour la délivrance des secours.

Il faut en effet reconnaître que si l'on rencontre
chez les parents de la mauvaise volonté, de la négligence ou de l'ignorance, la misère est aussi une
des causes fréquentes que les commissions scolaires ont à enregistrer, lorsqu'elles recherchent
les raisons qui ont motivé pour l'enfant la déser-
tion de l'école. Elle pousse les parents à utiliser le
plus tôt possible les services qu'il peut leur rendre,
et il faut s'estimer heureux lorsque l'enfant n'est
pas exploité d'une façon indigne. De son côté,
l'enfant regimbe à l'idée d'aller à l'école quand il
est mal vêtu, quand il rougit d'étaler ses guenilles
au milieu de ses petits compagnons plus fortunés.
Si on veut l'y contraindre, il s'enfuit, et le cas est
beaucoup plus fréquent qu'on ne pourrait le supposer, tellement le sentiment de l'amour-propre est
vif chez les enfants des faubourgs de Paris.

En pareil cas, l'action de la commission scolaire
doit se subordonner à celle du bureau de bienfaisance et à celle de la caisse des écoles. Le bureau
de bienfaisance est en mesure de donner aux pa-

rents l'équivalent, ou à peu près, du travail précaire de l'enfant. L'assistance à accorder à ce dernier incombe à la Caisse des écoles, qui, par la
fourniture gratuite de chaussures, de vêtements et
de nourriture, arrive encore à alléger précieuse-
ment les charges des familles pauvres.

Le fonctionnement de ces Caisses des écoles est
récent en réalité. La loi de 1867 les avait bien instituées, mais à titre facultatif. Il faut cependant
remonter à 1849 pour trouver la première institution de ce genre; elle fut fondée dans le deuxième
arrondissement actuel de Paris, qui était le troisième, au temps où la ville ne renfermait encore que
douze arrondissements. Après le licenciement d'un
bataillon de la garde nationale, il resta en caisse une
certaine somme, qui fut déposée entre les mains
du maire pour être répartie par lui sous forme de
vêtements, de chaussures, de prix et de livrets de
la Caisse d'épargne entre les enfants pauvres et
méritants des écoles primaires de l'arrondissement.
Le maire vit dans ces distributions un utile secours
et un puissant stimulant à l'égard des enfants; il
ménagea le petit capital qui lui avait été remis,
s'efforça de l'accroître au moyen de générosités
annuelles demandées à ses administrés et finit par
constituer un comité pour l'assister dans la distri-

bution des récompenses et des secours. La première caisse des écoles fut dès lors fondée ; c'est le nom qui servit dès l'origine à qualifier cette organisation utile.

Le XIXᵉ arrondissement imita cet exemple en 1862. Malgré le caractère légal reconnu par la loi de 1867 à ces associations, c'est seulement après la guerre que les caisses des écoles l'organisèrent dans tous les arrondissements. On sait que la loi de 1886 les a rendues obligatoires dans toutes les communes de France. A Paris, elles jouissent d'une hégémonie assez grande ; leurs ressources sont très diverses, les besoins auxquels elles doivent répondre sont très inégaux. Les caisses s'alimentent au moyen des cotisations annuelles des souscripteurs ; elles trouvent une source de revenus assurés dans les bals, les concerts et les fêtes foraines ; elles reçoivent enfin les subventions du Conseil municipal.

Il semble que jusqu'en ces dernières années un certain nombre de caisses des écoles ne remplissaient pas exactement le rôle que la loi de 1867 leur attribuait. Leurs administrateurs se préoccupaient trop de décerner des récompenses et pas assez d'enlever aux familles nécessiteuses tout prétexte de laisser vagabonder leurs enfants ou de lesutiliser à des métiers souvent inavouables. Le Conseil municipal, qui n'a sur elles que le droit de contrôle que lui donnent les larges subventions qu'il leur alloue, s'est toujours efforcé de les maintenir sur le terrain de l'assistance aux enfants, qui est leur domaine propre, il s'est toujours préoccupé également d'amener une unité de vues entre elles, afin de rendre leur fonctionnement aussi homogène que possible et pour éviter des inégalités trop choquantes dans les secours donnés aux enfants pauvres, suivant que leurs familles habitent tel ou tel arrondissement.

L'assistance accordée par les caisses des écoles revêt un très grand nombre de [formes ; nous ne nous arrêterons qu'aux plus générales, à celles que l'on retrouve à peu près dans toutes. Leur action s'exerce hors l'école ou dans l'école. Hors l'école, elles organisent des cours spéciaux de dessin, fournissant ainsi aux futurs ouvriers la base solide de l'apprentissage pour un si grand nombre de corps d'état ; elles enseignent la confection des vêtements aux filles, dont la connaissance est d'une si grande utilité pour tous les petits ménages; elles subventionnent des bibliothèques populaires, des cours commerciaux, des cours de langues vivantes, etc. A l'école, leur premier devoir est de vêtir et de chausser l'enfant pauvre pour qu'il puisse fréquenter la classe sans péril, non seulement pour sa santé, mais aussi pour son caractère que les humiliations pourraient aigrir. Mais la distribution des vêtements est peu de chose encore à côté de celle de la nourriture. Combien d'enfants arrivaient autrefois à l'école n'ayant pour le repas de midi qu'un simple morceau de pain provenant le plus souvent du bureau de bienfaisance ! C'est le 2 mars 1876 qu'une proposition fut faite au conseil municipal pour la délivrance d'aliments chauds à tous les élèves des écoles de Paris. Déjà, dans le V° arrondissement, un fourneau avait été installé dans une école aux frais d'un particulier; la caisse des écoles de cet arrondissement n'avait point tardé à établir d'autres fourneaux ; moyennant dix centimes, les enfants recevaient une soupe, un morceau de viande, ou des légumes.

Après des essais plus ou moins heureux tentés dans différents arrondissements, le conseil municipal, qui s'était borné jusque là à inviter les caisses des écoles à créer des cantines scolaires, reconnut que cette charge était trop lourde pour elles et inscrivit au budget de 1886 une somme de 100,000 francs destinée à assurer le fonctionnement des cantines qui seraient fondées. Ce crédit a

23

été porté depuis lors à 500.000 francs. Cette mesure est certainement une des meilleures que le conseil municipal ait prises en faveur de l'enfance. Il s'est reposé sur les administrateurs des caisses des écoles du soin d'organiser les cantines au mieux des ressources locales. Il en est résulté une telle diversité de gestion, qu'un règlement général ne peut manquer d'intervenir pour empêcher une institution aussi utile de péricliter ; c'est une nécessité qui a été démontrée au conseil municipal par M. Lavy.

Le choix des aliments distribués, leur prix d'achat, le prix de revient et le prix de vente des portions, les règles présidant à la gratuité, tout cela diffère d'un arrondissement à l'autre. Le but à atteindre, c'est que tous les enfants trouvent à l'école des aliments assez substantiels pour étouffer les germes de l'anémie dont les menace l'air vicié de Paris. Il faut que cette nourriture soit fournie moyennant rétribution aux enfants en état de payer et gratuitement à ceux de familles nécessiteuses. Il est donc inadmissible que dans un arrondissement les enfants reçoivent une nourriture saine et abondante, alors que dans un autre, par suite d'une organisation défectueuse, les enfants sont soumis à une alimentation parcimonieuse et peu hygiénique.

Le principe le plus propre à présider à la répartition de la gratuité dans les cantines scolaires,
devrait être l'inscription des parents au bureau de
bienfaisance. C'est la règle en application dans le
IVᵉ et le XIVᵉ arrondissements. Ailleurs, ce sont
les directeurs ou directrices d'écoles qui proposent,
les maires qui disposent, c'est encore la commission scolaire qui statue de concert avec la caisse
des écoles. Dans le XVIIIᵉ arrondissement, on fait
une enquête et l'on se base, pour délivrer des
jetons gratuits, sur la situation de la famille et le
nombre d'enfants dont elle est chargée. On va plus
loin dans le XXᵉ arrondissement, où la gratuité est
accordée aux enfants de tous les parents qui le
demandent.

En examinant bien la situation actuelle, on arrive à se convaincre que le fonctionnement pénible
et dispendieux des cantines scolaires dans quelques arrondissements provient non pas de la gratuité accordée aux enfants pauvres, mais de la
semi-gratuité instituée en faveur d'enfants parfaitement en état de solder le prix de revient de la
portion. Dans tous les arrondissements, sauf le
XVIIIᵉ qui la donne à prix coûtant et le IIIᵉ dont
la cantine n'est point payante, le prix de la portion
est tarifé à plusieurs centimes au-dessous du prix

de revient, de telle sorte que six arrondissements
au moins dépensent plus pour combler le déficit
creusé par les portions vendues que pour faire face
à la gratuité.

A leur décharge, les administrateurs des caisses
des écoles invoquent la nécessité de venir en aide
à toute une classe d'enfants, pas assez aisée pour
s'approvisionner à la cantine si les prix en sont trop
élevés, pas assez nécessiteux pour vouloir bénéficier de la gratuité. La nourriture que ceux-là apportent dans leurs petits paniers est moins substantielle que celle qu'ils recevraient à la cantine ;
c'est pour les y attirer qu'a été imaginé le système
de semi-gratuité. Sans vouloir entrer trop avant
dans ce débat, je crois pour ma part que la véritable solution de la question gît dans une meilleure
gestion des cantines, permettant d'arriver, dans tous
les arrondissements, à une quasi-uniformité des
prix de vente et de revient. Il n'est pas exagéré de
tarifer à quinze centimes le prix d'un repas ; dans
les cantines du XVIIIe arrondissement, on arrive à
un prix de revient de 0 fr. 1465 ; en prenant
0 fr. 15, tous les frais sont couverts.

L'œuvre des cantines une fois assurée, on pourra
passer à la réalisation d'un projet émis en 1884 par
la direction de l'Enseignement primaire, au cours

de discussions relatives à la question des pupilles. Il s'agit d'un internat économique à créer pour les enfants pauvres que la Ville de Paris adopte entièrement jusqu'à ce qu'ils soient en état de se suffire. Cette forme de l'assistance donnée à l'enfance parisienne porte le nom de *Caisse des pupilles* ; sa création remonte à 1880. A l'origine elle a été mal engagée parce que son but n'était pas clairement entrevu, parce que les catégories d'enfants qu'elle était destinée à protéger n'étaient point nettement définies. Les critiques ne lui ont pas manqué au sein même du conseil municipal.

Si le veuvage, l'indigence ou les infirmités des parents devaient constituer un droit à cette adoption des enfants par la Ville de Paris pendant leur période de scolarité, sait-on dans quelle voie il faudrait s'engager ? Les contrôles des bureaux de bienfaisance de l'année 1886 portent que 51,600 ménages admis aux secours avaient ensemble 62,154 enfants garçons ou filles, de moins de quatorze ans. Les enfants étant tenus de fréquenter l'école de six à treize ans, c'est-à-dire durant sept années, il faut donc admettre un nombre de 31,000 enfants indigents, en situation de réclamer la faveur de devenir boursiers de la Ville de Paris.

En outre, la caisse des pupilles organisée sur de

telles bases risquerait de faire un double emploi avec certains services de l'Assistance publique. Le conseil municipal a compris, au mois de décembre 1888, que pour garder à la caisse des pupilles une utilité incontestable, il fallait qu'elle eût un caractère particulier, que l'adoption des enfants fût motivée d'une façon probante, qu'elle fût déterminée par le mérite des familles auxquelles les enfants appartiennent. La lecture des journaux n'apprend-elle point trop fréquemment qu'une nichée d'enfants viennent de rester orphelins, parce que leur père a perdu la vie en voulant opérer quelque sauvetage? N'y a-t-il point des hommes qui meurent en laissant les leurs dans la misère, après toute une vie de dévouement à la chose publique. Les exemples seraient à l'infini, parce que le mérite revêt toutes les formes et qu'il se retrouve partout où il y a des honnêtes gens et des travailleurs.

Les premiers enfants que la Ville de Paris a adoptés pour ses pupilles ont été disséminés dans des établissements privés. Elle vient, en dernier lieu, de créer pour les garçons un internat municipal situé avenue Philippe-Auguste. On n'y compte encore qu'une centaine d'enfants; à l'âge de treize ans, les pupilles qui suivent l'enseignement primaire sont rendus à leur famille, si celle-ci existe et est en état de veiller sur eux pendant leur temps d'apprentissage ; dans le cas contraire, ils doivent être gardés par la Ville pour suivre des cours professionnels. A quelques enfants témoignant des dispositions heureuses, on fait suivre des cours d'enseignement primaire supérieur, voire même d'enseignement secondaire. Je me hâte d'ajouter que c'est l'exception ; en généralisant, on risquerait trop de faire des déclassés.

Or, du moment qu'il s'agit d'enseignement primaire pour les pupilles, on voit comment les caisses des écoles peuvent coopérer à l'internat économique des enfants adoptés par la Ville de Paris. Il suffirait de les garder à l'école durant la journée et de les faire dîner à la cantine où ils auraient déjà déjeuné. Ils rentreraient ensuite passer la nuit chez les personnes parentes ou amies, qui se seraient chargées de les héberger, pour revenir le lendemain matin. Les caisses des écoles, qui ont créé les classes de vacances destinées à préserver du vagabondage les enfants que leurs parents sont dans l'impossibilité matérielle de surveiller pendant ce laps de temps, feraient œuvre utile en entrant dans les vues de la Direction de l'enseignement primaire.

Cette question des vacances a amené les caisses des écoles à fonder deux institutions également utiles, je veux parler des voyages et des colonies scolaires. Il y a longtemps que l'initiative du *Club alpin français* a déterminé dans les établissements d'enseignement secondaire un mouvement en faveur des voyages scolaires. Très peu d'élèves sont appelés cependant à en bénéficier, en raison des frais considérables qu'entraînent les longues excursions dans les régions alpestres. Le premier crédit que le conseil municipal ait voté pour l'organisation de voyages scolaires a été inscrit au budget de 1876. A l'origine, et jusqu'en 1880, les élèves des écoles primaires supérieures ont seuls bénéficié de cette création.

En 1880, il fut décidé d'étendre le bénéfice de ces caravanes scolaires aux meilleurs élèves des écoles primaires communales de garçons ; l'année suivante, on prit la même mesure à l'égard des filles. Faire partie d'une de ces caravanes, c'est obtenir la plus haute récompense, c'est en même temps bénéficier d'un excellent complément d'instruction. L'itinéraire est en effet réglé de manière à ce que les élèves puissent recueillir, au cours de l'excursion, des connaissances historiques, géographiques et industrielles. Chacun des enfants est

dans l'obligation de tenir le journal de son voyage;
il note ses impressions, et, de retour à Paris, il
les résume dans des comptes rendus qui sont examinés, classés et récompensés selon leur mérite.

Tandis que le Conseil municipal de Paris votait
en 1876 la première subvention aux voyages scolaires, la ville de Zurich prenait une initiative qui
allait être féconde. A l'instigation du pasteur Bion,
une soixantaine d'enfants étaient choisis parmi les
plus malingres, les plus débiles, et allaient passer
leurs vacances sur les montagnes du canton d'Ap-
penzell. Ils en revinrent avec un tel éclat de santé
que la cause des *colonies scolaires de vacances*
fut gagnée du premier coup en Suisse, où elles ne
tardèrent pas à se propager d'une façon générale.
En 1878, la ville allemande de Francfort-sur-le-
Mein suivit cet exemple, si contagieux qu'en 1885
on comptait en Allemagne soixante-douze villes
organisant de semblables colonies. L'Autriche, la
Suède, la Norwège, les Etats-Unis même ne tardèrent pas à être gagnés à cette institution.

La France entra dans le mouvement en 1883. Au
sein de la caisse des écoles du IXe arrondissement
un administrateur, M. Edmond Cottinet, se fit
l'apôtre des colonies scolaires; il se mit en campagne, recueillit des fonds, intéressa la municipa-

lité à son projet et réussit à envoyer une vingtaine d'enfants, les plus faibles qu'il put trouver, ceux dont les figures étaient les plus creuses, les poitrines les plus renfoncées, les omoplates les plus saillantes, faire une cure préventive, les garçons à Chaumont, dans la Haute-Marne ; les filles à Luxeuil, dans la Haute-Saône. L'expérience fut concluante. Tous ceux qui virent ces enfants revenir à Paris, en ayant réellement fait une provision de vie au plein air de la campagne, furent conquis à l'œuvre nouvelle.

Les résultats n'étaient pas niables ; les parents, les voisins, les amis qui connaissaient l'état de santé précaire des enfants avant leur départ en villégiature, n'en croyaient pas leurs yeux. D'aucuns, parmi les plus pauvres gens, se firent les ardents prosélytes de l'œuvre de M. Edmond Cottinet. Au surplus, les enfants avaient été pesés et mesurés au moment de quitter Paris ; cette opération, renouvelée à leur retour, accusa des augmentations de poids caractéristiques, des croissances de taille et des développements de thorax très appréciables. Pendant les quinze jours de leur absence, il s'était opéré en eux une complète transformation physique.

En vain, les hygiénistes s'émurent des résultats

de ces colonies scolaires qui, généralisées, pouvaient avoir une si sérieuse influence sur l'amélioration de la race; elles restèrent, pendant quelques années, spéciales aux écoles du IXe arrondissement. En 1887, cependant, l'intervention de M. Hovelacque au Conseil municipal détermina quelques caisses des écoles à se préoccuper des enfants chétifs, au lieu de se borner à encourager les élèves les plus méritants. Il est peu d'arrondissements qui n'aient organisé des colonies scolaires en 1888 ; un certain nombre ont même renoncé à l'organisation des voyages; d'autres les ont remplacés par de simples excursions aux environs de Paris.

Je ne verrais point, pour ma part, sans quelque regret, disparaître les voyages destinés à récompenser les meilleurs écoliers. Quant aux colonies scolaires, je voudrais que leur fonctionnement permît d'en faire bénéficier un plus grand nombre d'enfants, durant toute la saison de l'été. C'est la tentative intéressante que va poursuivre, en 1889, la caisse des écoles du XIe arrondissement, une de celles qui se sont lancées le plus résolûment dans la voie ouverte par M. Cottinet.

Par suite de circonstances particulières, la municipalité pourra mettre à la disposition des colonies scolaires de l'arrondissement, à partir du mois de mai 1889, une grande propriété située à Mandres-sur-Vair, près de Contrexéville (Vosges). Dans cette propriété, entièrement aménagée pour recevoir cent jeunes colons, la caisse des écoles avait l'ambition, au moment où j'écrivais ces lignes, d'installer, dès le mois de mai, cent enfants pendant vingt-cinq jours et de continuer ainsi de mois en mois, jusqu'à la fin de septembre, de façon à faire profiter cinq cents écoliers d'un séjour vivifiant à la campagne. Les seules difficultés, peu considérables, d'ailleurs, en raison du but à atteindre, étaient purement d'ordre pécuniaire ; on avait toutefois la certitude que la dépense n'excéderait pas 1 f. 60 par jour et par enfant, voyage compris.

L'unique travail qu'on exige des enfants pendant leur séjour dans les colonies scolaires, est la rédaction des cahiers dans lesquels ils doivent rendre compte de leurs occupations journalières. Il faut feuilleter ces narrations d'enfants pour voir combien il y a de résultats moraux à obtenir, à côté des améliorations physiques. Ces enfants s'intéressent à tout, s'étonnent de tout. Qu'on songe que beaucoup d'entre eux non seulement ne sont jamais sortis de Paris, mais ne connaissent même point en entier l'arrondissement ou le quartier qu'ils habitent. En leur faisant consigner l'emploi minutieux de leur temps, on arrive à graver plus profondément dans leur esprit les impressions ressenties en face de la nature, qui leur était jusqu'alors inconnue. Il est à noter que les filles sont en général plus loquaces que les garçons. Il y aurait des pages charmantes à détacher de leurs cahiers.

L'esprit de ces petites Parisiennes pétille à chaque page. Quel joli tableau par exemple que celui-ci, tracé par une fillette de dix ans et demi :

13 septembre. — « Dans l'après-midi, nous irons à Robach et dans le bois du Châtel, où nous lirons, nous ferons du crochet et nous nous reposerons. Arrivées au bois, nous ne faisons pas de crochet, nous ne lisons pas et ne nous reposons pas ; mais nous courons, nous nous balançons sur des arbres coupés, nous faisons des bouquets. En repassant dans le village, nous buvons du lait chez une femme bien drôle, qui, d'abord, pense que madame est la mère de nous toutes, puis nous fait une foule de questions pour savoir d'où nous venons, qui nous sommes, pourquoi nous sommes là. Presque tous les gens de la campagne chez qui nous entrons sont pareils. Ils demandent des masses d'explications et finissent toujours par dire : «Ah! » vous êtes de Paris; moi, j'ai une sœur à Paris; — une » autre fois, c'est une tante ou une cousine; — elle est do- » mestique chez un épicier, près du chemin de fer. Vous la » connaissez peut-être. Elle s'appelle.,... » Et ils vous disent son nom. Ah! qu'ils sont drôles ! »

C'est dans le cahier de la même enfant qu'on trouve cette observation rapportée d'une visite à une église de Saint-Dié : « L'autel est surmonté de peintures sur bois très fines ; c'est Madame qui nous l'a dit, mais je crois que son guide l'aide beaucoup à trouver ce qu'il y a de fin. » C'est encore elle qui se dépite parce que, dans une rue de la même ville, un attroupement s'est formé autour de ses petites compagnes, un jour qu'elles avaient arrêté pour la dévaliser une paysanne allant porter son lait au marché. « Il faut croire, écrit-elle, que les gens de Saint-Dié n'ont pas grand-chose à faire, s'ils s'arrêtent pour voir boire des petites filles. »

Je voudrais pouvoir prolonger à loisir ces citations ; je dois, à regret, me borner à signaler rapidement les principaux résultats moraux obtenus grâce aux colonies scolaires. En province, ceux qui ont occasion de voir ces enfants, de les mener faire des promenades instructives à travers les établissements publics et privés, ou simplement à travers champs, croient volontiers avoir devant eux les meilleurs écoliers d'un arrondissement ; ce ne sont cependant que les écoliers les plus débiles. Mais, ce vif amour-propre, que j'ai déjà noté chez les petits Parisiens, leur fait prendre en présence des étrangers une tenue plus correcte, des manières plus réservées, un langage moins faubourien. Les améliorations de leur état moral marchent de pair avec celles de leur santé. Quand ils reviennent au domicile de leurs parents, ceux-ci sont tout étonnés de constater les habitudes d'hygiène et de propreté qu'ils ont acquises.

Ce sont eux désormais qui font leur lit, qui balaient leur chambre, qui nettoient leurs habits, qui cirent leurs chaussures, qui raccommodent leur linge. Il y a tout d'abord une sorte d'ostentation pour l'enfant à se livrer à ces menues occupations du ménage ; bientôt c'est une habitude prise sur laquelle il n'y a plus à revenir. Parmi les autres résultats à inscrire à l'actif des colonies scolaires, il en est un que je ne puis omettre de signaler, car tous les rapports des instituteurs le relatent, et spécialement celui que M. Edmond Cottinet a présenté en 1888 au Comité général de l'Œuvre des colonies scolaires. C'est à lui que je laisse la parole :

On a souvent déploré, dit-il, l'ignorance des nôtres quant aux notions rurales; on a félicité les colonies de vacances des *leçons de choses*, dont elles sont pour eux l'occasion incomparable ; on n'a pas assez dit qu'elles leur sont aussi profitables en leurs *leçons de personnes.* C'est bien de dé-

mêler désormais le blé du seigle, c'est mieux de distinguer
le paysan du rustre. C'est bon de connaître la charrue, le
semoir; la moissonneuse; c'est meilleur de connaître le la-
boureur, le semeur, le moissonneur. Et quand le Parisien
les a admirés à l'œuvre, ces grands laborieux, peinant sous
la pluie et le vent, pour obtenir de la terre avare l'herbe
ou le fruit, et que, ensuite, il les a vus sourire à ses échappées à travers l'herbe et dire au maître alarmé : « Laissez,
ce n'est rien ! » ou bien secouer eux-mêmes la branche où
pend le fruit convoité, le Parisien n'est plus accessible aux
calomnies qu'on propage sur les nourriciers de la France.
Et eux, les voilà tout attendris en découvrant le bon esprit,
la douceur, la politesse de ces prétendus *gavroches*, qui se
dévoilent à eux comme la fleur de notre peuple.

Je retrouve là des idées qui me sont chères.
Puissent les colonies scolaires se multiplier si bien
dans les vingt arrondissements que le malentendu
perpétuel existant entre Paris et la province s'en
trouve sensiblement amoindri. Un dernier mot
pour constater la persistance de ces améliorations
tant physiques que morales. Les instituteurs l'at-
testent, de même que les médecins inspecteurs
des écoles.

Au cours de ce volume, j'ai déjà eu l'occasion
de signaler l'organisation de cette inspection médicale des écoles primaires, qui ne s'est exercée
jusqu'ici que sur les établissements communaux.
La loi de 1886 ordonnant de l'étendre aux écoles

privées, elle se trouve aujourd'hui complétement à remanier. Sous sa nouvelle forme, elle est appelée à rendre de grands services à la population parisienne. Il faut arriver à ce que chaque enfant ait, dès son plus jeune âge, dès son entrée à l'école maternelle, son dossier sanitaire, figuré par un carnet individuel. A l'école même, ce dossier aura une grande utilité ; mais de quelle valeur ne sera-t-il pas plus tard, en venant éclairer le diagnostic des médecins qui pourront trouver dans ces remarques, faites pendant l'enfance, l'origine réelle, l'indication véritable des maladies survenues au cours de l'âge du mur, ou tout au moins y puiser la connaissance de l'état constitutionnel de leur client.

Que de myopies, de surdités, de déformations, peuvent être facilement évitées aux enfants au moyen d'une bonne et fréquente inspection des écoles, sans parler de tous les cas de contagion que j'ai notés précédemment ! Les instituteurs envoient-ils leurs élèves, atteints de vices de pronociation, fréquenter les cours publics d'orthophonie? J'ai lieu d'en douter. Songe-t-on dans nos écoles à soumettre les écoliers, comme cela a lieu à Bruxelles, à une mensuration régulière permettant d'observer scientifiquement le développement

naturel de chaque enfant, de prévenir les causes
d'étiolement, de découvrir en lui les prédispositions morbides ?

L'inspection hygiénique et médicale est destinée
à jouer un rôle très étendu dans la vie scolaire.
La Ville de Paris, qui va consacrer une somme de
vingt millions à l'édification des écoles que la loi
de 1882 a rendues nécessaires, se doit à elle-même
de l'organiser sur les bases les plus larges. Faire
de gros sacrifices en faveur de la santé de l'enfance, c'est thésauriser pour l'avenir, c'est désencombrer les hôpitaux et les hospices, c'est en un
mot faire œuvre de prophylaxie sociale.

XXIV

LE PATRONAGE

Les contrats d'apprentissage. — Les premières sociétés de patronage. — La loi de 1841 et son inefficacité. — L'initiative de J.-B. Dumas. — La première inspection. — Le rôle des commissions locales. — La décroissance de l'apprentissage. — La société de protection des apprentis. — Les enfants dans le commerce et au théâtre.

La loi du 28 mars 1882 retient l'enfant à l'école jusqu'à treize ans. Celle du 19 mai 1874 lui ouvre dès sa douzième année les portes de l'atelier, mais elle spécifie qu'il ne pourra, avant l'âge de quinze ans accomplis, être admis à travailler plus de six heures chaque jour, s'il ne justifie, par la production d'un certificat, qu'il a acquis l'instruction primaire élémentaire. A côté de ces deux lois, il faut placer celle de 1851, qui règle les contrats d'apprentissage. Il y a lieu en effet, dans la législation actuelle, de distinguer deux catégories parmi les enfants livrés à l'industrie : les apprentis proprement dits et les enfants gagés comme ouvriers.

En fait, la loi de 1851 admettant les contrats d'apprentissage même verbaux, il est très malaisé d'établir une distinction entre les uns et les autres. Légalement, la loi de 1874 ne s'applique pas plus aux apprentis qu'aux enfants employés par leurs parents. Il y avait là un sérieux achoppement pour l'action de cette loi bienfaisante ; il faut dire à l'honneur des industriels parisiens qu'ils ont devancé l'œuvre de la législation prochaine, en fusionnant les obligations des deux lois qu'il leur était possible d'opposer l'une à l'autre.

L'apprentissage était général autrefois dans les industries parisiennes. Aussi n'est-il point surprenant de constater le mouvement qui s'est produit durant la première moitié du siècle pour le patronage des apprentis. L'initiateur en fut le baron de Gérando, cet homme de bien dont la charité a été si féconde. En 1822, il groupa autour de lui des hommes tels que Delessert, Guizot, Rémusat, Lanjuinais, puis Carnot, Cambacérès, Montalivet, La Rochefoucault-Liancourt. Il fonda la Société d'apprentissage des jeunes orphelins, ce nom d'orphelins étant une qualification générique pour désigner diverses catégories d'enfants pauvres.

Deux autres sociétés n'allaient point tarder à se

créer sur le même modèle. La Société des Amis
de l'enfance en 1827, et l'Association pour le placement en apprentissage et le patronage d'orphelins des deux sexes en 1829. Toutes trois se pro-
posaient de patronner : 1° Les enfants pauvres
des deux sexes qui ont perdu soit leur père et
leur mère, soit leur père seulement ; ceux qui ont
perdu leur mère, lorsque leur père est inconnu,
ou qu'il les a délaissés depuis longtemps, ou qu'il
pourrait les corrompre par son exemple, ou qu'il
serait dans l'impossibilité de les élever ; 2° les enfants dont le père est sous le poids d'une grave
condamnation, lorsque la durée de la détention est
au moins égale à la durée présumée de l'apprentissage du candidat ; 3° les enfants dont le père,
reconnu incurable, serait placé comme tel dans
un hospice ou dans une maison d'aliénés, et dont
la mère n'existerait plus ou serait dans l'indigence ; 4° les enfants dont le père a disparu depuis
un certain temps, sans qu'on ait pu se procurer de
ses nouvelles, laissant la mère dans l'indigence ;
ou lorsque la mère elle-même a disparu et que le
père est dans l'impossibilité de les élever ; 5° enfin,
les enfants qui, par suite de circonstances particulières, peuvent être considérés comme orphelins.

Le patronage débutant par le placement de

l'apprenti, chaque société devait aplanir les difficultés de ce placement en fournissant tout ou
partie des objets de literie, des effets d'habille-
ments que le patron n'entend ordinairement pas
prendre à sa charge. L'enfant placé, sa surveillance devenait le souci de la Société. Que ferait-il
le dimanche, tandis que l'atelier est fermé, que le
patron est hors de chez lui, alors qu'il n'a point de
famille pour l'accueillir? De plus, ne fallait-il pas
prévoir le cas de chômage? Laisserait-on l'enfant
sur le pavé par suite de la rupture imprévue de
son contrat d'apprentissage? Les deux sociétés qui
furent les premières en date, répondirent à ces
préoccupations en ouvrant au siège de leur agence
une école, une maison de famille où les enfants se
rassemblaient le dimanche pour suivre quelques
cours, pour recevoir quelques soins et quelques
conseils, pour prendre leurs repas et pour être
conduits en promenade. C'est un programme
qu'elles ont toujours continué à suivre et leurs
agences-écoles de la rue Crillon et de la rue du
Parc-Royal réunissent chaque dimanche un nombre
important d'enfants.

Nous avons vu que la Société de patronage des
jeunes détenus s'était ralliée à ce système. Pendant longtemps il est resté en usage presque

exclusif dans les patronages congréganistes ; c'est
la forme qu'affectent un grand nombre d'œuvres
pour la première communion. La troisième Société,
dont le siège est rue de Turenne, 3, n'a pas cru
nécessaire de grouper ainsi les enfants pendant
la journée du dimanche; elle a attribué à chacun
de ses apprentis un protecteur choisi parmi ses
membres, qui prend les dispositions nécessaires
pour assurer la continuité de la surveillance des
enfants qui lui sont confiés.

Un long temps se passe après la fondation de
ces trois Sociétés, qui contribuent pour leur bonne
part au vote de la loi de 1841, limitant pour la
première fois la durée du temps de travail des
enfants, interdisant de les appliquer à certains
métiers dangereux. Cette loi resta lettre morte,
parce que, après avoir édicté des doctrines, elle ne
chercha pas le moyen de passer à la réalisation.
Cette inefficacité de la loi de 1841 frappa vivement
un esprit éminent, J.-B. Dumas, le célèbre chi-
miste. Au cours d'un voyage en Angleterre, il
s'était ému des conditions malheureuses dans lesquelles il avait vu les jeunes enfants travailler
dans les fabriques, dans les usines, dans les mines.
Il se souvint que lui aussi avait été apprenti
dans son enfance; il cherchait les moyens de re-

médier à la situation pénible qui était faite en
France, également, à tant de milliers d'enfants,
lorsqu'il vit se produire, sous la pression de l'opinion publique, la magnifique transformation des
conditions d'existence de l'enfance ouvrière en
Angleterre.

Il résolut de susciter un pareil mouvement à
Paris et fonda la Société de protection des apprentis et des enfants employés dans les manufactures.
Elle différait essentiellement des anciens patronages en ce que sa protection s'étendait sur tous les
apprentis, au lieu de se borner à telles ou telles catégories d'enfants. Respectant d'une égale façon la
liberté de l'industriel et l'autorité du père de famille,
elle se donnait pour but de faciliter les contrats
d'apprentissage, d'en assurer l'exécution, en même
temps qu'elle recherchait le moyen d'atteindre les
abus commis impunément au détriment de l'enfance.

J.-B. Dumas était à cette époque président du
Conseil général de la Seine et du Conseil municipal de Paris; il fit à cette dernière assemblée la
proposition de créer un corps d'inspection chargé
d'assurer l'exécution de la loi de 1844. La motion
fut adoptée, l'inspection fut établie, mais cela ne
pouvait suffire à réformer les vices de la loi qu'il
s'agissait d'appliquer. La nécessité d'étudier une

loi nouvelle fut vite reconnue. Le gouvernement
délégua M. de Freycinet en Angleterre pour étudier dans ses effets la législation édictée par les
bills récents. A la fin de 1867, M. de Freycinet
déposait son rapport entre les mains du ministre
du commerce et de l'agriculture; c'était une œuvre
remarquable, d'où la loi du 19 mai 1874 a germé
entièrement.

Pour assurer l'exécution de cette dernière loi,
la France a été partagée en vingt-et-une circonscriptions d'inspection. Le département de la Seine
forme la première à lui seul. Mais, en dehors de
l'inspecteur divisionnaire de l'État, l'action de
l'autorité locale est exercée, sous ses ordres di-
rects, par un inspecteur principal départemental,
par treize inspecteurs et autant d'inspectrices. De
plus, quatre-vingt-six commissions locales ont été
formées : quarante-trois d'hommes et quarante-
trois de dames. Une commission départementale
supérieure, instituée par la Préfecture de police,
complète l'organisation du service.

Je ne m'étendrai pas sur son fonctionnement,
qu'une loi prochaine modifiera sans doute, pour
réformer en certaines parties la loi de 1874, en
laquelle l'expérience a fait découvrir quelques
points défectueux. Je ne range pas, au nombre de

ces imperfections, l'institution des commissions locales, dont le gouvernement demande la suppression dans le projet de loi soumis aux chambres. J'estime qu'elles sont non-seulement utiles, mais encore nécessaires. Elles sont utiles parce qu'elles servent à contrôler le service de l'inspection ; elles sont nécessaires, parce que dans des agglomérations telles que les quartiers industriels de Paris, elles seules peuvent efficacement rechercher les petits patrons rebelles à la loi.

J'ai tout lieu de douter de leur abolition future ; leur composition sera toutefois l'objet d'importantes modifications. Si cependant elles venaient à être légalement supprimées, l'intention de l'administration municipale est d'assurer leur existence en les transformant en comités locaux de patronage. Sans attendre cette éventualité, plusieurs commissions locales ont institué, dans divers arrondissements, des sociétés de patronage des apprentis. Je citerai notamment celle du XVIIe arrondissement, fondée par M. de Hérédia et la vingt-septième commission locale, qui me paraît avoir été le type des institutions analogues.

Un registre est ouvert à la mairie pour recueillir les offres d'emploi des patrons et les demandes des jeunes gens et des jeunes filles désireux de se placer

en apprentissage. La Société les prend sous sa
protection de onze à seize ans. Deux écoles communales de l'arrondissement, l'une pour les garçons
et l'autre pour les filles, servent à réunir les
apprentis le dimanche et les jours de fêtes. La
journée se divise en deux parties : 1° de neuf heures
à midi ; 2° d'une heure et demie à six heures. Quand
le temps le permet, des excursions ont lieu aux
environs de Paris, ou bien ce sont des visites à
des usines et aux musées nationaux. Je n'ai pas
besoin d'insister sur la distinction existant entre les
réunions de ces sociétés d'arrondissement et celles
des maisons de famille des anciens patronages.
Elle tient à la diversité même des catégories d'enfants auxquelles elles s'adressent.

La création de patronages analogues à celui du
XVIIe arrondissement est de celles que doivent encourager non-seulement tous les amis de l'enfance,
mais tous ceux qui ont souci de notre production
industrielle. L'apprentissage se perd en effet de
plus en plus à Paris. Les contrats deviennent de
plus en plus rares ; plus rare encore en est la stricte
exécution. L'enfant se soucie peu de connaître un
métier, il lui suffit d'avoir un état. Les parents ne
demandent qu'une chose, c'est d'être débarrassés
des charges qu'entraîne l'entretien de l'enfant.

Ils veulent le placer couché et nourri. Je ne suis
point d'avis que les sociétés de patronage facilitent
par trop cette séparation, lorsque les parents sont
honorables; l'enfant a tout à gagner à rester sous
leur tutelle immédiate, au lieu d'aller habiter chez
un patron, qui le plus souvent reste indifférent aux
fréquentations de son apprenti. D'ailleurs, le
nombre des métiers où les apprentis sont nourris
et logés, diminue tous les jours; les patrons consentent encore à les nourrir, mais ils se refusent à
les coucher, sauf dans quelques industries, comme
la boucherie, l'épicerie, la boulangerie, la quin-
caillerie, où la boutique doit être ouverte dès les
premières heures du jour.

Les parents, si l'enfant leur est laissé en partie,
réclament une rétribution généralement élevée, ou
bien ils rompent le contrat d'apprentissage, alors
que l'enfant, sans connaître encore bien son métier,
en sait pourtant assez pour aller se caser ailleurs,
moyennant un salaire. Il y a deux façons pour lui de
rompre le contrat : c'est d'abord de s'en aller purement et simplement, c'est ensuite de provoquer son
renvoi. Dans le premier cas, le patron peut attaquer
les parents devant le Conseil des Prud'hommes;
ceux-ci ne s'en soucient point, n'étant généralement
pas solvables. Pour se faire mettre à la porte, l'ap-

prenti n'a qu'à se montrer insolent et paresseux ; le
patron n'a alors aucun recours possible contre lui. Il
n'a même pas la consolation d'indiquer les causes
du renvoi de son apprenti sur son livret individuel,
car l'enfant ne le lui réclame pas, sachant qu'actuellement il pourra s'en procurer autant qu'il en
aura besoin.

Il est presque impossible à un patron de connaître les antécédents de l'enfant qu'il admet dans
son atelier. C'est là que se trouve le grand vice de
l'organisation actuelle. Il est inadmissible que le
même jour un enfant puisse se procurer trois livrets
différents en s'adressant à trois mairies distinctes,
savoir : à la mairie de l'arrondissement où il est
né, à celle du domicile de ses parents et à celle de
l'arrondissement où est situé l'atelier dans lequel il
travaille. Le carnet que je réclamais dans le chapitre précédent, comme complément de l'inspection
médicale de l'enfant à l'école, devrait être suivi du
livret unique d'apprentissage, accompagnant le
jeune homme jusqu'à vingt-et-un ans, époque de
la remise du livret militaire.

Par suite de l'état de choses que j'ai noté, les
patrons ne veulent plus faire d'apprentis ; ils emploient des enfants, mais ils les traitent comme
des petits ouvriers, les spécialisant, forçant leur

production, sans autre but que le lucre et sans aucun souci de leur capacité professionnelle. A ce système, les patrons trouvent leur compte; les parents, constatant le gain immédiat, n'en demandent pas plus; quant aux enfants, ils sont enchantés d'avoir de l'argent de poche et d'accomplir un travail facile, en place du labeur plus pénible de l'apprentissage.

Il faut aussi ne pas manquer de signaler cette tendance qui pousse les parents à transformer leurs enfants en employés de commerce, ou en apprentis fonctionnaires, comme ces jeunes facteurs du télégraphe, qu'on voit jouer à saute-mouton à travers les rues. Cette situation a préoccupé le Conseil municipal de Paris en 1887. M. Jacques a fait adopter un vœu tendant à rechercher dans quelles industries parisiennes l'apprentissage périclitait, et, d'autre part, quelle entente pourrait être établie entre les Chambres syndicales et la ville de Paris, pour assurer aux enfants adultes, durant leur apprentissage, une indemnité pécuniaire d'entretien et une surveillance incessante sur leur éducation professionnelle. Je ne sache point qu'une suite pratique ait été donnée à ce vœu.

La Société de protection des apprentis et des enfants employés dans les manufactures lutte ardemment pour faire réagir les chambres syndicales contre cette tendance fâcheuse. Elle a institué dans son sein un comité spécial pour susciter la création des *Sociétés d'assistance paternelle des enfants dans les industries parisiennes*. Déjà plusieurs Chambres syndicales, celles du papier peint, des fleurs et plumes, de l'ébénisterie, des tapissiers, de l'imprimerie et de la librairie, de la bijouterie, de l'emballage, ont donné l'exemple, en fondant des cours et des écoles spéciales ou en établissant des concours sérieux entre leurs apprentis. Cette forme du patronage peut être très féconde, si elle se généralise. Il ne suffit pas de compter, pour le relèvement de nos industries, sur les écoles professionnelles de la ville de Paris, qui ne formeront jamais qu'une petite élite de chefs d'ateliers et d'ouvriers habiles.

Après avoir enfin signalé le rôle bienfaisant que joue la Société de protection en veillant à l'application du décret du 13 mai 1875, réglant les charges que les enfants peuvent porter, et de celui du 31 octobre 1882, qui détermine les fardeaux qu'ils peuvent traîner sur la voie publique, je souhaiterai de voir ses efforts aboutir, en ce qui concerne la protection des enfants employés dans le commerce, et de ceux qui figurent dans les théâtres.

N'est-il point pénible de rencontrer à la porte
d'un si grand nombre de magasins des enfants si
jeunes préposés à la garde des étalages et insuffi-
samment prémunis contre les intempéries des sai-
sons? Combien de bureaux qui ne le cèdent en rien,
en fait de mauvaise installation, aux ateliers les
plus mal notés sous le point de vue de l'hygiène. Et
le travail de nuit? Et celui du dimanche? Je n'ai
qu'à faire appel aux souvenirs de mes lecteurs, je
n'ai qu'à leur demander de jeter les yeux autour
d'eux, pour réunir dans l'esprit de chacun un fais-
ceau de preuves arguant de la nécessité d'une loi
de protection commerciale analogue à celle de la
protection industrielle.

Dans quelle situation bizarre se trouvent les enfants employés dans les théâtres, soit pour y jouer
des rôles conformes à leur âge, soit pour y figurer
dans les chœurs et les ballets. Voici l'Éden-Théâtre,
par exemple; la loi du 19 mai 1874 ne donne aucune
action sur les enfants qui y sont employés, parce
que l'Éden-Théâtre n'est point réputé établissement
industriel. Il reste la loi du 19 mars de la même
année, visant les enfants employés par les saltim-
banques, mais celle-là non plus ne fait point l'affaire, si bien qu'on a vu un jour cette extraordinaire anomalie : le directeur d'un théâtre forain,

traduit devant les tribunaux pour avoir employé un
enfant n'ayant pas l'âge réglementaire, alors que
le directeur d'un théâtre parisien, chez lequel le
même enfant se trouvait engagé précédemment,
n'avait été l'objet d'aucunes poursuites.

Ne parlons pas de l'Opéra, c'est l'arche sainte !
Le corps du ballet a témoigné de sa toute-puis-
sance en faisant rétablir au dernier budget le crédit de cinquante mille francs qui avait été rogné
sur la subvention. La loi de 1882 sur l'instruction
obligatoire se brise elle-même contre les marches
du grand escalier du superbe édifice. Pour ne point
gêner les ébats chorégraphiques des *rats* de la
maison, il paraît qu'on doit y annexer une école.
Soit !

Je ne puis quant à moi chasser de mon souvenir
l'image de cette petite fille de treize à quatorze ans
que j'ai vue l'année dernière à l'hospice des Enfants-
Assistés. C'était une petite danseuse de l'Eden, à
qui sa sœur aînée faisait accomplir des promenades
nocturnes, en voiture fermée, en compagnie de
vieux messieurs très bien. Et elle n'était pas la
seule ! Ce n'est pas ici le lieu de soulever le voile
qui cache ces turpitudes.

Si la loi ne peut rien ou si le législateur ne fait
rien, c'est aux lecteurs que je m'adresse ; c'est à

eux de refuser leurs bravos et surtout leur argent
à ces exhibitions de l'enfance, qu'il s'agisse de dan-
seuses, d'acteurs prodiges ou de jeunes virtuoses.
J'ai encore souvenance d'un de ces petits phénomènes. Son père, un musicien d'orchestre d'un
théâtre de Paris, l'avait condamné au piano forte
à perpétuité ; de sept heures du matin à neuf et dix
heures du soir, ce pauvre enfant roulait des gam-
mes et des larmes. J'eus occasion, un jour, de lui
procurer une heure de liberté avec d'autres enfants ; il restait gauche et triste ; il ne savait point
jouer, et il avait dix ans ! Quelques jours après,
une foule en délire menaçait de faire crouler les
gradins du Cirque d'hiver sous ses applaudisse-
ments, après avoir entendu le virtuose précoce enlever brillamment un morceau de concert. Ah!
que j'eus voulu lui crier de combien de taloches
était faite cette maëstria !

CONCLUSION

Au lendemain de nos désastres de 1870-71, tandis que la France saignait encore aux quatre veines, alors que le deuil était dans toutes les maisons et dans tous les cœurs, un sentiment universel d'angoisse pesait sur toutes les poitrines. Comment allait-on refaire la patrie? se demandait-on. Les yeux se tournaient vers tous les points de l'horizon. Où était le sauveur? A qui confier le soin de relever l'honneur national? En qui placer sa foi pour assurer la sécurité de l'avenir?

Examen fait de toutes les consciences, la génération d'alors reconnut ses erreurs, ses faiblesses; elle douta d'elle-même; elle se dit que puisqu'elle laissait un lourd et sanglant héritage aux générations qui suivaient, il fallait au moins les préparer à lutter à armes égales, sur le terrain économique

comme sur le champ de bataille. Dès lors, elle vit
dans l'enfance le sauveur attendu ; elle travailla
pour elle, l'entourant de lois protectrices comme
on entoure de tuteurs une tige précieuse et délicate.

La guerre avait moissonné la fleur de la jeunesse française, on créa de véritables pépinières
humaines dans chaque département en organisant
l'inspection et la surveillance des enfants du premier âge ; la *puériculture* devintune science officielle. La guerre avait laissé des orphelins, on ouvrit des établissements pour les recueillir et les élever. La guerre, en accouplant la débauche et l'alcoolisme, avait produit des infirmes, des épileptiques et des idiots, on bâtit des asiles pour les victimes de la fatalité. La guerre avait ruiné l'industrie nationale ; reconnaissant qu'il ne fallait point
songer à lutter pour le bas prix de la main d'œuvre, on fonda des écoles industrielles pour attiser
l'esprit créateur chez l'enfance ouvrière.

Cette œuvre générale de la protection de l'enfance, ébauchée en bien des parties par la Révolution française, est aujourd'hui presque entièrement
réalisée à Paris. Je l'ai examinée sous toutes ses
faces dans le présent volume ; je crois nécessaire d'en grouper ici les diverses manifestations

pour rendre plus saillante la connexité d'action de la loi et de la bienfaisance.

a) Protection du nouveau-né, par l'organisation du service de l'état-civil, des maternités, des hôpitaux et des services externes d'accouchement :

b) Protection de l'enfant du premier âge, par les sociétés charitables qui favorisent l'allaitement maternel, par l'inspection médicale et la surveillance exercée par les dames visiteuses et les membres des commissions locales sur les enfants mis en nourrice, et enfin par l'institution des crèches ;

c) Protection de l'enfant abandonné, par le service des Enfants assistés de l'Assistance publique ;

d) Protection de l'enfant malade, par les traitements interne et externe des hôpitaux spéciaux ;

e) Protection de l'enfant infirme, par les œuvres nombreuses d'assistance publique ou privée, qui accueillent les incurables, les idiots, les gâteux, les aveugles et les sourds-muets ;

f) Protection de l'enfant moralement abandonné, par l'Assistance publique ou les sociétés de patronage qui l'arrachent à la maison de correction ;

g) Protection de l'enfant pauvre ou orphelin,

25

par les établissements qui les élèvent, par la caisse
des pupilles, par les caisses des écoles ;

h) Protection de l'enfant par l'école, avec ses
classes de garde, ses cantines, son enseignement
gratuit, son inspection médicale ;

i) Protection de l'enfant dans l'industrie, par
les sociétés spéciales aux apprentis, par l'inspection départementale et le contrôle des sociétés
locales.

Sans doute, il y a encore des lacunes ; je crois
en avoir signalé un certain nombre, à mesure que
se déroulait cet ouvrage. Il y a aussi des imperfections, pour lesquelles on cherche le remède. Ce
ne sera point trop de cette fin de siècle pour compléter l'œuvre commencée et pour en ajuster définitivement les rouages.

Mais quelle floraison magnifique n'est-on pas en
droit d'attendre pour le vingtième siècle ? A Paris
restera la gloire d'avoir fait éclore tant de si belles
et si bonnes choses, à ce Paris conquis aux enfants,
qui s'intéresse aux concours de bébés, qui afflue
aux expositions d'hygiène de l'enfance, qui s'émeut
de toutes leurs misères, qui ne se lasse point de
donner quand il s'agit de sécher leurs larmes, qui
associe les petits déshérités à toutes ses joies. Sont-
ils cloués sur leurs lits d'hôpitaux, internés dans

leurs hospices, le voici qui vient vers eux, avec des brassées de joujoux, avec une provision de gaieté, de tendresse et d'espérance. Sont-ils menacés par le crime ou l'abandon, repoussés par des administrations inhospitalières, c'est lui qui leur tend les bras. Si ses armes ne portaient point déjà une si fière devise, quelle autre résumerait mieux son caractère charitable que la parole évangélique: *Sinite parvulos venire ad me !*

FIN

TABLE DES MATIÈRES

ÉMILE COLIN — IMPRIMERIE DE LAGNY

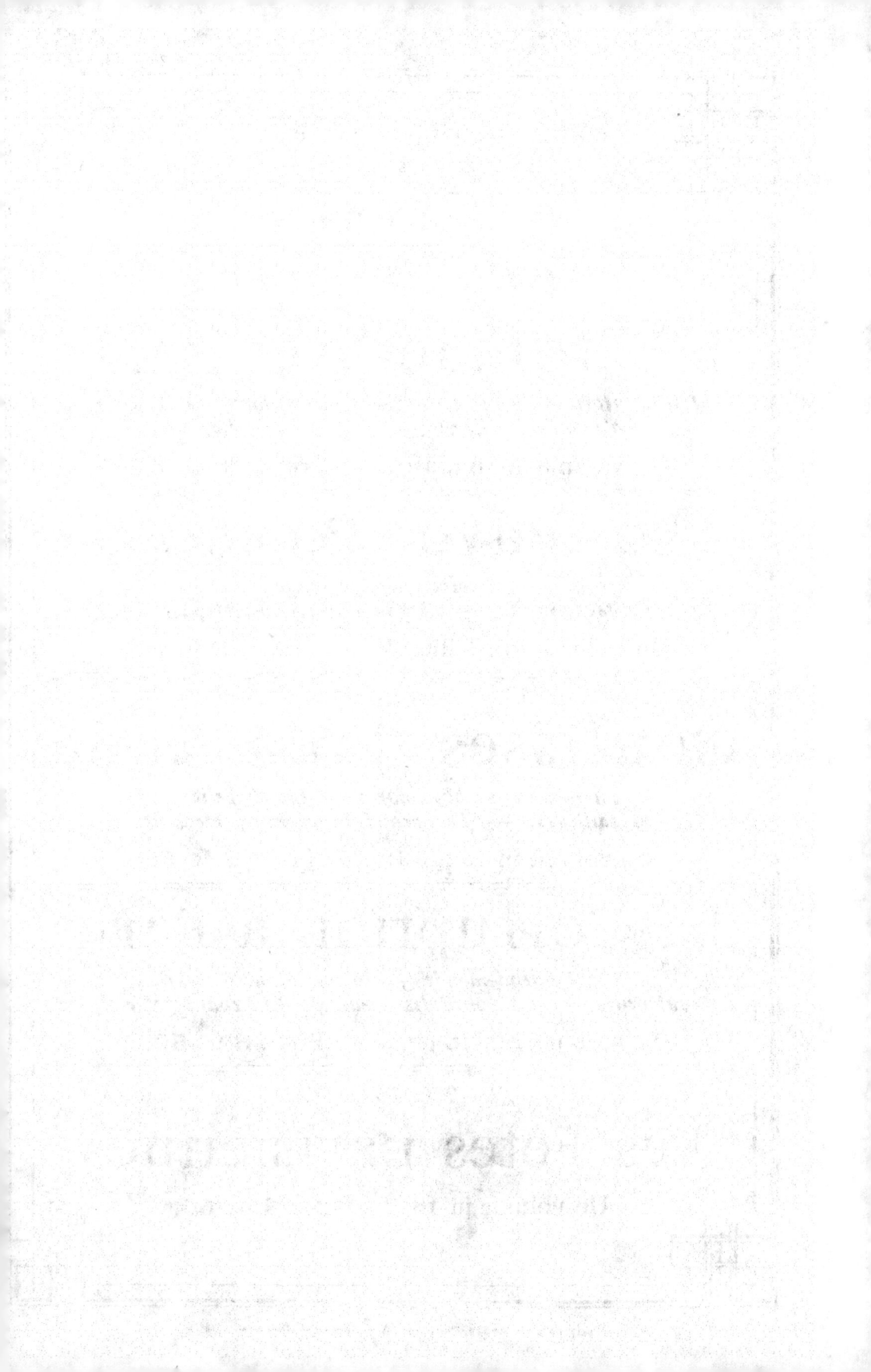

www.ingramcontent.com/pod-product-compliance
Lightning Source LLC
Chambersburg PA
CBHW060954280326
41935CB00009B/717